Les auteurs

Emmanuel Naquet (coord.)
Professeur en classes préparatoires économiques
et commerciales au Lycée Saint-Jean (Douai)

Pierre Dallenne
Professeur en classes préparatoires économiques
et commerciales au Lycée Saint-Paul (Lille)

Caroline Delbecque
Professeur en classes préparatoires économiques
et commerciales au Lycée Saint-Paul (Lille)

Benoît Joulia
Professeur en classes préparatoires économiques et commerciales
au Lycée Saint-Jean (Douai) et colleur au Lycée Saint-Jean (Douai)

Yannick Le Gruiec
Professeur en classes préparatoires littéraires BL
au Lycée Jacques-Amyot (Melun)

Sophie Lemaitre
Professeur au Lycée Saint-Jude (Armentières)
et colleuse au Lycée Saint-Jean (Douai)

Michel Nazet
Professeur honoraire en classes préparatoires économiques
et commerciales au Lycée Saint-Michel de Picpus (Paris)

Alain Nonjon
Professeur honoraire en classes préparatoires économiques
et commerciales au Lycée Michelet (Vanves)

Lionel Pourty
Professeur en classes préparatoires économiques
et commerciales au Lycée Saint-Jean (Douai)

Avant-propos

Lire le monde…

« L'art de la citation est l'art de ceux qui ne savent pas réfléchir par eux-mêmes », disait Voltaire… Alors, un nouvel ouvrage, si ce n'est vide, à tout le moins vain ? Voire. Car, comme toujours, ce sera aux étudiants de juger et de poursuivre (ou non)… leurs lectures.

En effet, cet ouvrage n'entend pas être un *reader's digest* et encore moins un *plug-in* ou un *ready for use*, mais une invitation au voyage dans des livres, certes sélectionnés, mais qui sont autant d'« outils de liberté » (Jean Guéhenneau).

Le choix, par définition discutable, s'est porté sur des publications d'histoire et de géographie très récentes. Il veut refléter un spectre aussi large que possible des pensées et des auteurs, et aborder des champs les plus variés. Constitué de 85 fiches organisées autour d'approches historiographiques et épistémologiques, mais aussi de démarches transversales ou multiscalaires à partir de thématiques continentales, régionales ou étatiques, il est rédigé par une équipe d'enseignants intervenant en Classes préparatoires et membres de différents jurys de concours. Privilégiant les approches géopolitiques, il s'adresse aux étudiants préparant leur entrée, d'abord aux Grandes Écoles de commerce, mais également à Sciences Po Paris, aux différents IEP, aux écoles de journalisme, et aux concours de la Haute fonction publique, sans oublier les lycéens ayant choisi l'enseignement de spécialité « histoire-géographie, géopolitique et sciences politiques ».

Il propose à chaque fois :

- une formule de l'auteur (ou des contributeurs), ou rapportée par celui-ci, permettant une entrée dans le vif du sujet ;
- une présentation de l'auteur ou des contributeurs ;
- une esquisse de la problématique centrale du livre ;
- l'essentiel de l'argumentaire ;
- un sujet possible aux concours ;
- une mise en perspective avec, éventuellement, un renvoi vers un ou d'autres ouvrages.

Ni manuel, ni annales, ce volume doit permettre aux préparationnaires de découvrir des points de vue faisant référence, mais encore, en complément et en prolongement des cours des collègues, d'ouvrir des portes intellectuelles en se donnant des clés de compréhension du contemporain.

On l'aura compris, il s'agit de prendre et de comprendre chaque regard porté sur chaque œuvre, pour paraphraser Victor Hugo, comme un « engrenage »…

Emmanuel Naquet

SUR UNE GÉOPOLITIQUE DANS TOUS SES ÉTATS

« L'analyse géopolitique est aussi un moyen de conjurer des guerres ou de trouver une solution à certains conflits »

Yves Lacoste

FICHE 1

Paul Claval, *Penser le monde en géographe. Soixante ans de réflexion*

« L'homme est un animal géographique aussi bien par les savoirs qu'il accumule que par l'expérience de l'habiter qu'il acquiert, par les péripéties que lui font connaître les voyages et par les imaginaires et les au-delà qu'il construit »

Paul Claval, *Penser le monde en géographe. Soixante ans de réflexion,* L'Harmattan, 2015

Auteur

Paul Claval, professeur émérite à l'université de Paris Sorbonne, est un auteur prolifique qui a travaillé sur les thèmes les plus variés de la géographie : de la géographie économique, sociale et politique, à la logique des systèmes territoriaux, aux problèmes culturels et, enfin, à l'histoire et l'épistémologie de la géographie.

Intérêt

Paul Claval, qui fait le bilan de soixante années passées au service de la géographie, s'aperçoit avec un peu d'étonnement que si ses collègues lui reconnaissent volontiers un rôle de passeur dans les transformations en cours dans la géographie contemporaine, lui se reconnaîtrait davantage un statut d'éveilleur, tant la volonté de jouer un rôle dans l'aggiornamento de la discipline lui tient à cœur depuis ses tout premiers travaux de recherche dans les années 1960. Aussi, le propos du livre est-il double : d'une part, mettre en évidence la structure de la démarche géographique, avec ses déterminations et ses principes fonctionnels et, d'autre part, prendre en considération le sens que les hommes donnent au monde. Il veut donner à voir comment la géographie est articulée et s'articule, car repenser la géographie, c'est une manière de la rendre opérationnelle. Le livre est ainsi organisé en deux grandes parties. La première est rédigée au passé et traite de la « nouvelle Géographie », la seconde est écrite au présent et traite des domaines que Paul Claval étudie encore.

Arguments

Sans être son propre thuriféraire, Paul Claval dresse, selon un plan essentiellement chronologique, l'inventaire critique de ses travaux, des années 1950 à aujourd'hui. Il s'intéresse d'abord à la géographie économique et découvre que les forces qui divisaient le monde en secteurs développés et secteurs retardés n'étaient plus de l'ordre de la contingence physique, mais témoignaient du jeu de facteurs sociaux. L'économie n'était plus tant la science de la lutte contre la rareté que celle de la distribution de l'abondance. Il rejoint ainsi Montesquieu dans *L'Esprit des lois* : « Les pays ne sont pas cultivés en fonction de leur fertilité, mais en raison de leur liberté ». En travaillant ensuite en géographie humaine, à l'orée des années 1960, il décèle le malaise profond qui règne dans la discipline, notamment parce qu'à l'issue de la Seconde

Guerre mondiale, la géographie s'était montrée impuissante à guider les actions de reconstruction et d'aménagement que demandait le pays. Or, toute sa vie, Paul Claval aura à cœur de la rendre « opérationnelle ». Plus tard, la géopolitique, « cette forme particulière de savoir », lui pose des problèmes qu'il n'avait pas rencontrés auparavant, ni en géographie économique, ni en géographie humaine ou politique, car penser la guerre fait partie des préoccupations de toute géopolitique. Il définit à cet égard la conception dite westphalienne de l'État, c'est-à-dire d'un ensemble territorial délimité par des frontières linéaires et où un gouvernement exerce une souveraineté totale. Ses recherches en géographie urbaine l'amènent ensuite à considérer la ville comme un lieu qui permet de maximiser les interactions dans le corps social, tandis qu'il voit la géographie régionale, moins comme un compartiment spécialisé de la géographie humaine que comme une approche, une démarche indissociable de la description géographique pour mettre en évidence les structures spatiales, les régions, car, sans l'approche régionale, il n'y aurait pas de géographie, la terre étant faite d'une infinité de lieux.

Dans la deuxième partie de l'ouvrage, Paul Claval en vient à s'intéresser à la géographie culturelle, car, pour penser le monde du XXIe siècle, si les enseignements de la géographie économique, de la géographie urbaine et de la géographie régionale font comprendre l'impact des innovations technologiques, l'approche culturelle rend compte du bouleversement des attitudes et de la montée des critiques à l'égard de la pensée occidentale. Le temps présent devient ainsi un temps de remises en cause liées aux dynamiques démographiques et économiques du monde contemporain, à la crise de l'État et à une vie internationale dont les acteurs se multiplient. Paul Claval étudie ensuite l'histoire de la géographie, d'abord parce que la géographie partage avec l'histoire la singularité d'être née pendant la Grèce antique, ensuite pour expliquer les postulats souvent implicites sur lesquels reposent les démarches des géographes. Cette volonté de défaire la géographie de ses rigidités, afin de promener sur le réel un regard plus aigu, contribue à renforcer son rôle de discipline du regard, essentiellement à la suite des travaux de Michel Foucault, dans les années 1980. Enfin, Paul Claval montre que pour devenir une science, la géographie a besoin d'outils efficaces pour décrire les paysages et ceux qui les habitent, la cartographie par exemple. Cependant, il s'aperçoit que les enseignements méthodologiques dans la discipline manquent. Il en vient ainsi à étudier l'épistémologie de la géographie, c'est-à-dire la variété des liens qui existent entre les phénomènes.

Sujet

- La ville, phénomène économique.

Mise en perspective

Au terme de cet ouvrage, on comprend que Paul Claval « met en valeur et relativise le patrimoine géographique » et pratique « une géographie d'accumulation plutôt qu'une géographie d'exclusion » (Michaël Picon, *Revue géographique de l'Est*, n° 1-2, 2016), car, pour comprendre la discipline, une double perspective s'impose, celle qui délimite le domaine déjà acquis et celle qui traduit le projet du chercheur : « Faire de la géographie une science de l'espace, c'est la définir dans son projet, dans le mouvement qui la porte sans cesse à saisir de nouveaux rapports. La définir comme une science de la surface terrestre, c'est définir son contenu. Les deux formules ne s'opposent que d'un point de vue superficiel. Lorsqu'on médite un peu, on voit combien elles se complètent et sont nécessaires l'une à l'autre » (Paul Claval, 1967).

Sophie Lemaitre

FICHE 2

Christian Grataloup, *Vision(s) du monde. Histoire critique des représentations de l'humanité*

« S'intéresser aux divisions mondiales, c'est [...] constamment vérifier les degrés de décalage ou d'adéquation que [les] Grandes Cartographies projettent sur le réel qu'elles décrivent. Mais il ne s'agit pas simplement de voir si la photographie est ressemblante ou si nous utilisons sans conscience des portraits de Dorian Gray. Car le Monde [sic] se construit quelque peu à sa propre image : les découpages, même sans être des frontières linéaires, peuvent avoir un effet créateur »

Christian Grateloup, *Vision(s) du monde. Histoire critique des représentations de l'humanité*, Armand Colin, 2018

Auteur

Géographe, professeur émérite à l'université Paris 7 et à Sciences Po Paris, Christian Grataloup travaille sur la géohistoire (*Introduction à la géohistoire*, Armand Colin, 2015), notamment de la mondialisation. Il privilégie, en effet, l'approche des territoires sur la longue durée et de manière multiscalaire (*Géohistoire de la mondialisation : le temps long du monde*, Armand Colin, 2007, pour lequel il a reçu le prix Ptolémée 2007 du Festival international de Géographie de Saint-Dié-des-Vosges). Il a aussi écrit sur l'épistémologie (*Mondialisation. Les mots et les choses* [en collaboration], Karthala, 1999 et *Faut-il penser autrement l'histoire du monde ?*, Armand Colin, 2011). Stigmatisant une histoire trop « tubulaire », il y rappelait que le géographe se pose la question « Où ? Pourquoi pas là et pas ailleurs » face à l'historien qui s'interroge sur le « Quand ? Et pourquoi à ce moment-là ? ».

Intérêt

Le dernier ouvrage de Christian Grataloup avant celui recensé ici, *Le monde dans nos tasses. Trois siècles de petit-déjeuner* (Armand Colin, 2017) proposait davantage qu'une mise en bouche, un « plat » moins plantureux que nombre de ceux servis sur les tables des libraires, mais qui s'avérait vraiment goûteux. Il y proposait, par le biais de ce « premier de la journée » mais « petit dernier de l'histoire », non seulement une approche des *habitus* mais encore une analyse de la globalisation culturelle et économique. « Continental » ou « local », ce déjeuner est bien le dénominateur commun de territoires et d'économies mis en relation – « le petit-déjeuner est né au Nord avec des produits du Sud ». Il y rappelait des systèmes d'exploitation et d'occupation au temps de la colonisation, des dimensions entrepreneuriales à l'heure de l'extension du capitalisme, des phénomènes de multilatéralisme (OMC) ou de regroupements (groupe de Cairns, G33, G10, etc.), et des mutations des transports.

L'objet du présent livre est de reprendre, d'élargir et d'approfondir la réflexion précédemment menée, en montrant qu'il s'agit de penser « l'humanité à sa propre échelle » et l'envisager comme une seule « société-Monde », « amorcée en fait depuis longtemps », « qui s'affirme chaque jour un peu plus » malgré les « frôlements des civilisations ». Il entend analyser une « vision globale occidentalo-centrée » constituée de « métarécits » et d'un « évolutionnisme monolinéaire guidé par le Progrès ». Critiquant une vision par des cartes chloroplèthes, il veut comprendre « l'épaississement de la mondialisation » dans un temps post-moderne – c'est-à-dire post-européen et post-américain – et post-colonial où les « Non-Occidentaux n'étaient pas seulement [...] en voie de développement, mais des sociétés concurrentes qui pouvaient avoir suivi hier et suivre demain des chemins distincts ».

Arguments

Inaugurée par une réflexion sur les « altitudes, latitudes, longitudes, platitudes », l'auteur déconstruit l'invention de l'Autre et les stéréotypes spatiaux qui peuvent aller jusqu'aux stigmatisations, ceux du « farouche et frugal montagnard » face aux « riziculteurs » et « urbains », ceux des « gens du Nord » opposés aux « Méridionaux » – ceux des « pays du Club Med' » –, ceux des Chinois (ou Indiens) du Nord *versus* Indiens (ou Chinois) du Sud, et cela jusqu'à la guerre, comme au Soudan. Mais il n'oublie pas l'inversion du modèle avec le Sudeste et le Nordeste, et son extrapolation avec la césure – ou plutôt déchirure ? – entre le Nord et le Sud. Tout en sachant, et le géographe le rappelle, qu'il y a des Nords dans les Suds et plus encore des Suds dans les Nords...

Même mise en abyme des frontières qui constituent « les parois les plus indurées de l'international » mais dont, inversement, le franchissement « tisse une société mondiale ». À cet égard, contre Bertrand Badie proclamant – il y a un quart de siècle, il est vrai – la « fin des territoires », il souligne la résilience des territoires sachant que, depuis 1991, « on n'a jamais construit autant de murs frontaliers », tout en reconnaissant d'une part « l'évanescence » des limites européennes et, d'autre part, l'homogénéisation interne d'un État-nation, plus puissante que celles des divisions régionales à l'échelle planétaire, même si l'opposition centre (littoral) et périphérie (intérieur) demeure ici et là valable.

Dans un premier temps, l'auteur aborde la « zonation du monde ». Il nous fait voyager, dressant une géographie des « jungles », mot issu du sanskrit *jungala* et révélateur d'une dépréciation de sens – il ne qualifie plus un « espace vide d'humains », mais une « cité de banlieue en déshérence » ou un camp de déshumanisés pourrait-on ajouter, si l'on songe à la « jungle de Calais » – établissant une cartographie des « îlots de prospérité » que sont les pôles de l'ancienne Triade, soulignant au passage que « jusqu'aux "Temps modernes" du Grand récit européen, les écarts à l'intérieur des sociétés étaient beaucoup plus impressionnants que ceux *entre* les sociétés ». En effet, dans une humanité devenue archipélagique, la consommation mondiale est le résultat de productions souvent zonales tandis que la demande est septentrionale – de sucre par exemple –, ce qui, dit-il, permet « d'inventer » le Sud.

Cependant, après avoir rappelé l'historique et les enjeux de la « dégradation des termes et de l'échange » et des *take off* terminologiques et économiques – des notions et concepts de sous-développement, de voie de développement et de tiers-monde aux non-alignés et aux G77, G33 voire G24 –, Christian Grataloup s'interroge, avec le bric-à-brac des BRIC puis BRICS, sur « l'érosion de la zonalité mondiale » au profit d'une « logique trilatérale » pour des raisons largement politiques avec des émergents qui pèsent en raison de leur population. La régionalisation économique zonale demeure toutefois dans les organisations internationales, avec des regroupements de concurrents, comme l'illustre l'impasse, à l'OMC, du cycle de Doha. Au-delà des Cairns, la revanche totale de la géoéconomie est discutable au

Nord, tant le G10 constitué pour protéger le secteur agricole a également une valeur identitaire, ce qui n'est pas loin de la situation des États-Unis et de l'UE, promouvant une « géographie bloquée ». Dans ce jeu d'influence et de décision, dont l'auteur redit le cadre intellectuel et politique (tiers-mondisme, anti tiers-mondisme, post-colonialisme...), les sociétés civiles (CCFD, *french doctors*...), les individus (Bernard Kouchner, Xavier Emmanuelli, Marcel Delcourt, Jean Cabrol, Rony Brauman, Raùl Prebish, André Gunder Franck, Frantz Fanon, Pascal Bruckner...) comme les organisations internationales (Banque mondiale, CNUCED, PNUD) ont leur carte à abattre. Quitte à rompre des lances avec certaines figures – le géopolitologue Yves Lacoste ou le botaniste Francis Hallé quand il s'agit d'évaluer la part du naturalisme.

Mais, on l'aura deviné, Christian Grataloup entend s'affranchir des lignes – à tous les sens du terme : sa lecture place le Sud « au centre » et « l'expression "hémisphères" est alors, au mieux, une métaphore », quand bien même « le Nord est "en haut" et donc le Sud "en bas" », « le haut écrasant le bas »... Encore une fabrique du Sud, mais si elle est « en voie d'obsolescence ». Car elle a une histoire, avec même une zonalité anthropologique et des pratiques d'esclavagisme et de racisme qu'évoque l'auteur, « des discontinuités [... qui] n'ont pas toujours existé et qui n'existeront pas toujours », malgré une « limite Nord/Sud devenue mortelle au milieu de la Méditerranée » pour un « lointain Sud qui, justement, n'est plus si lointain » – songeons à la crise migratoire encore en cours dont Christian Grataloup rappelle les défis. Néanmoins, s'il y a « effacement progressif de la catégorie de Sud », une expression « plus guère employée » pour l'Asie méridionale, c'est « l'Afrique noire qui semble en porter les attributs ».

On l'aura compris, s'il est raisonnable d'espérer « qu'une économie à l'échelle du Monde permettra de profiter des complémentarités zonales sans inégalités » et s'il « n'y a plus de pays neuf », le « couple Nord-Sud » reste d'actualité. Et cela malgré tout le débat sur l'Anthropocène qui semble, nous dit Christian Grataloup, remplacer celui sur l'inégalité ; question qu'il tranche par la géohistoire qui peut assumer à la fois l'histoire planétaire anthropisée et l'histoire économique et sociale spatialisée.

Parallèlement, si l'on ose dire, « la fin de l'affrontement des deux blocs laisse un monde de concurrences, non de guerres globales », dès lors que « la mondialisation économique unifie des intérêts ». Pour autant, les analyses transfrontalières et post-westphaliennes d'un « Monde en puzzle, mais à une seule pièce » semblent démenties « par le jeu des États-continents, les États-Unis et la Chine en premier lieu » – ou des « quasi-continents », comme l'Inde, parfois mal nommée subcontinent. Christian Grataloup pointe un « basculement » de la « centralité » vers l'Asie-Pacifique et, mieux, une « tectonique de l'Asie », qui correspond « à l'idée de région de Monde », avec une Chine, à l'incontestable poids qui a pris le relais du Japon, une Chine a pu être, au XVIIIe siècle, « l'ensemble le plus important de l'humanité », une Chine pour laquelle les États-Unis guettent le moment où elle deviendra la première puissance économique (seulement ?) mondiale. Ce tournant n'entraîne pas l'effacement des anciens pôles, mais leur relativisation et la confirmation d'une régionalisation de l'économie mondiale et d'une pluralité polaire. Et détruit la narration de métagéographies dominantes venues d'Europe puis d'Occident décrivant un « Monde d'hier, si ce n'est d'avant-hier ».

Sujet

- La réémergence de l'empire du Milieu : vers la fin de l'histoire d'un monde occidentalo-centré ?

Mise en perspective

Le mélange des mets disciplinaires ne peut que nourrir l'esprit. Philippe Pelletier s'y exerce dans *L'Extrême-Orient. L'invention d'une histoire et d'une géographie* (Folio Histoire, 2011). Dans le prolongement des travaux de Christian Grataloup – voir le chapitre 6 de *Vision(s) du monde…* –, se fondant sur une approche comparatiste et publiant dans une collection d'histoire, ce géographe spécialiste du Japon questionne la notion d'Orient, forgée au début du XXe siècle dernier. Il met l'accent sur la circulation des savoirs cartographiques, mathématiques et astronomiques, les découpages et les voyages, les fermetures et les ouvertures des territoires et des civilisations, aboutissant ainsi à une étude des représentations qui reste d'actualité : face aux pressions européenne et américaine, le Japon de Meiji avait réagi plus vite et plus fort que la Chine en copiant certains des comportements impérialistes de l'Occident – intégration à son territoire d'Hokkaido et des Ryükyü, militarisation… ; face à l'entrisme chinois, les États-Unis d'aujourd'hui n'ont-ils pas régi plus vite et plus fort que l'UE par la politique du pivot engagée par Barak Obama puis les sanctions commerciales décidées par Donald Trump, tandis que l'Europe acceptait la division en même temps que le Forum 17+1 ?

Emmanuel Naquet

FICHE 3

Yuval Noah Harari, *21 leçons pour le XXIe siècle*

« Si le projet européen échoue, en revanche, cela indiquerait que la croyance aux valeurs libérales de la liberté et de la tolérance ne suffit pas à résoudre les conflits culturels du monde et à unir l'humanité. Si les Grecs et les Allemands ne peuvent pas s'entendre sur une destinée commune, et si 500 millions d'Européens aisés ne peuvent absorber quelques millions de réfugiés démunis, quelles chances les hommes ont-ils de surmonter les conflits autrement plus profonds qui assaillent notre civilisation globale ? »

Yuval Noah Harari, *21 leçons pour le XXIe siècle*, Albin Michel, 2018

Auteur

Yuval Noah Harari est un historien israélien, professeur à l'université hébraïque de Jérusalem. Il est l'auteur à succès, à l'échelle mondiale, de *Sapiens. Une brève histoire de l'humanité* (Albin Michel, 2012) et d'*Homo Deus. Une brève histoire du futur* (Albin Michel, 2015). Le premier ouvrage livrait une vue cursive de l'histoire de l'humanité en « examinant comment un singe insignifiant est devenu le maître de la planète terre » ; le second décrivait le futur possible, les humains devenant des dieux, d'un avenir gouverné par l'intelligence artificielle.

21 leçons pour le XXIe siècle se confronte aux grands défis contemporains. Pour ce faire, il s'intéresse à ce qui lui semble être les deux défis principaux : le défi technologique et le défi politique dans un contexte ou les contemporains sont partagés entre espoir et désespoir, avec pour éclairage la vérité et comme discipline la méditation au service de la résilience.

Intérêt

Il s'agit sans doute plus d'un *vade-mecum* que d'un ouvrage de prospective en faisant un « zoom sur l'ici et le maintenant », en se concentrant sur les affaires courantes et l'avenir immédiat des sociétés humaines, et en mettant l'accent sur l'impact qu'ils ont sur notre vie quotidienne. Et de fait, les problématiques de l'ouvrage sont extrêmement larges en s'intéressant aux pratiques listées par la quatrième de couverture : « Pourquoi la démocratie libérale est-elle en crise ? », « Dieu est-il de retour ? », « Sommes-nous à l'aube d'une nouvelle guerre mondiale ? », « Que signifie la montée au pouvoir de Donald Trump ? », « Que faire devant l'épidémie de *"fake news"* ? », « Quelle civilisation domine le monde : l'Occident, la Chine ou l'Islam ? », « L'Europe devrait-elle laisser sa porte ouverte aux migrants ? », « Le nationalisme peut-il résoudre le problème des inégalités et du changement climatique ? », « Que faire face au terrorisme ? », « Que devons-nous enseigner à nos enfants ? ».

Arguments

La situation politique et technique actuelle relève d'un constat *a priori* pessimiste. Après avoir semblé avoir triomphé du fascisme et du communisme, le libéralisme (« le récit libéral ») semble aujourd'hui en mauvaise posture sous les coups de l'*infotech* et de la *biotech* qui, en raison d'une disruption technologique, semblent détruire la liberté et l'égalité par le *big data*, et le travail par les progrès de l'intelligence artificielle. La situation est d'autant plus périlleuse que si les solutions à ces problèmes passent par une coopération mondiale, le nationalisme, la religion, la culture divisent apparemment l'humanité en camps hostiles qui rendent très difficiles la coopération à l'échelle humaine, en créant un climat particulièrement anxiogène alimenté par le sectarisme, le terrorisme et la guerre.

Le premier préalable, pour être à la hauteur de ces enjeux, consiste à dominer nos peurs en les relativisant et à nous montrer plus humbles dans l'expression de nos opinions afin de mettre en œuvre une indispensable coopération qui, à ce jour, a permis aux humains de dominer le monde.

Il faut bien aussi prendre conscience que les terroristes ressemblent en fait à « une mouche qui essaie de détruire un magasin de porcelaine » et que si la guerre n'est pas impossible, elle est loin d'être inévitable non plus parce que, sauf exception (les Russes en Crimée), personne n'a en réalité la formule pour mener une guerre victorieuse dans les conditions de ce début de siècle. Quant au problème des migrations, le problème provient, à l'exemple de ce qui se passe dans les pays riches, le plus souvent de la confusion des débats.

La nécessaire coopération pour résoudre ces difficultés semble certes plus complexe à atteindre dans la mesure où « la plupart des peuples ont tendance à croire qu'ils sont le centre du monde en s'appuyant sur des récits qui sont autant de baudruches, à l'instar des religions ». Pour surmonter l'obstacle, l'auteur prône l'idéal laïque « avant tout attaché à la vérité, laquelle repose sur l'observation et la preuve plutôt que la foi » qui autorise le respect de la justice, la compassion et l'attachement à l'égalité. Le principal obstacle à cet objectif tient sans doute au fait que, pour collaborer, les hommes ont besoin de fictions ; or l'humanité est aujourd'hui confrontée à de vieux récits (Dieu, la tradition, le capitalisme, le progrès, le libéralisme, les systèmes éducatifs...) qui s'émiettent sans qu'aucun ne soit apparu pour les remplacer.

Pour l'avenir, les solutions collectives devraient passer par la valeur d'exemple d'une Union européenne qui incarne aujourd'hui le mieux les valeurs de liberté, de tolérance, de coopération... ainsi que la volonté d'unir l'humanité en face de la guerre nucléaire, de l'effondrement écologique et de la disruption technologique.

Quant aux solutions individuelles, elles passent par un travail sur soi : chacun doit d'abord se dépouiller de ses illusions, trop lourdes, et entrevoir la réalité en se déprenant des idéologies et des religions comme des récits incomplets, en prenant conscience, par la méditation que le moi est une fiction que les mécanismes compliqués de notre esprit ne cessent de fabriquer, d'actualiser et de réécrire...

Sujet

- Le monde d'aujourd'hui face à ses défis.

Mise en perspective

Le thème d'un monde qui se délite et qui se trouve confronté à des défis protéiformes est développé dans nombre d'ouvrages qui traitent de thèmes connexes : outre celui de Thierry de Montbrial, *Vivre le temps des troubles* (Albin Michel, 2017), on peut retenir ceux d'Hubert Védrine, *Comptes à rebours* (Fayard, 2018), ou de Thomas Gomart, *L'affolement du monde. 10 enjeux géopolitiques* (Tallandier, 2019) [voir la fiche], qui donnent une place plus visible à l'écologie.

Le discours général de Yuval Noah Harari, un auteur qui a le sens de la formule, est plutôt optimiste, tout en étant réaliste et lucide, même s'il est empreint d'un post-humanisme hérité de son précédent ouvrage *Homo deus*. En fait, la force principale des *21 leçons pour le* XXI*e siècle* est sans doute d'adopter une vision sur le très long terme et à l'échelle cosmique, en liant défis mondiaux et défis individuels, en se livrant aussi à une étude des transformations des valeurs et de la psyché humaine dans une perspective ouvertement matérialiste.

Michel Nazet

FICHE 4

Florian Louis, *Les grands théoriciens de la géopolitique*

« L'univers est tout d'une pièce, comme un océan. Le moindre mouvement y étend son effet à l'infini »

Gottfried Wilhelm Leibniz cité par Florian Louis, *Les grands théoriciens de la géopolitique*, Belin, 2018

Auteur

Florian Louis enseigne l'histoire, la géographie et la géopolitique en classes préparatoires aux grandes écoles. Doctorant à l'école des Hautes Études en sciences sociales (EHESS), il est également l'auteur avec Tancrède Josseran et Frédéric Pichon d'un ouvrage de *Géopolitique du Moyen-Orient et de l'Afrique du Nord* (PUF, 2012) et, plus récemment sous sa direction, d'un manuel d'*Histoire, Géographie et Géopolitique du monde contemporain* (PUF, 2018).

Intérêt

Florian Louis se présente comme un historien des idées géopolitiques et veut rendre compte de la singularité de la géopolitique, « discipline au nom sonore » selon Lucien Febvre, comme objet d'histoire. Pour cela, il dresse le panorama d'une histoire faite d'audaces théoriques et de vives controverses dans une sorte de généalogie intellectuelle qui dessine le visage inédit d'une discipline dont le foisonnement n'a d'égal que la diversité. Depuis les fondateurs (Ratzel, Mahan, Mackinder, Spykman), jusqu'aux auteurs les plus contemporains (Huntington, Nye, Lacoste, Luttwak), il met en lumière l'apport déterminant de chacun d'eux, y compris pour les plus minorés (Jean Gottmann ou Carl Schmitt), tout en introduisant le lecteur francophone aux dernières tendances de la discipline (géopolitique critique).

Arguments

Le père fondateur de la géopolitique est Friedrich Ratzel (1844-1904), qui fait de la lutte incessante des États pour l'espace le moteur de l'histoire : « Tout État est en lutte avec son voisin pour l'espace et cherche à l'accroître pour se procurer des ressources ». À la suite de Carl Ritter, il contribue à faire de la géographie une science, et une science humaine par excellence. Il fait ainsi naître la démarche géopolitique car, en partant de l'attachement à la dimension spatiale des activités humaines, Ratzel l'applique à l'analyse de l'activité politique : de même qu'on ne peut comprendre le mode de vie des hommes sans étudier leur espace, on ne peut rendre compte de leurs actions politiques sans tenir compte de l'influence des considérations spatiales sur celles-ci. Récupérée par les nazis, sa pensée a subi par la suite une longue période de discrédit.

L'apport d'Alfred Mahan (1840-1914) vient dans l'attention qu'il porte au rôle des espaces maritimes dans les rivalités de pouvoir : il élabore ainsi une thalassopolitique (*sea power*), car la clé de puissance ne réside pas selon lui dans la conquête terrestre mais dans la maîtrise des mers. De cette lecture, il en fait une ambition pour les États-Unis : « Tirer des leçons de l'histoire certaines déductions profitables à notre pays ». Alfred Mahan a d'ailleurs joué un rôle dans le tournant impérial opéré par les États-Unis à la fin du XIXe siècle (rattachement aux États-Unis d'Hawaï, corollaire Roosevelt). Aujourd'hui, c'est en Chine que la théorie mahanienne semble trouver le plus grand écho avec la stratégie du « collier de perles », l'amiral Liu Huaqing (1916-2011) pouvant être considéré comme le « Mahan chinois » du fait de son insistance à vouloir doter son pays d'une « profondeur stratégique ». Mais la stratégie maritime de la Chine intègre également une donnée nouvelle, inexistante du temps d'Alfred Mahan, la question des ressources *off shore*.

Halford Mackinder (1861-1947), apôtre de la puissance amphibie (Pascal Venier), défend, quant à lui, l'idée d'un *heartland*, c'est-à-dire de l'existence d'une région de la planète dont le contrôle constituerait la clé de la domination mondiale. À cet égard, il tente de démontrer qu'on peut tenir le monde à condition d'en contrôler le point de bascule, qu'il nomme « pivot géographique de l'histoire ». Dans la pensée d'Halford Mackinder, fondamentalement globale, le XXe siècle marque l'entrée dans un nouvel âge : la période thalassocratique, ouverte par les Grandes Découvertes (l'ère colombienne), se referme tandis que désormais apparaît une ère tellurocratique (l'ère post-colombienne). L'Eurasie redevient un concurrent crédible pour le commerce au long cours en ce qu'elle est en mesure d'offrir un itinéraire plus direct, plus rapide et moins coûteux que le transport maritime, le *rail power* surclassant le *sea power*.

Nicolas Spykman (1893-1943) reformule les thèses de d'Halford Mackinder sur le pivot géographique de l'histoire qu'il situe sur les marges de l'Eurasie, dans le croissant intérieur, le *rimland* (bord du monde ou région marginale), vaste zone tampon de conflit entre les forces maritime et terrestre. Pour Nicolas Spykman, le véritable levier de puissance, c'est la maîtrise de l'interface stratégique que constitue le *rimland*. Nicolas Spykman reprend d'ailleurs l'adage napoléonien adressé au roi de Prusse en 1804 : « La politique de toutes les puissances est dans leur géographie », car les réalités géographiques constituent pour lui le facteur le plus déterminant dans la politique étrangère des États pour la simple raison qu'il en est le plus permanent. Il évite toutefois une lecture trop déterministe des relations internationales car, pour lui, la géographie ne détermine pas mais conditionne les fondements de la puissance (taille des États, situation, propension à s'étendre).

Georges Renner (1900-1955) est le premier à avoir eu recours au néologisme « géoéconomie ». Dans la continuité des travaux d'Halford Mackinder, aux trois premiers âges géopolitiques (précolombien, colombien et post-colombien), il en ajoute un quatrième, « l'âge aérien », car, à ses yeux, « l'avion a créé une nouvelle géographie mondiale » avec un déplacement du centre de gravité mondial vers le pôle Nord, sorte de Méditerranée arctique. Georges Renner voit dans la mondialisation un processus d'uniformisation du monde avec l'émergence du globalisme.

Selon Carl Schmitt (1888-1985), qui développe la thèse de la logique des grands espaces, avec la disparition de la forme étatique va s'éteindre l'ordre géopolitique fondé sur le découpage de la Terre en un puzzle d'États reconnaissant chacun la souveraineté des autres sur la parcelle de sol qui leur est impartie. À cet ordre ancien, entériné par les traités de Westphalie (1648), va succéder un nouvel ordre qui substituera à la logique territoriale des États une logique spatiale, la Terre étant dominée par quelques grandes puissances régnant chacune de manière exclusive sur un « grand espace », sanctuarisé par sa propre « doctrine Monroe ». L'apport de Carl Schmitt, dont la pensée est largement ignorée des généalogistes de la géopolitique en raison de son passé nazi, réside également dans la postérité et l'actualité de son œuvre, notamment dans la compréhension de l'évolution du discours belliciste. En effet, selon lui, dans un monde où la logique étatique est en voie d'extinction, la guerre peut être qualifiée de civile dans la mesure où elle tend à propager une idéologie. En conséquence, ses méthodes sont radicalement plus violentes et destructrices que la guerre entre États, car elle repose sur une haine viscérale des belligérants : de duel codifié entre adversaires respectables, le « retour de la guerre juste » fait de la guerre une lutte à mort entre ennemis à jamais irréconciliables. En d'autres termes, Carl Schmitt nous permet de penser le terrorisme, de penser l'État d'exception en réponse à la montée en puissance de la figure du partisan.

Florian Louis aborde également la question de l'école française de géopolitique dans la mesure où elle s'est surtout construite, au moins à ses débuts, en réaction à la *Geopolitik*, sujet de sa thèse. Il rappelle, tout d'abord, les figures d'Élisée Reclus (1830-1905) et de Paul Vidal de la Blache (1845-1918), aux origines de la géographie politique française et fondateurs de la géographie moderne en France, le deuxième insistant surtout sur les interactions entre l'Homme et le milieu (possibilisme) et faisant de l'Homme un facteur géographique à part entière. Camille Vallaux (1870-1975) reste néanmoins le précurseur de la géopolitique française, la géographie politique ayant pour ambition d'évaluer, selon lui, dans quelle mesure « la vie des sociétés politiques est déterminée, au moins de manière partielle, par le cadre naturel où elle se développe ». Suivront André Siegfried (1875-1959), brocardé pour ses travaux sur la géographie électorale : « Le granite vote à droite et le calcaire à gauche » ou, entre autres, Jacques Ancel (1878-1943) qui fait de la frontière un « isobare politique ».

Plus déterminante est la figure de Jean Gottmann (1915-1994), qui introduit le concept de géopolitique réticulaire. Il met l'accent, par-delà la donnée fondamentale du cloisonnement du monde en une multitude d'États, sur les circulations qui irriguent en permanence l'espace terrestre. Pour lui, ce qui fait la valeur d'un territoire est sa capacité à capter et à générer de l'échange : les littoraux qui ouvrent sur le contrôle des flux du *foreland* plutôt que de l'*hinterland* et les régions charnières capables d'articuler les relations continentales et océaniques (Mégalopolis, 1961) par exemple. Enfin, Yves Lacoste (né en 1929), fondateur de la revue *Hérodote* en 1982, est à l'origine d'un tournant réflexif au sein de la géographie universitaire en s'interrogeant sur l'histoire et la portée sociale de la géographie. Il souhaite mettre l'accent sur le poids géopolitique des représentations, c'est-à-dire sur la charge symbolique dont les communautés humaines investissent les territoires qu'elles occupent ou convoitent et sur l'approche multiscalaire des phénomènes.

Dans sa théorie du grand échiquier eurasiatique (1997), Zbigniew Brzezinski (1928-2017) opère une forme de synthèse entre les pensées d'Halford Mackinder et de Nicolas Spykman. Il y fait le constat de la révolution géopolitique qu'a constituée la victoire des États-Unis sur l'URSS, alors que l'Eurasie avait toujours été le siège des puissances planétaires. Ce glissement de gravité de la puissance a également entraîné un glissement qualitatif : la nature de la puissance a mué, la puissance est devenue globale, elle est devenue une « hyperpuissance » (Hubert Védrine). L'hyperpuissance américaine s'impose au monde également de manière inédite par son caractère démocratique et sa faculté à coopter des partenaires pour s'en faire des alliés dociles. Cependant, malgré sa dimension planétaire, Zbigniew Brzezinski montre que l'hégémonie américaine reste superficielle, à la merci d'un retournement de tendance qui ne peut se produire qu'en Eurasie. Mais, au sein de ce mégacontinent, plutôt que le *heartland* continental, c'est dans les régions périphériques littorales, le *rimland* spykmanien, que se concentrent les principales puissances, quant aux marges méridionales, elles sont d'une importance stratégique cruciale. Le danger pour les États-Unis ne peut venir que d'une contre-puissance qui parviendrait à imposer son hégémonie sur l'Eurasie. La prééminence sur le continent eurasien sert de point d'ancrage à la domination globale.

C'est contre la thèse de Francis Fukuyama exposée dans *La fin de l'Histoire et le dernier homme* (1992) que Samuel Huntington (1927-2008) développe sa propre vision du monde l'après-guerre froide, car, pour lui, la fin de l'URSS marque la fin d'une histoire, mais pas de l'Histoire dans une communion universelle autour des valeurs occidentales, la mondialisation n'étant pas nécessairement synonyme de paix puisqu'elle multiplie les risques de frictions et de conflits entre les différentes parties du monde. À cet égard, Robert Kaplan (né en 1952) défend l'idée néomalthusianiste selon laquelle les nouveaux conflits ne seraient plus idéologiques mais écologiques, l'environnement constituant la question de sécurité nationale de notre temps. Samuel Huntington montre, quant à lui, que le choc intracivilisationnel entre idées politiques incarnées par l'Occident est en train d'être supplanté par le choc intercivilisationnel des cultures et des religions. On se bat aujourd'hui pour affirmer son identité, au niveau local, intranational, on observe une multiplication des guerres civiles, tandis qu'au niveau global, on assiste à la montée en puissance des antagonismes civilisationnels : le choc des civilisations. La théorie de Samuel Huntington a donné lieu à de vives polémiques, en particulier à cause de son découpage civilisationnel hasardeux et du caractère artificiel, mouvant et potentiellement métissé, des identités en assignant les individus à une civilisation exclusive et définitive. Pourtant, Samuel Huntington n'a pas été l'inspirateur de la politique de George W. Bush, le champ lexical de « civilisation » étant pris dans un sens très différent de celui de Samuel Huntington, sens eliasien d'un processus d'accession à l'état civil, et non celui, huntingtonien, d'une communauté d'appartenance identitaire parmi d'autres, car pour Samuel Huntington, il faut admettre que toute intervention de l'Occident dans les affaires des autres civilisations est probablement la plus grande cause d'instabilité et de conflit généralisé dans un monde aux civilisations multiples.

Pour Edward Luttwak (né en 1942), qui pose dès 1990 les jalons d'une nouvelle approche de l'espace global, c'est-à-dire la géoéconomie, la dissuasion militaire a fait perdre de son importance à la puissance militaire pour les pays les plus développés. La compétition internationale s'est déplacée, en effet, sur le terrain économique : désormais, le plus puissant n'est pas le plus armé mais le plus riche. La grille de lecture géoéconomique devient un subtil mélange entre la logique du conflit (qui repose sur la logique territoriale) et les méthodes du commerce (qui se déploient sous forme réticulaire), la compétition ayant pour finalité de tisser des réseaux transfrontaliers. Ainsi, on peut se faire la guerre pour des raisons économiques, mais aussi, par des moyens économiques. L'autre originalité de la géoéconomie, c'est qu'elle fait place à des acteurs non étatiques (des entreprises principalement), faisant entrevoir le risque pour un pays de devenir un « État captif » d'intérêts privés, danger inhérent à l'institutionnalisation du lobbying, tandis qu'à force de mesures protectionnistes tous les pays finissent par perdre à trop avoir voulu gagner.

Pour Joseph Nye (né en 1937), on ne peut plus analyser la puissance en comparant les atouts d'un acteur institutionnel pris isolément. Il faut, au contraire, analyser la puissance de manière relative, dans la relation qui s'établit entre plusieurs acteurs. Car la puissance s'est transformée, elle est devenue moins fongible (c'est-à-dire transformable en termes d'influence que par le passé), moins coercitive car user de la force coûte cher, et moins tangible car elle ne réside plus seulement en des réalités quantitatives. Il crée ainsi une autre mesure de la puissance, la puissance douce ou *soft power*, qui inclut désormais (2004), sous la même étiquette, la puissance douce et la puissance de cooptation, à savoir la capacité de séduction et celle d'incitation. Mais, pour optimiser ses chances, un État doit donc œuvrer à faire concorder les objectifs de son *soft* et de son *hard power*. La combinaison harmonieuse des deux est appelée « puissance intelligente » ou *smart power*. Il insiste sur le fait que, dans le monde du XXIe siècle, seule une combinaison intelligente des ressources de l'influence et de la contrainte peut permettre à un pays de parvenir à ses fins.

Gearóid Ó Tuathail (né en 1962) est aujourd'hui le principal représentant de la géopolitique critique. Son objet d'étude est le discours géopolitique porté sur le monde qui, bien que couvert par la neutralité scientifique, est porteur de lourds présupposés politiques. La géopolitique critique tente de proposer un nouveau récit du monde en déconstruisant le regard occidentalo-centré sur l'autre, donnant la parole aux subalternes et provincialisant l'Europe. Avec les apports théoriques de Michel Foucault sur la « gouvernementalité », la géopolitique critique montre que le savoir géopolitique a toujours été intimement lié à un pouvoir politique. Elle nous invite ainsi à la relecture des classiques de la géopolitique formelle, pour dériver ensuite vers la notion d'altergéopolitique, qui demeure toutefois à l'état de projet, Gerry Kearns proposant une géopolitique progressiste mettant en avant la solidarité internationale, la lutte contre les inégalités et le respect universel des droits de l'Homme.

Sujet

- De quoi la géopolitique est-elle le nom ?

Mise en perspective

Peut-on aujourd'hui s'interroger sur une géopolitique qui serait aconflictuelle, d'une géopolitique qui serve d'abord à faire la paix, une géopacifique (Griffith Taylor, 1880-1963) ? C'était Leibniz qui en avait posé les premiers jalons lorsqu'il proposait d'appeler « cosmopolitique » ce qu'il nommera finalement géopolitique. Dans une perspective kantienne, la cosmopolitique serait donc appelée à se substituer à la géopolitique, science du monde idéal à venir… Mais, ce que nous apprend la mondialisation contemporaine, c'est que l'avènement d'une société globalisée ne se traduit pas nécessairement par un déclin de la conflictualité, mais plutôt une mutation de ses formes et de ses causes, car elle est à l'origine de tensions nouvelles liées aux bouleversements qu'elle suscite. En d'autres termes, contrairement à ce que suggérait Kant, l'émergence d'une société cosmopolite n'est pas nécessairement synonyme d'une paix perpétuelle.

Aussi, pourrait-on proposer pour l'avenir une forme de partage des rôles entre deux grilles de lecture du monde où la géopolitique étudierait les conflits qui divisent l'humanité et où la cosmopolitique s'attacherait aux problèmes qui contribuent à l'unifier. C'est le paradoxe soulevé par Ulrich Beck lorsqu'il souligne que « face au terrorisme global (mais aussi au changement climatique, à l'immigration, aux intoxications alimentaires, ou au crime organisé), le seul chemin qui mène à la sécurité nationale est la coopération internationale ». Autrement dit, les États doivent « se dé-nationaliser pour se trans-nationaliser ».

Sophie Lemaitre

Philippe Moreau Defarges, *Nouvelles relations internationales*

« *Qui tient la mer, tient le commerce du monde, tient la richesse du monde ; qui tient la richesse du monde, tient le monde lui-même* »

Walter Raleigh, navigateur britannique du XVIIe siècle, cité dans Philippe Moreau Defarges, *Nouvelles relations internationales*, Le Seuil, 2017

Auteur

Philippe Moreau Defarges a été co-directeur du RAMSES à l'Institut français des relations internationales (IFRI). Il enseigne à Sciences Po Paris.

Intérêt

Cet ouvrage fournit une brillante synthèse historique et géopolitique des relations internationales. Chaque région du monde est analysée avant que les défis actuels soient présentés.

Arguments

Après une succession d'ères impériales et d'instabilité, l'Europe, à partir du XVIe siècle, a conquis la planète. En 1945, les États-Unis lui succèdent. Vainqueurs de l'URSS, leur hégémonie est cependant très vite remise en cause. L'heure de la fin de la domination occidentale a-t-elle sonné ?

Au lendemain de 1945, l'Europe est sous le joug des États-Unis et de l'URSS. À l'ouest, la construction européenne veut faire vivre les peuples ensemble. L'intégration économique met en place, à partir de 1957, un marché commun progressivement approfondi. Ce processus rencontre cependant une méfiance grandissante après le traité de Maastricht en 1992, qui relançait l'orientation fédérale en donnant naissance à l'Union européenne (UE). À partir de 2008, l'UE est secouée par une succession de crises qui culmine avec le départ du Royaume Uni. Le désengagement des États-Unis et les menaces dans son voisinage nécessitent une réaction de l'Europe : sera-t-elle en mesure de relever ces défis, ou bien sortira-t-elle définitivement de l'histoire ?

Après les indépendances, le monde arabe est, quant à lui, fragmenté face aux ambitions de la Turquie, de l'Iran et d'Israël. À l'exception de minorités privilégiées, la rente pétrolière n'a pas donné naissance à des économies diversifiées. L'islam s'est politisé et a pétrifié les sociétés, entravant l'émancipation des femmes et le développement. Dominé par les États-Unis depuis 1945, le Moyen-Orient est désormais déchiré par la rivalité entre l'Iran et l'Arabie saoudite. Des États ont sombré dans des guerres civiles sans fin (Irak, Syrie, Yémen). Daesh est né sur ces décombres. Sa destruction ne met pas fin au cauchemar du Moyen-Orient.

L'Asie a connu des brillantes civilisations. Mais l'expansion européenne a ébranlé les empires asiatiques. La Chine et le Japon ont été forcés de s'ouvrir aux puissances impérialistes. Le Japon décide alors de se moderniser à marche forcée. Après sa défaite en 1945, il devient un géant économique rattaché à l'Occident. La Chine maoïste se referme en 1949 dans une expérience totalitaire, avant d'imiter les Dragons en saisissant à bras-le-corps la mondialisation pour devenir, au début du XXIe siècle, un colosse mondial. En réaction, l'Inde a abandonné son modèle autosuffisant et tiers-mondiste. Malgré sa réussite économique, l'Asie ressemble à une poudrière où se regardent en chiens de faïence les puissances régionales, la Chine et les États-Unis.

Par ailleurs, les traites négrières intègrent l'Afrique dans les échanges mondiaux jusqu'au XIXe siècle. L'Europe se lance alors à la conquête d'un continent mystérieux. La décolonisation donne naissance à des États fragiles. L'Afrique dépend de l'exportation de matières premières qui nourrit la corruption de dirigeants clients des puissances extérieures. Depuis les années 2000, la croissance économique transforme les régions littorales, mais l'explosion démographique en diminue les effets positifs. Des territoires échappent au contrôle des États et sont livrés à la violence. La justice pénale internationale a multiplié les procédures, suscitant la méfiance sur le continent.

La découverte de l'Amérique intègre la deuxième grande île continentale dans l'espace mondial. La colonisation est synonyme de pillages et de destruction. Les États-Unis sont toutefois indépendants en 1776, l'Amérique latine les imite au XIXe siècle. Vers 1900, l'Amérique devient une puissance mondiale qui prétend étendre son modèle à l'humanité. En attendant, l'ensemble du continent est considéré comme son arrière-cour où l'ordre est rétabli par le « bâton » si nécessaire. « Pauvre Mexique, si loin de Dieu, si proche des États-Unis » se lamentait le Mexicain Porfirio Diaz. L'Amérique latine reste marquée par la pauvreté, mais la tutelle américaine est moins lourde, d'autant plus que l'Amérique se barricade derrière un mur...

Le monde du XXIe siècle est donc confronté à de redoutables défis. D'abord celui de la sécurité implique la survie de l'humanité alors que des puissances disposent du feu nucléaire, mais ni l'ONU, ni les traités internationaux ne sont en mesure d'assurer la paix. Le défi économique reste entier : la mondialisation a certes fait émerger des classes moyennes en Asie, mais elle a aussi creusé les inégalités. La période de libre-échange ouverte en 1945 est en train de se refermer. Le défi écologique devient alarmant, en particulier le dérèglement du climat, alors que les conférences internationales sont peu concluantes. Enfin, l'impératif des droits de l'Homme, que de nombreux gouvernements prétendent propres à l'Occident et qui sont revendiqués par les individus et défendus par le droit international, reste posé.

Sujet

- L'État-nation peut-il survivre à la mondialisation ?

Mise en perspective

Bertrand Badie, dans *Quand le Sud réinvente le monde. Essai sur la puissance de la faiblesse* (La Découverte, 2018), montre que les acteurs étatiques et non-étatiques du Sud sont en train de bouleverser l'ordre international que les anciennes puissances ne parviennent plus à stabiliser à leur avantage. Cette impuissance des puissances plonge de nombreuses régions dans une situation de continuelle conflictualité.

Yannick Le Gruiec

À PROPOS DE QUELQUES OUVRAGES TRANSVERSAUX

« La paix n'est qu'une forme, un aspect de la guerre ;
la guerre n'est qu'une forme, un aspect de la paix.
Et ce qui lutte aujourd'hui est le commencement
de la réconciliation de demain »

Jean Jaurès

FICHE 6 Bertrand Badie et Michel Foucher (entretiens avec Gaïdz Minassian), *Vers un monde néo-national ?*

« Aujourd'hui, nous avons affaire à une redécouverte de la nation et de la souveraineté sur des bases différentes, où la volonté de protection l'emporte sur celle d'affirmer, comme jadis, des droits politiques nouveaux »

Bertrand Badie, *Vers un monde néo-national ?*, CNRS Éditions, 2017

« Une des lignes de force traversant et structurant le monde contemporain est l'affirmation ou la réaffirmation de nations qui s'émancipent finalement de l'ordre occidental, tout en s'appropriant ce qui leur est utile (capitaux, brevets et technologies, méthodes de mangement, outils de communication) »

Michel Foucher, *ibid.*

Auteurs

Les deux auteurs figurent une approche différente et novatrice de notre monde. Une même thématique les fait ici échanger, celle du néo-nationalisme. Le premier est politiste à Sciences Po Paris (Centre de Recherches internationales), pourfendeur d'un globe westphalien (*L'impuissance de la puissance. Essai sur les nouvelles relations internationales*, rééd. Biblis, 2013) marqué par des relations de « club » (*La diplomatie de connivence. Les dérives oligarchiques du système international*, La Découverte, 2013), alors que s'observe la montée en puissance d'autres protagonistes, notamment des sociétés civiles (*Nous ne sommes plus seuls au monde*, La Découverte, 2016). Il vient de diriger *Le retour des populismes. L'état du monde 2019* (La Découverte, 2018).

Le second est un ancien ambassadeur devenu professeur de géographie à l'École normale supérieure, au Collège d'études mondiales et à l'Institut des Hautes Études de défense nationale. Son approche singulièrement cartographique de la Terre est originale et prospective (*L'Europe et l'avenir du* monde, Odile Jacob, 2009 ; *La bataille des cartes. Analyse critique des visions du monde,* François Bourrin, rééd. 2011 ; *L'obsession des frontières*, rééd. Poche, 2012 ; *Le retour des frontières*, rééd. Poche, 2016). Quant à Gaïdz Minassian, journaliste au *Monde*, docteur en sciences politiques, enseignant à Sciences Po Paris, il a publié *Zones grises : quand les États perdent le contrôle* (Autrement, 2011).

Intérêt

Cette conversation – au sens diplomatique où l'entendait l'ambassadeur Jacques Andréani – à deux voire trois voix s'inscrit dans le contexte du vote du Brexit et de la déconstruction de l'UE, de l'élection de Donald Trump, des retraits des États-Unis d'accords multilatéraux (TPP, COP21, JCPoA) suivis des sanctions commerciales contre la Chine, de la montée en puissance des populismes en Europe (Hongrie, Pologne, Italie…) et de gouvernements illibéraux, de la crise migratoire en Méditerranée, mais encore de l'agression russe contre la Géorgie puis l'Ukraine, sans oublier les revendications nationalistes en mer de Chine ; une liste non exhaustive, on l'aura compris… Multiformes, peu ou prou permanentes ou, à tout le moins, résurgentes, s'exerçant à différentes échelles mais parfois périphériques, ces tensions politiques aux effets géopolitiques illustrent-elles, après les décennies néo-conservatrices, le retour d'un refoulé néo-nationaliste ? Alors que les dynamiques de mondialisation s'accélèrent et s'approfondissent, observe-t-on « la fin des territoires » ou « le retour des frontières », la mort de la souveraineté des États ou l'émergence de néo-populismes ? La gouvernance mondiale, qui a connu quelques résultats avec l'accord de Paris à la COP21, est-elle remise en cause ?

Arguments

De bi puis unipolaire, le monde est devenu multipolaire voire apolaire selon Richard Haas. Alors que « les plaques tectoniques de la géopolitique ont sensiblement bougé », le grand désordre mondial questionne la place et le rôle des États dans la mondialisation et le jeu des puissances à l'heure de leur impuissance, singulièrement avec le « tournant de l'année 2016-2017 ».

L'opposition entre les deux analyses émerge déjà dans l'approche du nouveau fait national : tandis que Bertrand Badie stigmatise l'émergence d'un monde « néo-nationaliste », Michel Foucher le qualifie de « néo-national ». Bertrand Badie considère qu'il y a « un retournement de l'histoire » avec une « renaissance un peu partout des crispations identitaires ». S'opère selon lui « une réinvention du nationalisme » qui est loin du nationalisme « classique » éveillé lors des décolonisations, mais qui correspond à « un deuxième moment », surtout chez les « anciens dominants », avec un mouvement de retour vers leur propre histoire. C'est l'identitarisme qui vient « *emblématiser* [sic] l'identité ». La nation « n'est plus cette communauté politique conquérante », mais la « différenciation d'avec l'autre », contre « une altérité tenue pour plus inquiétante ». Ce nationalisme s'avère donc « dénaturé » – l'affirmation collective des peuples a effacé les exigences politiques et constitutionnelles – et « déprogrammé » – il a effacé les clivages idéologiques opposant libéraux et socio-démocrates. Il peut se fonder sur la religion voire la « civilisation ». Il s'appuie sur l'autoritarisme, « légitimé par référence au peuple » qu'il intègre, ne laisse pas d'interroger, tant « le besoin de démocratie est plus fort que jamais » et « partout la timide réinvention de la démocratie se fait à partir de la société [...] de proximité ».

Ainsi, le « couple souveraineté-nation réapparaît dans le discours de tous les émergents », singulièrement des BRICS, y compris une « Russie blessée » qui juge que c'est un « complot occidental » qui a abattu l'URSS. Ainsi est-il possible de distinguer « un nationalisme affadi » chez les plus faibles, « un nationalisme d'affirmation et d'émancipation » chez les émergents, un « nationalisme de peur et de repli » au sein de l'ancien monde, autant de chocs potentiels en raison du développement de l'altérophobie et de la « crise protéiforme de l'altérité ». Les signes en sont les séparatismes (*cf.* le mouvement Vlaams Belang en Belgique), l'euroscepticisme (*i.e.* la Liga en Italie), l'otano-scepticisme (voir le parti des Vrais Finlandais) et les populismes (pensons au PiS en Pologne), avec des régions-nations comme la Catalogne.

Et tout cela alors que les interventionnismes des dernières années (2001 en Afghanistan, 2003 en Irak, 2011 en Libye) ont pu être assimilées à des manipulations du multilatéralisme. D'où les réactions anti-système et la pratique du bilatéralisme, autant de remises en question d'une possible « gouvernance globale », soit la coordination, « de manière fonctionnelle », des « différents agents de gestion pertinents à l'échelle mondial, en ayant pour référence, non les intérêts nationaux, mais les besoins communs de l'humanité ».

Au contraire, Michel Foucher, reprenant à la suite de Pierre Hassner le concept d'ère des « puissances relatives », estime qu'il y a plutôt une « affirmation nationale », en Chine par exemple mais aussi aux États-Unis avec un américanisme en rupture avec le messianisme, et déjà sous Barack Obama, élu pour terminer les guerres faillies et qui refuse d'intervenir en Syrie, et plus encore sous Donald Trump, avec un « America First » qui emprunte au jacksonisme sans verser dans l'isolationnisme. À suivre la formule de Justin Vaïsse – « le shérif a rendu son étoile », depuis Clinton et Obama, Washington ne veut plus être le gendarme du monde en raison de l'interdépendance avec Pékin et de la difficulté de contenir la montée de la Chine. Avec tout le risque de tomber dans le « piège de Thucydide », comme la France et l'Allemagne en 1914.

Quant à la Russie, qui s'est sentie humiliée, elle a une vision obsidionale et connaît actuellement une « restauration », non sans « revanchisme ». Elle tire parti de ses « créneaux de puissance », de ses « ressources militaires, diplomatiques, énergétiques et de propagande » – songeons au *sharp power* – et de l'intervention en Syrie. Moscou entend non seulement à s'afficher comme puissance régionale dans « ses étrangers proches » – conception traditionnelle depuis les grands tsars –, mais revendiquer un rôle mondial. Ce simple « patriotisme » privilégie « l'affirmation à l'extérieur » et « le prestige à l'intérieur » au développement économique et social. Il s'inscrit dans une vision de l'intérêt national, notion que Bertrand Badie critique en général, tandis que Michel Foucher y voit pour les pouvoirs une autonomie préservée dans leur relation aux autres.

Ces essors nationaux se font différemment, en voulant réviser l'article 9 de la Constitution au Japon ou en s'affranchissant de la « communauté internationale » pour Israël. Les fragilités internes au Brésil ou en Inde – une puissance « provinciale et sans ambition de puissance mondiale » – pèsent. Ils provoquent des crises des « ordres régionaux » remplacés par des « sphères d'influence », comme à la fin du XIXe siècle. C'est le cas de la Chine, de l'Iran, de la Turquie, avec une rupture de l'équilibre des puissances théorisée par Henry Kissinger.

À l'échelle des États s'observe, au surplus, une « désintermédiation politique », issue paradoxalement d'une élite qui crée une catégorie indifférenciée nommée « peuple » et court-circuite « les institutions, les corps constitués, les experts, les "sachants" ».

La nouvelle donne géopolitique induit également une nouvelle grammaire spatiale. Bertrand Badie note ainsi une « contradiction de plus en plus vive entre le concept de *territoire* et celui de *territorialité* [sic] ». Les échanges, les interdépendances, les connectivités et les circulations, y compris imaginaires, dus à la mondialisation, bouleversent l'histoire westphalienne, faisant passer le monde dans une version post-moderne. Bertrand Badie souligne la résurgence de « solidarités culturelles transnationales » en face de « récits néo-nationalistes [qui] cultivent [...] le génie de l'emmurement » et donc la perte de sens et d'absolu de la frontière, alors que les enjeux sont clairement et toujours davantage globaux – « insécurité environnementale », « insécurité sanitaire », « insécurité alimentaire ». Dans la foulée, Michel Foucher met en exergue le hiatus entre un marché global, l'accès à des ressources qui sont territorialisées – « le pétrole n'est pas téléchargeable » –, avec une compétition liée au prix, et des tendances protectionnistes ; et donc l'avènement d'une géopolitique objectale. Les bourses et les places sont ainsi et paradoxalement autant de « socles de territorialité dans cette tentative de déterritorialisation ».

Cette réflexion sur le territoire peut être appliquée à la géopolitique. Pour Bertrand Badie, Daech ne doit ainsi pas être analysé comme un ennemi « schmittien », « politiquement constitué et dont l'élimination réglerait tout », mais comme un « entrepreneur de violence » pour lequel le « référent territorial » n'est qu'une « posture tactique de circonstance ». Pour Michel Foucher, si « Al Qaida s'est situé dans une logique de réseau de labellisation », Daech s'est placé dans celle de la territorialisation par le contrôle de l'impôt, du pétrole, de la main d'œuvre.

Les deux observateurs se rejoignent sur l'érosion du multilatéralisme, la fin du messianisme occidental – « bonne nouvelle » dit Michel Foucher –, la remise en question de l'universalité de règles et l'échec de la résolution R2P (« Responsabilité de protéger »), jugeant que la politique de Donald Trump vise à affaiblir l'autorité du Conseil de sécurité. Ils sont pareillement critiques sur le fiasco libyen et d'accord sur les risques qu'une intervention en Syrie comportait. Michel Foucher voit une multipolarité – « version contemporaine de l'équilibre des puissances et d'un concert des nations » en construction. Il la distingue d'une géographie du monde polycentrique. Cette multipolarité moderne n'est pas coopérative mais plutôt conflictuelle, car fondée sur « un pur rapport de puissance » malgré une Chine qui la recherche, contre l'Amérique actuelle. Face aux affirmations d'émergents comme la Turquie d'Erdogan ou le Brésil de Bolsonaro, qui doivent être des puissances régionales avant de se poser au plan mondial, le « processus européen » apparaît utopique, alors qu'un « concert » des États fondateurs pourraient formuler un « objectif de puissance d'équilibre », et que des zones d'influence se recomposent, accueillent des forces centrifuges et donc des fragmentations, et que le « monde se "socialise" » avec des sociétés peu ou prou actrices.

Sujet

- Les États et la mondialisation.

Mise en perspective

Les deux auteurs se retrouvent une dernière fois pour s'inquiéter de nouvelles conflictualités. Michel Foucher juge par exemple que « l'affirmation ou la réaffirmation nationale cherche à installer des zones d'influence justifiées par l'ethnos et une représentation du rassemblement ». C'est « le scénario "Nouvelle Russie" en Ukraine, celui de la grande Serbie ou [...] de la « grande Albanie » ; Bertrand Badie estime que les guerres d'aujourd'hui sont souvent le fait de « compétitions de faiblesse » liées à « l'effondrement de l'État » ou à « la décomposition de la nation » et que les interventions exogènes, multiples dans leurs origines, leurs causes, leurs formes, leurs buts, leurs temporalités, et interrogent la souveraineté.

Par ailleurs, des mutations sont en cours, pour le régionalisme en général (MERCOSUR, ex-ALENA, etc.) et pour l'organisation régionale particulière qu'est l'Europe, qui illustre une hybridation de l'État, avec des souverainetés évolutives et différentes – que l'on pense aux fonctions régaliennes et à tous modèles en formation, de l'État-marché (Philip Cerny) à l'État-région (Kenichi Ohmae) sans oublier l'État-virtuel. Parce que les constructions régionales « n'ont pas su s'imposer comme médiateurs fonctionnels entre le niveau national et le niveau globale », elle sont désarmées par la mondialisation.

De même, les empires sont-ils mortels – plus que les États –, et changent, et leur perception aussi. Comme le note Michel Foucher, « la Yougoslavie fut perçue par les républiques périphériques comme un empire serbe, en 1939 comme en 1991, alors qu'elle fut un moyen de s'émanciper de l'empire austro-hongrois en 1919 », avec des marges qui s'émancipent quand le centre est affaibli. Sera-ce le cas de l'empire du Milieu quand les nouvelles routes de la soie auront été détournées par d'autres, ou de l'Europe, au contraire, résiliente par la construction non d'une association, mais d'une « solidarité organique fonctionnelle » (Bertrand Badie) ?

Emmanuel Naquet

Bertrand Badie, *Le temps des humiliés. Pathologie des relations internationales*

« *L'humiliation n'est pas tenue ici pour un trait psychologique, mais pour un effet du système international sur certaines unités qui le composent. Elle apparaît objectivement comme une forme de déshumanisation d'un système qui se construit comme humain* »

Bertrand Badie, *Le temps des humiliés. Pathologie des relations internationales*, Odile Jacob, 2014

Auteur

Bertrand Badie est politiste à Sciences Po Paris (Centre de Recherches internationales), pourfendeur d'un globe westphalien (*L'impuissance de la puissance. Essai sur les nouvelles relations internationales*, rééd. Biblis, 2013) marqué par des relations de « club » (*La diplomatie de connivence. Les dérives oligarchiques du système international*, La Découverte, 2013), alors que s'observe la montée en puissance d'autres protagonistes, notamment des sociétés civiles (*Nous ne sommes plus seuls au monde*, La Découverte, 2016). Il vient de diriger *Le retour des populismes. L'état du monde 2019* (La Découverte, 2018).

Intérêt

Parti de souvenirs personnels sur l'expérience de son père iranien installé en France, et dans le prolongement de ses ouvrages antérieurs, le projet de Bertrand Badie est de mettre en lumière un non-dit géopolitique, celui de l'humiliation des peuples au sein d'une pseudo « communauté internationale ». Influencé par l'approche durkheimienne, il propose une macro-sociologie des relations internationales en travaillant sur les comportements sociaux internationaux. Il entend non seulement revenir sur les nouveaux acteurs de la géopolitique d'aujourd'hui, mais critiquer encore et toujours une « société internationale » fondée sur l'exclusion des faibles par les forts.

Il s'agit plus précisément de réfléchir à l'évolution des rapports entre l'Occident et le reste du monde. Bertrand Badie considère depuis longtemps que, durant le XIXe et la première moitié du XXe siècle, le système westphalien d'équilibre des puissances se délite progressivement. Autrefois, les États occidentaux se faisaient des guerres entre puissances égales, entre princes qui se terminaient par des traités où le vaincu abandonnait quelques territoires et places fortes, en attendant de les reprendre... On parlait alors de *jus ad bellum*, selon la formule de Carl von Clausewitz. Depuis, il s'agit de guerres totales et donc entre peuples : l'étude des relations internationales n'est donc plus celle des « monstres froids », États calculateurs et rationnels s'exprimant dans le langage feutré de la diplomatie ; la guerre implique l'abaissement du vaincu. Par ailleurs, il considère que la configuration internationale, imposée depuis 1945, doit être davantage ouverte aux principes du multilatéralisme et à la reconnaissance des aspirations sociales et culturelles, sachant que les peuples se « révoltent » et deviennent des acteurs internationaux.

Arguments

L'humiliation traverse l'histoire des relations internationales, de l'Antiquité avec Brennus et son « malheur aux vaincus », au XIXe siècle avec les guerres de l'opium « où le drapeau britannique ne flotta sur Canton que pour protéger un infâme trafic de contrebande », et jusqu'au Mali, lorsque François Hollande déclare depuis Paris, le 28 mars 2013 : « Nous voulons qu'il y ait des élections au Mali à la fin du mois de juillet, et ça, nous serons intraitables là-dessus ».

À partir d'une définition de l'humiliation dans les relations internationales comme « prescription autoritaire d'un statut inférieur à celui souhaité et non conforme aux normes énoncées », Bertrand Badie pose cette hypothèse peu orthodoxe : comment un système international, c'est-à-dire l'arrangement d'un ensemble de normes et de pratiques internationales repérables à un moment donné dans le temps, peut générer de l'humiliation systématisée et provoquer ainsi l'émergence de différentes diplomaties réactives ? Pour la résoudre, il suit une approche ternaire (I. « Les cas historiques », II. « Les manifestations », III. « Les conséquences »). Il cherche ainsi à démontrer que l'humiliation, élément central de la structure et du fonctionnement du système international, est une pathologie, dès lors qu'elle entraîne le dérèglement des rapports internationaux devenus asymétriques.

Plusieurs facteurs expliquent cette résurgence de l'humiliation. Tout d'abord, la fin du monde bipolaire qui contraignait les puissances à courtiser les petites, de peur qu'elles ne choisissent le camp d'en face. D'autre part, les décolonisations et les émergences qui ont abouti à un multiculturalisme et à un cosmopolitisme de sociétés connectées et mobiles ; or, avec leur irruption dans le jeu international, la guerre s'étant rapprochée des sociétés devient sociale. Parce que la nation est mobilisée, si elle est défaite, elle est alors humiliée. De même, la mondialisation entraîne une ouverture à un très grand nombre d'acteurs et produit des inégalités ; elle est inadaptée à un système westphalien trop structuré fonctionnel, exclusif et spontané. Enfin, la puissance, jusqu'alors seule médiatrice sur l'échiquier mondial, connaît un dérèglement, sachant que le jeu de la puissance suppose que tous les protagonistes soient puissants ; cependant, aujourd'hui, « l'histoire est écrite par les faibles » et c'est l'anti-puissance qui rythme – sans l'organiser – le monde, alors que le multilatéralisme n'existe pas véritablement et qu'il y a un retour de la guerre juste, contenue désormais sous le vocable de la responsabilité de protéger comme en Libye et en Côte d'Ivoire. Bref, « l'humiliation, à mesure qu'elle se banalise dans le jeu international, vient à en bousculer les règles, à créer de nouveaux dangers, à susciter de nouvelles dysfonctions souvent difficiles à surmonter ».

Par ailleurs, Bertrand Badie distingue quatre catégories d'humiliation. Le premier est le rabaissement du rang d'un État qui tend *« à imposer au vaincu une réduction brutale de son statut de puissance et à créer un choc émotionnel au sein de l'opinion »,* d'où le sentiment d'agression. Ce type apparaît essentiellement en période post-conflit et favorise une vision subjective de la défaite. La justice des vainqueurs aboutit à l'exclusion du vaincu, par exemple lors du « *Diktat* » du traité de Versailles en 1919. Cela est devenu une pathologie récurrente avec, comme effet, par l'humilié, l'adoption d'une diplomatie de revanche, ce qui est le cas en Allemagne à partir de 1933. Reste que le revanchisme peut être contenu par un système international structuré, comme en 1945 avec la capitulation de l'Allemagne et du Japon, le Japon ayant même connu une internationalisation de sa constitution avec l'article 9 sur la renonciation à la guerre.

La deuxième configuration est la dénégation d'égalité par les États-puissances : la « cour » [sic, expression qui n'est pas de Bertrand Badie] internationale reproduit à l'infini un système aristocratique avec une diplomatie de « clubs ». Elle s'exprime par le refus de toute égalité de droits aux « acteurs extérieurs » de l'ordre westphalien. Dans un système non-structuré, ces pratiques de déni se traduisent par une diplomatie de souverainisme très réactive : la conférence de Bandung en 1955 est emblématique. Ce déni se caractérise par un jeu « d'alliances » (capitulation, mise sous tutelle, concessions territoriales [par exemple Hong Kong en 1842], accords de coopération) où le paternalisme « protecteur » domine, comme l'illustre la « Françafrique » : les États perçus comme inférieurs deviennent des États « passifs ».

S'ajoute l'humiliation par relégation quand l'alliance n'est pas considérée comme vitale par d'autres puissances, par exemple au XIXᵉ siècle, entre les puissances britannique et française, d'une part, et l'Empire ottoman d'autre part, et cela alors que de nombreuses décisions prises le concernaient. C'est le cas aussi lorsque des conflits (Congo, Timor oriental, Soudan, Palestine…) ne trouvent pas la même attention sur la scène internationale ou encore quand tel État dénie sa souveraineté à un autre ; l'effet en est une diplomatie de contestation qui consiste à remettre en cause « tout ou une partie du système international dans la perspective d'en tirer des bénéfices, tant sur la scène intérieure que dans l'arène internationale ».

Enfin, l'humiliation par stigmatisation se concentre sur « la dénonciation infamante de l'autre dans ce qui le différencie de soi-même ». Récente (fin des années 1980-début des années 1990), se caractérisant surtout par le rejet de la différence, elle s'inscrit dans un système non-structuré et dans un « contexte d'altérophobie ». Il s'agit de délégitimer l'Autre pour l'exclure du système international : l'islamophobie – ce n'est pas un État, mais une civilisation qui est alors visée –, la sinophobie, la russophobie (l'URSS était vue comme « l'empire du Mal » avant 1985 et la Russie de Poutine aujourd'hui) se sont ainsi développées avec une manipulation de l'opinion publique ; ce type d'humiliation se traduit par la constitution d'une liste d'États voyous. Ceux-ci, liés par « le ciment des humiliations passées », adoptent alors une diplomatie de déviance (voir le Venezuela, la Corée du Nord…) qui ne fait qu'accentuer la méfiance. L'auteur reconnaît que ces stratégies, qui peuvent avoir recours à la « violence non maîtrisée » comme le font les mouvements salafistes, échouent *in fine* à modifier le jeu.

En outre, le système international repose sur trois types d'inégalités, qui sont autant de sources d'humiliation : l'inégalité constitutive liée à la colonisation et à sa mémoire ; Bertrand Badie mettant en avant son caractère exceptionnel du fait de la contradiction avec certains les principes des métropoles, et la mise en place d'une nouvelle clientélisation, un colonialisme « soft » ; l'inégalité structurante pour les « puissances moyennes » qui ne peuvent pas s'imposer sur la scène internationale mais sont assez fortes pour le vouloir, comme la Turquie ou l'Iran dont certains sont relégués au statut de puissances moyennes non admises au G8 ou au G20, et organisent entre eux d'autres conférences pour traiter des mêmes sujets comme la « Conférence mondiale sur le développement durable des petits États » qui a eu lieu après la conférence des Nations unies sur l'environnement à Rio ; l'inégalité fonctionnelle qui tient à la gouvernance du monde exercé par un nombre réduit de puissances : c'est la « la diplomatie de connivence » au détriment des petits pays qui voient les règles du jeu international fixées sans eux via un « minilatéralisme » (un P5 à configuration oligarchique) rassemblant les « grands de ce monde » comme lors de la guerre en ex-Yougoslavie : la solution avait été apportée par les États-Unis, la Russie, la France, le Royaume-Uni, auxquels l'Allemagne avait été associée, mais sans représentants des pays concernés…

De ce fait, Bertrand Badie appelle à reprendre les schémas de penser (et à panser ?) l'Altérité et à intégrer l'empathie : il faut appréhender l'intérêt national « dans un rapport à l'autre, non plus conçu comme éternel rival qu'il convient de surclasser ou occasionnel vassal qu'il importe de régenter, mais partenaire qui sera d'autant plus fonctionnel qu'on saura le tenir dans un statut d'égalité, lui parler, l'admettre, l'inclure, ne pas en faire le réceptacle naturel de toutes les méfiances ». Il faut par conséquent dépasser les crispations souverainistes/nationalistes qui obèrent le multilatéralisme et songer que le monde est le résultat « d'un enchevêtrement de faits de société qu'on ne peut plus réduire au *bad guy* ni au tireur de ficelles ». En regardant le monde dans sa totalité, il s'agira de créer une véritable « communauté internationale » organisée par des principes reconnus et appliqués par tous, inclusive et égalitaire. Car les peurs des uns – l'Occident – et les rancœurs des autres – les dominés, les délaissés – nourrissent les fondamentalismes et les extrémismes. C'est pourquoi, il faut se méfier de nouvelles formes de réaction anti-humiliation : les diplomaties de contestation et de déviance peuvent être dangereuses en raison de la remise en cause des règles de résolution de différends.

Sujet

- La « communauté internationale », mythe ou réalité ?

Mise en perspective

Pour Bertrand Badie, le paradigme de l'humiliation ne doit pas saturer l'explication : la complexité de la politique étrangère russe, par exemple, renvoie aussi à d'autres paramètres que celui de l'humiliation, ne serait-ce que la nature impériale. De son côté, Dominique Moïsi avait aussi développé l'idée que le ressentiment était l'un des ressorts de l'action des pays arabo-musulmans. Dans *Géopolitique de l'émotion* (1re édition 2008, rééd. Flammarion-Poche, 2015), il considérait que l'humiliation, « émotion primaire », aboutissait à une culture de la dépossession, d'où un sentiment de vengeance développée après la fondation d'Israël par les Palestiniens en particulier et par le monde arabe en général, en raison d'une « incapacité à écrire lui-même son histoire ».

Emmanuel Naquet

FICHE 8

Bertrand Badie, *Quand le Sud réinvente le monde. Essai sur la puissance de la faiblesse*

« Le terme de Sud relève d'une double intuition positive. D'une part, il distingue utilement les vieilles puissances issues de l'histoire westphalienne de celles qui ont dû prendre le train en marche pour peu à peu s'agréger à cet ordre qui n'était pas le leur ni même de leur cru. Certes, l'illusion géographique est quelque peu marquée, mais elle est suffisamment évocatrice, notamment pour toute une génération sortant du clivage est-ouest frappé en son temps du même simplisme géographique. D'autre part, ce vocable rompt heureusement avec l'image du reliquat et traduit une unité (l'entrée commune dans un système relevant d'une autre histoire) et une dynamique (la volonté partagée mais diversifiée de réappropriation) »

Bertrand Badie, *Quand le Sud réinvente le monde. Essai sur la puissance de la faiblesse*, La Découverte, 2018

Auteur

Tout est dans les détails ! Voilà un des grands spécialistes des relations internationales, professeur à Sciences Po Paris, expert reconnu dont on attend avec impatience chaque année *L'état du monde* (La Découverte) dont les titres rythment les évolutions contemporaines. Mais, au-delà, n'oublions pas qu'enfant d'immigré et Persan (il préfère ce terme au terme péjoratif d'Iranien), Bertrand Badie revendique sa double « nationalité » et sa biculture Nord-Sud toujours face à face dans ses études. Observateur de la mondialisation, il a suffisamment analysé le processus pour y voir un tribalisme en action, des fractures non résorbées, prix d'une interdépendance mal maîtrisée. Habitué aux paradoxes, il livre une réflexion qui, chez lui, n'est pas originale, mais pour les décodeurs de la puissance l'est plus : « La puissance aujourd'hui n'est-elle pas celle des faibles, celle du Sud capable par ses souffrances, ses besoins, ses affrontements de donner le sens de l'exercice de la puissance plus imposé que voulu ? ».

Intérêt

Cet essai précise la thématique déjà trouvée dans *Nous ne sommes plus seuls au monde. Un autre regard sur « l'ordre international »* (La Découverte, 2016) et donne corps au *Temps des humiliés. Pathologie des relations internationales* (Odile Jacob, 2014) et prolonge *L'impuissance de la puissance. Essai sur les nouvelles relations internationales* (Fayard, 2004). Il ne se contente pas d'analyser le chaos mondial, les fractures du système international et va plus loin que la simple dénonciation d'un « égosystème mondial » servant les intérêts du Nord. Il propose non pas une remise en ordre mais l'élaboration d'un nouveau système international inclusif et sur le point d'être fonctionnel. Il remet au premier plan les dynamiques sociales plus que la seule géoéconomie dans les évolutions, donnant par là un peu de corps à ce que Jean-Claude Chesnais appelait déjà en 1987 *La revanche du tiers-monde*. Il relativise l'émergence de certains pays qui accèdent au global, mais sont pris à leur propre piège. À mesure que leur puissance s'affirme, ils s'exposent aux pressions de la faiblesse, soit à l'extérieur de leur frontière (Chine en Afrique, Brésil sur ses limes), soit à l'intérieur (Tibet, Xinjiang chinois, populisme brésilien). Il donne à penser que réconcilier l'international et l'humain est possible, si on change de priorité et qu'on est à l'écoute des « humiliés » et si, « au lieu d'avoir les yeux rivés sur la ligne bleue des Vosges, on a les yeux rivés sur les risques de déstabilisation sociale du Sud ».

Arguments

Tout part de la crise du système westphalien mis en place à la fin de la Guerre de Trente ans, en 1648, creuset de cet État moderne bousculé dans le dernier quart du XXe siècle. Cette crise est le produit d'une mondialisation qui dévalue les frontières, favorise une prolifération des États (60 en 1950, 179 dès 1992) et développe des conflits d'un type nouveau où les enjeux sociaux sont plus importants que les enjeux de pouvoir, particulièrement hors du « Vieux continent » qui n'est plus le champ de bataille du monde.

La décolonisation est aussi dans ses modalités, sources de tensions et de délitement : États sans autre « identité que celle prescrite par la géométrie coloniale », États sans masse critique déclarés « faillis » et donc mis sous tutelle par la force, nations vulnérables car écartelées par des frontières de papier associées à des partages artificiels, lien social fragilisé, solidarités horizontales délicates à mettre en place là où la verticalité du pouvoir, « l'allégeance et les clientélismes l'emportaient », retards sociaux (IDH très bas) qui altèrent les régulations étatiques et « normalisent » (Durkheim) la délinquance. Pour Bertrand Badie, toutes ces contradictions émanent de « l'État importé » – notion abondamment décrite dans ses recherches – « dont les maîtres coupés de la société n'ont d'autres choix que de s'extravertir, de renforcer leur dépendance vis-à-vis de l'ancienne métropole », par exemple la Françafrique.

Mais c'est l'effacement de l'Occident ne pouvant plus se contenter de croire avec arrogance qu'il est le seul détenteur des valeurs universalistes qui ouvre la voie à une réinvention du monde par le Sud. L'Occident qui, par exemple, est impuissant à régler les conflits du Moyen-Orient ou à penser l'altérité, ne peut plus donner de leçons ni gouverner à l'humiliation comme à l'époque coloniale. Il doit reconnaître un triple échec : il perd la capacité de gagner des guerres (excepté la guerre froide et les guerres asymétriques de la décolonisation) ; il n'est plus un « hégémon économique » face à l'émergence des Suds imposant le passage d'un G7 à un G20, même si « le G20 ne coopte que les États du Sud les plus sages ou ceux qui s'imposent » ; la cohérence entre l'Europe et les États-Unis est de plus en plus menacée sur des thèmes comme le libre échange et le multilatéralisme, quand ce n'est pas sur la finalité de la croissance, au-delà de la vieille opposition entre l'UE « communauté de destin » et les États-Unis, « communauté d'intérêts », un peu réductrice.

En outre, dans la hiérarchisation des risques, sinon dans leurs origines prétendues ou effectives (Sida, migrations environnementales, trafics, prolétarisation et précarisation dangereuses comme au Plazza, au Bangladesh), la déstabilisation sociale des pays du Sud devient essentielle : 90 % des conflits se déroulent au Sud et mettent en évidence « la pathologie sociale » dangereuse (démographie galopante, inégalités accrues, sécurité humaine, menacée, migrations subies).

Par ailleurs, l'impuissance de la gouvernance mondiale classique face à ces problèmes invite à trouver de nouvelles formes de gouvernance inclusive, car la nuisance est plus importante que la puissance. De nouvelles inflexions apparaissent : la régionalisation se développe plus que la globalisation, la « menace ne vient plus du rival mais de la possible décomposition ou du délitement », le feu peut venir du petit (État), l'interaction l'emporte sur l'initiative, l'événement n'est pas créé par l'expression de la force mais par la faiblesse. Le jeu d'interdépendance prime les enjeux de souveraineté et de puissance, les conflits du Sud n'appartiennent pas au Nord et partout il veut les réparer sinon les résoudre, la montée des peurs domine par la perte des repères notamment ceux d'une mondialisation fixée par le Nord désormais appropriée par le Sud. La somme des peurs à l'aval de ces mutations est à l'origine des identitarismes et des populismes.

Place donc à de nouvelles hiérarchies, de nouvelles institutions qui peuvent par exemple valoriser l'Union africaine qui n'est pas ligotée par une mémoire westphalienne et qui a su retrouver le Maroc et une dynamique de gestion africaine des conflits. Place à des acteurs non étatiques qui sont derrière toutes les confrontations et qui n'obéissent pas aux règles westphaliennes. Place à de jeunes générations d'intellectuels contestant l'ordre international et œuvrant par l'interconnexion des smartphones à la promotion d'une intersociabilité. Place à une opinion publique internationale qui tente de réinventer un monde et des modalités de lutte (marches du siècle pour le climat...). Place à une rerégionalisation du monde et à un néo souverainisme mondialo-compatible portés par les pays émergents pour renouveler le système mondial. Place à une promotion des acteurs locaux dont les capacités d'adaptation sont plus importantes que celles de l'acteur global.

Mise en perspective

On notera l'extrême modernité des propos de Bertrand Badie : il livre un avis sans complaisance sur la décolonisation et à l'heure où on instruit le procès des biens mal acquis ou des génocides rwandais, le regard de l'auteur sur le Congo, l'Algérie, l'Égypte n'est pas qu'un simple rappel des dégâts collatéraux de « l'État importé ».

Certaines grilles de lecture sont vivifiantes : elles permettent d'appréhender des évolutions sociétales comme Boko Haram, réponse à une décomposition sociale et capable d'utiliser toutes les formes intermédiaires de contre socialisation (Guildes, corporations de bouchers, barbiers ou garagistes) et de les dévoyer dans la violence jusqu'à « devenir une instance de séparation, de confiscation, et de réintégration ».

On ne peut que souhaiter prolonger les réflexions sur la « fin de l'Occident », et sur les enjeux internationaux d'aujourd'hui. Quand Bertrand Badie prône l'hybridation des cultures comme lorsque confucianisme, taoïsme et bouddhisme se sont réciproquement fécondés, quand il érige « le migrant en avenir du monde », quand il appelle de ses vœux des sociétés de partage, d'ouverture, on ne peut qu'être à l'écoute de cette démarche dans les temps actuels où les mobilités forcées interpellent des sociétés de plus en plus fermées.

Quand il replace l'Homme au cœur de la bonne orientation de la mondialisation, il fait de la réinvention du monde une expérience empirique, partant de « repères communautaires apparaissant de plus en plus comme des points d'équilibre face à la brutalité d'une mondialisation perçue comme unilatérale ».

Mais, plus encore, la modernité de cet ouvrage tient à l'analyse des « sociétés guerrières » qui se rigidifient désormais, avec leurs violences diffuses, leurs guerres asymétriques, leurs cibles à têtes multiples et leur difficile éradication. Ces sociétés « ne se mobilisent pas contre l'État mais deviennent un moment de son dépassement » et, paradoxalement source de sécurité, d'autorité, de conforts, de profits au point de s'étendre.

À tous ceux qui se désolent de la fin d'un multilatéralisme, des pistes s'ouvrent pour réinventer la communauté internationale en donnant aux « intrus » leur place de décideurs.

Alain Nonjon

FICHE 9

Nicolas Baverez, *Danser sur un volcan : espoirs et risques du XXIe siècle*

« Oui, nous dansons sur un volcan ! Et l'humanité n'a que deux choix : l'effondrement ou l'adaptation aux révolutions en cours dans un monde ou l'Occident, qui a perdu le monopole du leadership, doit se réinventer »

Nicolas Baverez, *Danser sur un volcan : espoirs et risques du XXIe siècle*, Pluriel, 2017

Auteur

Normalien, docteur en histoire, agrégé de sciences sociales, énarque et conseiller référendaire à la Cour des Comptes devenu avocat d'affaires, Nicolas Baverez est un essayiste libéral. Il écrit dans *Le Figaro*, *Le Point*, *Les Échos* et *Le Monde* et a commis dix-huit ouvrages, dont *La France qui tombe* (2004) ou *Réveillez-vous !* (2012). Ce décliniste ou déclinologue, selon l'expression de l'ancien Premier ministre Dominique de Villepin, fustige habituellement l'excès de dépenses publiques, l'incapacité à réformer l'État, l'immobilisme social.

Intérêt

Ce dernier opus, sur certains aspects dans la droite ligne des précédents, nuance toutefois les propos antérieurs en élargissant le diagnostic au reste de l'Occident et en convoquant l'économie et l'histoire pour éclairer les défis de notre siècle au regard du temps long du passé – l'auteur remonte aux traités de Westphalie, même s'il considère, avec Gérard Chaliand (*Vers un nouvel ordre du monde*, Le Seuil, 2013, avec la collaboration de Michel Jan) que l'année tournant est 1979 avec, entre autres, l'avènement de la théocratie iranienne, l'invasion soviétique de l'Afghanistan, l'arrivée au pouvoir au Royaume-Uni de l'ultra libérale Margareth Thatcher, le second choc pétrolier et les modernisations de Deng Xiaoping en Chine. La thèse centrale est, en effet, que le monde est un volcan en éveil – ou réveillé ? –, avec des éruptions événementielles qui portent leurs nuées, imprévues et extrêmes, et qui « génèrent une incertitude radicale », non sans ondes de choc à différentes échelles et de divers types et que la sismologie permet de repérer les signes avant-coureurs de ces nouvelles cartes.

Arguments

Le regard de Nicolas Baverez se tourne vers de multiples lignes de fuite, visibles ou à tout le moins perceptibles, et tout d'abord vers la porosité des frontières et les mouvements migratoires qu'elle induit et qui posent la question de la souveraineté des États, notamment ce qu'il analyse comme une impuissance des démocraties à préserver la liberté et à garantir la sécurité contre l'infiltration de réseaux mafieux en tous genres ou la menée d'attaques terroristes. À ses yeux, les démocraties sont également et paradoxalement fragilisées par la montée des populismes ; au demeurant, tous les régimes, quelle qu'en soit la nature, vivent dans le risque de sécessions territoriales, avec des peuples à la recherche d'indépendance.

Pour lui, il n'y a pas de victoires, mais des batailles en cours. Ainsi les inégalités restent-elles fortes – 1 % de la population détient 48 % des richesses mondiales –, bloquent la mobilité sociale et s'aggravent en Occident malgré, pour l'Europe, un « modèle social » hérité de l'État-providence. Le vieillissement de la population va ralentir encore davantage les gains de productivité, les dysfonctionnements des États s'enchaînent parallèlement aux déficits des comptes publics et le chômage dévaste l'Europe, « au moment où la révolution technologique s'apprête à remettre en question la moitié des emplois existants, dans les quinze prochaines années ». L'économie numérique est porteuse de promesses, dont l'ouverture des sociétés, mais qui sont faites par un *Big Brother* contournant les frontières et rendant obsolètes les systèmes fiscaux sur lesquels reposent les États-providences, et profitant d'abord à quelques oligopoles américains comme les GAFAM tout en polarisant les territoires. L'horizon ouvert par le capitalisme s'est bouché pour les classes moyennes dans des sociétés avancées qui s'arrêtent. Pour Nicolas Baverez, le système étouffe la concurrence nécessaire à la préservation d'un capitalisme dynamique et créatif, susceptible de rebattre les cartes entre individus, notamment par l'intelligence artificielle.

Plus précisément, la faillite de banque Lehman Brothers en 2008 a été « au capitalisme universel ce qu'[avait été] le 24 octobre 1929 au capitalisme libéral », car les crises qui ont suivi ont abouti à la résurgence des passions collectives que sont la religion et le nationalisme. Mais, ajoute-t-il, c'est aussi « la fin des idéologies du XXe siècle – communisme, nazisme et fascisme – qui a libéré, du fait de l'inconséquence des démocraties, un vaste espace dans lequel se sont engouffrés nationalismes et fanatismes religieux », parlant de « guerre de religion mondiale lancée par le fondamentalisme islamique ». Il rappelle au surplus que « nul n'a le droit d'oublier que l'acte de baptême du siècle est signé par les attentats du 11 septembre 2001 », car « ils ont provoqué un cycle de guerres en chaîne dont le projet de restauration du califat porté par l'État islamique est le dernier avatar ». Reste que si les États-Unis sont aujourd'hui sortis de la crise économique, ils connaissent la peur du déclassement et la progression des inégalités, autant de facteurs explicatifs du succès d'un populiste comme Donald Trump, de même qu'il est incontestable que l'Occident a perdu le monopole du leadership.

Dans ce monde plus polycentrique que multipolaire, l'émergence montre aussi ses limites : la polarisation des revenus, encore plus brutale dans les sociétés en développement, pousse des régimes voire certaines puissances à trouver des dérivatifs dans le nationalisme ou la religion et à affirmer, comme en Turquie et en Iran, des visées néo-impérialistes régionales. Si les pays émergents se développent dans leur ensemble, les « puissances » africaines montantes restent très fragiles et, finalement, le clivage principal ne sépare plus le Nord et le Sud, mais des « modes de régulation du capitalisme et des régimes politiques libéraux ou autoritaires ».

C'est pourquoi, si la géoéconomie peut apparaître comme une nouvelle grammaire des relations internationales, la Russie et le monde arabo-musulman sont l'expression de ce « retour de la géopolitique » qui caractérise le XXIe siècle. La première ambitionne de revenir sur l'ordre occidental ; le second constate l'impasse d'un capitalisme inégalitaire et veut une « revanche de l'histoire ».

Sujet

- L'Europe est-elle sortie de l'histoire ?

Mise en perspective

Pour Nicolas Baverez, qui consacre ici de trop rares lignes au réchauffement climatique, la gouvernance mondiale s'avère d'autant plus complexe que s'observe un retour de la primauté des intérêts nationaux, une opposition entre les modes de régulation et une opacité des politiques de certains leaders (Vladimir Poutine, adversaire ou partenaire ? Brexit or not Brexit ? Donald Trump, allié ou désengagé ?). La « fin des compromis » empêcherait de gérer efficacement les biens publics mondiaux et menacerait l'ensemble de l'économie mondiale et des sociétés de la planète. Il faudrait ajouter le rôle des États qualifiés de déviant qui s'écarte de toute politique, si ce n'est d'équilibre, à tout le moins de concert des nations. C'est le cœur de l'ouvrage de Soraya Sidani, *Intégration et déviance au sein du système international* publié aux Presses de Sciences Po en 2014.

Emmanuel Naquet

FICHE 10

Pascal Boniface, *Comprendre le monde. Les relations internationales pour tous*

« À l'heure où la frontière entre le national et l'international est brouillée, voire largement effacée, aider à mieux comprendre les affaires mondiales est un impératif citoyen »

Pascal Boniface, *Comprendre le monde. Les relations internationales pour tous*, Armand Colin, 2017

Auteur

Pascal Boniface est directeur de l'IRIS (Institut de relations internationales et stratégiques). Il enseigne à l'Institut d'études européennes de Paris 8. Spécialiste français de géopolitique le plus suivi sur les réseaux sociaux, il est l'auteur d'une soixantaine d'ouvrages, dont *La géopolitique* (Eyrolles, 4e éd., 2016), *50 idées reçues sur l'état du monde* (Armand Colin, 7e éd., 2017), et, en collaboration avec Hubert Védrine, *L'Atlas des crises et des conflits* (Armand Colin, 3e éd., 2016).

Intérêt

L'ouvrage fournit les clés de compréhension des enjeux majeurs que connaît le monde, devenu un « village global ». Une approche pédagogique et accessible des relations internationales.

Arguments

Depuis 1990, le monde a connu de grands bouleversements : il n'est devenu ni unipolaire, ni multipolaire, mais globalisé. Selon Pascal Boniface, le monde est en effet en voie de multipolarisation avec un affaiblissement relatif des États-Unis et l'émergence « lente et constante » d'autres pôles qui disposent d'un poids croissant dans le processus de décision international. Si la suprématie américaine peut être remise en cause, elle reste une réalité, les États-Unis étant bien une puissance globale, à la fois militaire, économique, technologique et culturelle. Aucun pays ne peut se vanter d'avoir autant d'influence sur les autres pays. Le *soft power* des États-Unis reste redoutable et inégalé, si ses concurrents, à commencer par la Chine qui souhaite développer leur capacité d'attraction, « le *soft power* ne se décrète pas, l'avantage des États-Unis reste énorme ».

Pour preuve, les dirigeants chinois envoient leurs enfants étudier aux États-Unis, les élites américaines n'envoient pas leurs enfants dans les universités chinoises. Il n'en reste pas moins que si la Chine ne souhaite pas modifier le système mondial, elle veut en prendre la tête. Les ambitions chinoises sont grandes tant au cœur de l'Asie qui apparaît comme un nouveau centre du monde : la RPC cherche à s'y affirmer, face au

Japon qui reste un modèle de modernité dans la région et face à l'Inde qui se présente comme la plus grande démocratie du monde. La Chine est ainsi devenue un des acteurs majeurs du monde globalisé.

Cependant, dans le monde post-Guerre froide, d'autres émergents s'affirment ou se réaffirment, telle la Russie qui tente un retour sur la scène internationale. Si Boris Eltsine avait été perçu comme l'homme de la faillite, Vladimir Poutine apparaît comme celui du redressement. Pour Pascal Boniface, la Russie ne retrouvera jamais la puissance de l'Union soviétique, mais elle revient avec la volonté de participer à la multipolarisation du monde. L'Amérique latine, « relativement marginalisée stratégiquement pendant la guerre froide », participe également à cette multipolarisation. Elle parvient à tirer profit de la globalisation pour se développer économiquement. En témoigne l'émergence du Brésil, devenu incontestablement le leader de cette Amérique Latine, et l'auteur d'insister sur le fait que la crise politique sociale que connaît actuellement le Brésil ne doit pas masquer le rôle toujours important de ce pays devenu la 9e puissance économique mondiale. L'auteur y voit davantage une pause dans l'émergence qu'un retour en arrière.

Face à ces émergences, les puissances traditionnelles tentent de conserver leur rôle, à l'image de l'Europe qui semble à la croisée des chemins, la question centrale étant de savoir si l'Europe restera une puissance économique ou si elle est condamnée au déclin. Autant d'évolutions et d'acteurs qui souhaitent participer au fonctionnement du monde. Si on peut parler d'un « système international » plutôt que « d'une communauté internationale », il apparaît néanmoins qu'à l'occasion de la conférence sur le climat en 2015, l'on assiste à l'émergence d'une véritable communauté internationale ; un système international ou une communauté internationale donc, confrontés à de nombreux enjeux, qu'il s'agisse de la sécurité internationale ou du réchauffement climatique. Mais les tendances à l'échelle mondiale ne sont pas totalement négatives : si le monde reste injuste et dangereux, force est de reconnaître qu'il progresse, que les sociétés civiles se développent et se font entendre, preuve d'une expansion de la démocratie.

Sujet

- En quoi peut-on parler depuis le début des années 1990 d'un « nouvel ordre mondial » ?

Mise en perspective

Comme Pascal Boniface, d'autres auteurs ont dessiné l'évolution des relations internationales, mais aussi l'évolution de la notion de puissance. C'est ce que fait Bertrand Badie dans son dernier ouvrage, (*Quand le Sud réinvente le monde. Essai sur la puissance de la faiblesse*, La Découverte, 2018). Il montre comment le Sud, largement issu de la décolonisation, recompose le système international, ce que les vieilles puissances peinent à admettre. Le système international se transforme, inévitablement, sans que les États n'en prennent la mesure : il intègre de nouveaux acteurs et réécrit l'agenda international jusqu'à faire des questions sociales les enjeux majeurs de notre temps (démographie, inégalités, sécurité humaine, migrations). Reste à inventer les remèdes à ces nouvelles « pathologies sociales internationales ».

Caroline Delbecque

Pierre Buhler, *La puissance au XXIe siècle. Les nouvelles définitions du monde*

« La puissance appartient à ceux qui en comprennent les règles, qui savent en assembler les ressources et en forger les instruments, qui savent en réinventer les formes et les modalités ; bref, à ceux qui savent appliquer à leur profit la grammaire subtile et changeante de la puissance »

Pierre Buhler, *La puissance au XXIe siècle. Les nouvelles définitions du monde*, CNRS Éditions, 2014

Auteur

Pierre Buhler, diplomate de carrière, a enseigné les relations internationales à Sciences Po Paris.

Intérêt

L'ouvrage offre un panorama des mutations de la puissance et de ses fondements dans le monde de l'après-Guerre froide. L'auteur montre que le XXIe siècle constitue un moment charnière d'accélération et d'inversion des dynamiques de puissance. La notion de puissance est évolutive et fait l'objet d'une perpétuelle lutte d'appropriation. La redistribution s'opère entre de multiples acteurs, pas toujours étatiques, dont le grand gagnant devrait être l'Asie et en son sein la Chine… et le grand perdant l'Occident. Pourtant, Pierre Buhler refuse de céder au fatalisme, en ce qui concerne par exemple les perspectives d'avenir de la France.

Arguments

Pierre Buhler explore cette nouvelle grammaire de la puissance qui gouvernera à sa redistribution au XXIe siècle. Il évoque des États désormais sur la défensive, la montée de l'Asie (doit-on s'habituer à l'idée d'une hégémonie asiatique ou chinoise ?), la fin du monopole de l'Occident et les efforts considérables des émergents en faveur de la recherche scientifique et de l'innovation et les grandes régions du monde qui évoluent dans la maîtrise de la puissance. L'Asie arrive sur le devant de la scène avec les Japon, Chine, Inde, Corée du Sud qui amorcent un « sprint soudain » dans la course à la puissance. Parmi ces candidats à l'hégémonie, la Chine et l'Inde semblent désormais pouvoir avoir des prétentions mondiales.

L'auteur rappelle en effet que l'Inde et la Chine sont deux puissances nucléaires. Malgré un discours sur le caractère minimaliste de son arsenal nucléaire, la Chine est la seule des cinq puissances nucléaires à ne rien dévoiler et, au titre de la modernisation, à l'accroître. Cependant, le développement le plus important est, sans aucun doute, celui de sa marine de haute mer, nouveau facteur de projection pour une puissance qui se voulait essentiellement continentale. Les dépenses militaires des deux pays s'envolent et l'Inde partage avec la Chine le statut de principal client de l'industrie russe de l'armement. L'Inde se donne, sans états d'âme, les moyens d'une puissance militaire régionale. Un investissement qui dépasse le seul aspect militaire pour embrasser les autres symboles de la puissance comme la recherche, la science, la technologie, mais aussi l'envoi d'étudiants en dehors des frontières nationales dans les plus prestigieuses écoles américaines.

L'ouvrage s'attarde ensuite sur la normalisation des relations sino-indiennes et sur le concept de « Chindia » forgé par Goldman Sachs et sur Wen Jiabao célébrant en 2005 « les deux pagodes du *hardware* et du *software* ». Pourtant, les différends entre les deux pays restent nombreux : délimitation des frontières dans l'Himalaya (Arunachal Pradesh, Jammu et Cachemire), asile accordé au Dalaï-lama, question de la coopération nucléaire de la Chine avec le Pakistan, de la rivalité en Birmanie, de l'opposition chinoise à l'admission de l'Inde comme membre permanent du Conseil de sécurité de l'ONU et, de façon plus générale, « le dilemme de sécurité, c'est-à-dire le soupçon de chacun vis-à-vis des initiatives de défense de l'autre ». Grâce à sa centralité économique et commerciale, la Chine entend bâtir son aspiration au leadership en Asie car, « jusqu'à l'arrivée des puissances européennes au milieu du XIXe siècle, l'Extrême-Orient était sino-centré », écrivait Samuel Huntington. Pour parvenir à réaliser ce projet, la Chine rencontre inévitablement l'autre géant asiatique, l'Inde, qui ne peut rester indifférent à la renaissance de l'empire du Milieu. L'Inde apparaît donc comme le seul État d'Asie capable de faire obstacle à l'ascension de la Chine. « Le soupçon et la rivalité sont donc au centre de cette relation, mais l'une et l'autre sont condamnées à la coopération, pour concentrer toutes leurs énergies sur la poursuite de leur décollage économique ».

Le premier champ de cette rivalité est, bien sûr, l'accès aux sources d'énergie et aux matières premières. La Chine dispose d'un avantage grâce à son droit de véto onusien lui permettant de faire pression sur certains États marginalisés du système international. Le second volet de cette compétition est celui de l'influence politique en Asie. La Chine ne conteste plus à l'Inde le statut de puissance régionale en Asie du Sud, zone de troubles et d'instabilité, mais tente de l'encercler en multipliant les points d'appui dans la région. L'auteur évoque le « collier de perles », en nuançant son impact réel car, en 2011, on ne comptait que cinq perles dans le collier : Gwadar, les îles Coco (Birmanie), un projet portuaire à Sittwe (Birmanie), un port à Hambantota (Sri Lanka) et enfin des facilités pour porte-conteneurs à Chittagong (Bangladesh). Cependant, force est de constater que la finalité militaire de l'ensemble reste encore à prouver. Pierre Buhler évoque enfin « l'autre puissance asiatique » que constituent les États-Unis. Ceux-ci ont surtout misé sur l'Inde, « la plus grande démocratie du monde », en développant avec elle un « partenariat stratégique ». Mais, ni la communauté de valeurs démocratiques, ni l'intensité des liens économiques, ni le rôle de la diaspora ne suffisent à expliquer ce choix, dicté au premier chef par la stratégie de « précaution » que justifie la montée en puissance de la Chine.

L'auteur conclut en tentant de dégager des perspectives et en pensant que l'ascension de l'Inde au statut de puissance régionale (militaire, politique et économique) contrarie le cheminement similaire de la Chine. L'arbitre suprême de ce duel reste, et restera encore de longues années, les États-Unis et, nul doute, pour l'auteur, que la relation sino-américaine « sera au XXIe siècle l'axe politique du système international, comparable au rôle de la relation américano-soviétique durant la Guerre froide ».

Sujet

- Qu'est-ce qu'être une « grande puissance » au regard des nouveaux enjeux économiques et géopolitiques du début du XXIe siècle ?

Mise en perspective

Robert Kagan, dans *La puissance et la faiblesse : les États-Unis et l'Europe dans le nouvel ordre mondial* (Hachette, 2004), un des penseurs de la mouvance néoconservatrice américaine, fait le constat d'un clivage géopolitique et stratégique entre l'UE et les États-Unis dont les causes sont, pour lui, deux visions antagonistes du monde et du rôle d'une puissance. Il tente de démontrer que le choix du multilatéralisme par l'UE ne peut s'expliquer que par la prise de conscience de sa faiblesse militaire, l'empêchant d'exercer à l'échelle mondiale une quelconque hégémonie. L'origine de l'abandon européen pour toute politique d'intervention militaire remonterait à la création de la SDN, puis à la Seconde Guerre mondiale, qui correspond « à la perte d'influence la plus spectaculaire de l'histoire de l'humanité ». Ce déficit capacitaire européen explique une réaction très différente vis-à-vis de la fin de la Guerre froide. L'hyperpuissance américaine doit faire face au « paradis postmoderne » des Européens qui souhaitent promouvoir des relations fondées sur le droit et la résolution pacifique des conflits. Robert Kagan ironise, se moquant d'une Europe impuissante comparée à « Vénus » (les États-Unis étant associés à « Mars »), ne pouvant atteindre son idéal kantien de paix perpétuelle que grâce à la protection militaire américaine. Il propose aux Européens une double norme : être une puissance normative à l'intérieur de l'UE, mais assumer leurs responsabilités dans leurs relations avec les puissances extérieures. La thèse de Robert Kagan apparaît aujourd'hui discutable, dans la mesure où certains pays européens ont des intérêts et des ambitions de puissance (France et Royaume-Uni), permettant ainsi un début de mise en place d'une politique étrangère et de sécurité commune (PESC/PESD), même si celle-ci reste cantonnée pour l'essentiel dans des missions de Petersberg.

Lionel Pourty

FICHE 12

Michel Camdessus, *Vers le monde de 2050. Ce que l'avenir nous réserve*

« La catastrophe écologique est en route.
Parce qu'il est plus qu'une crise passagère,
le dérèglement climatique réclame une réforme profonde
de notre façon d'habiter notre maison commune »

Jean-Claude Eslin, *Le christianisme au défi de la nature*,
Éditions du Cerf, 2017, *in* Michel Camdessus,
Vers le monde de 2050. Ce que l'avenir nous réserve, Fayard, 2017

Auteur

Michel Camdessus a été directeur du Fonds monétaire international (1987-2000). *Vers le monde de 2050. Ce que l'avenir nous réserve* synthétise la publication de l'organisation Emerging Markets Forum intitulée *The World in 2050. Striving for a More Just, Prosperous and Harmonious Global Community*, rédigée par une équipe d'experts dirigée par Harinder Kholi, ancien responsable de la Banque mondiale et regroupant entre autres Horst Köhler, Pascal Lamy et Gérard Payen.

Intérêt

Un état du monde et de la mondialisation est dressé afin de dégager les principales tendances démographiques, économiques et sociales qui détermineront les prochaines décennies. Ce bilan prend en compte les défis essentiels du XXIe siècle, que ce soient le dérèglement climatique ou bien le réveil des nationalismes.

Arguments

La croissance économique des pays émergents a fait reculer la pauvreté et leur a permis de rattraper en partie leur retard par rapport aux pays développés. Mais cette convergence est-elle destinée à se poursuivre ?

Les rapports de force dans le monde ont été transformés au profit de l'Asie dont le poids économique a fortement progressé au détriment de l'Occident. Les économies des pays du G7 représentent 57 % de la production mondiale en 1982 et 32 % en 2015, alors que celles des pays émergents et en développement atteint 55 %. Le libre-échange est à l'origine de ce rééquilibrage. La mondialisation a donc fait reculer la pauvreté en favorisant la formation de classes moyennes dans les pays émergents. La croissance de l'Asie va continuer à renforcer sa part dans le PIB mondial, marginalisant progressivement l'Europe. En 2050, la Chine, l'Inde et les États-Unis seront les trois principales puissances. L'Allemagne, le Royaume Uni et la France restent parmi les dix premières puissances mondiales, mais l'Europe doit continuer son processus d'intégration si ses membres veulent continuer à jouer un rôle à la mesure de leur passé. L'Europe vieillissante est aussi confrontée au défi de la croissance démographique de l'Afrique et du Moyen-Orient. Une aide importante comparable au plan Marshall pourrait permettre aux pays africains d'améliorer leurs infrastructures afin de mieux s'intégrer dans les flux mondialisés.

Les progrès technologiques ont connu une évolution fulgurante et ont changé les modes de vie et de production ; ils doivent permettre de maintenir la croissance de la productivité pour le siècle en cours. Les communications ont été radicalement transformées, les ordinateurs deviennent de plus en plus puissants et des entreprises comme Google, Facebook et Twitter ont acquis une dimension planétaire en quelques années. Le progrès s'accélère, ouvrant des perspectives inédites, en particulier dans l'intelligence artificielle. Mais ces améliorations ont aussi une part d'ombre, comme l'utilisation néfaste de l'internet qui propage les *fake news*, les populismes et le djihadisme. Les mutations technologiques ont favorisé la globalisation de la finance dont la croissance exceptionnelle a été marquée par des dérives dangereuses. La crise mondiale de 2008 n'a pas mis fin à ces excès. Dans le secteur financier, les économies émergentes d'Asie ont aussi acquis un poids prépondérant. Leurs gouvernements sont donc impliqués avec ceux des puissances occidentales dans la difficile régulation de l'épargne mondiale et la stabilisation d'un système monétaire international.

L'accroissement des inégalités, le dérèglement climatique et l'épuisement des ressources mettent à l'épreuve les sociétés du monde entier. Si les guerres interétatiques ont quasiment disparu, les conflits internes et les guerres civiles déchirent de nombreux pays en développement. Afin de maintenir un taux de croissance suffisant pour faire émerger de nouvelles classes moyennes, des réformes structurelles doivent être approfondies, en particulier par les gouvernements qui n'ont pas fait les efforts nécessaires. L'élargissement des accords de libre-échange doit stimuler le commerce international. Une nouvelle gouvernance mondiale peut éviter les tensions et la résurgence des nationalismes. Le changement des modes de vie est devenu un impératif que cette gouvernance doit défendre et étendre afin d'éviter les catastrophes qui s'annoncent.

Sujet

- L'Asie, le nouveau centre du monde ?

Mise en perspective

L'ouvrage *Les vingt prochaines années. L'avenir vu par les services de renseignement américains* (Les Arènes, 2017), présenté par Bruno Tertrais, tente de prévoir aussi les évolutions majeures du monde en ce début de XXIe siècle. Cet ouvrage, issu d'un rapport du Conseil national du renseignement américain, met davantage l'accent sur la montée des tensions que celui rédigé par des experts financiers qui se contentent de se féliciter des effets positifs du libre-échange…

Yannick Le Gruiec

Thierry Garcin, *La fragmentation du monde. La puissance dans les relations internationales*

« Dans les relations internationales, la puissance des grands acteurs devient relative. Les États-Unis resteront la seule superpuissance, mais affaiblie. Le projet fédéraliste de l'Union européenne a volé en éclats. La Russie est une puissance en recomposition. La Chine est loin d'être une superpuissance politique. Le monde arabe est en miettes, pour longtemps. Quant aux pays émergents, ils ne fabriquent pas de la puissance politique, ou si peu »

Thierry Garcin, *La fragmentation du monde. La puissance dans les relations internationales*, Economica, 2018

Auteur

Thierry Garcin, docteur habilité en science politique, est chercheur associé à l'université Paris Descartes. Professeur invité à l'université Paris-Sorbonne Abou Dhabi, il est maître de conférences à HEC. Il a longtemps enseigné à Sciences Po Paris. De 1984 à 2017, il a été producteur délégué de l'émission quotidienne « Les Enjeux internationaux » (Radio France).

Intérêt

L'ouvrage offre un tableau profondément renouvelé de la notion et de la hiérarchie des puissances mondiales. L'auteur s'interroge tout d'abord sur l'évolution de la notion, sur les enjeux majeurs contemporains liés à celle-ci (puissance et emploi de la force), et enfin sur les grands défis du siècle, comme le déficit actuel de puissance ou la décomposition contemporaine du système international. Il répond à un certain nombre de problématiques : comment la notion de puissance a-t-elle été construite ? Comment a-t-elle été profondément renouvelée ? Comment la puissance entre-t-elle en synergie avec l'instabilité des sociétés ? L'emploi de la force est-il une garantie de puissance ? Quelle est la hiérarchie des puissances dans le monde ?

Arguments

La puissance des grands acteurs devient relative mais également polysémique, car il s'agit d'un mot « valise » qui recoupe en partie le concept de pouvoir. Pour l'auteur, la meilleure définition de ce concept est celle de Raymond Aron qui parlait de la puissance comme la « capacité à imposer sa volonté aux autres ». Longtemps, les puissances de la terre (le fameux « *heartland* » de Mackinder) s'opposaient aux puissances de la mer célébrées par Mahan ou Spykman. Force est de constater que le XXe siècle a célébré le triomphe des puissances de la mer. Thierry Garcin est convaincu que la puissance économique n'est qu'un élément de la puissance globale qui ne peut pas surpasser la puissance politique, contrairement à une idée largement répandue.

Finalement, la puissance est toujours relative, proportionnelle, momentanée et aléatoire. La notion a donc été profondément renouvelée par l'arme nucléaire qui, en 1945, introduit une véritable rupture stratégique, par la conquête de l'espace civil et militaire et par toutes les avancées dans le domaine de la R&D. L'auteur souligne également l'importance que prennent les évolutions démographiques, la puissance entrant en synergie avec l'instabilité des sociétés actuelles. L'époque contemporaine nous apprend que l'emploi de la force n'est en rien une garantie de puissance. De multiples exemples de conflits prouvent que la paix est rarement préparée, signée ou même respectée, que toute agression militaire sans solution politique débouche généralement sur un échec durable et que la force des armes ne suffit plus désormais à créer de la puissance.

L'auteur estime que, depuis la fin de la Guerre froide, le monde connaît un déficit global de puissance. Les États-Unis resteront la seule « superpuissance », mais affaiblie. En effet, personne ne peut encore rivaliser avec eux dans des domaines-clés d'ici une trentaine d'années (puissance militaire, projection des forces, R&D, innovation...), mais les attentats du 11-Septembre ou encore la guerre en Irak en 2003 ont clairement écorné leur « *soft power* ». Les deux présidences de G. W Bush ont été unilatérales et l'actuelle présidence de Donald Trump pratique une vigoureuse politique de retrait (TPP, accord sur le climat, UNESCO, sanctions économiques contre la Chine ou l'Europe, remise en cause de l'accord sur le programme nucléaire iranien). Le nouveau président des États-Unis est en effet un « bilatéraliste interventionniste » plutôt qu'un véritable isolationniste. Les difficultés actuelles des États-Unis proviennent du fait qu'ils utilisent la force militaire avec excès, les vulnérabilités internes, économiques et sociales expliquant en grande partie l'élection de Trump. Les États-Unis, comme la Chine, doivent désormais s'attaquer aux fragilités internes grandissantes comme le règlement définitif de la question noire, l'achat et le port d'armes ou encore l'immigration.

La Russie est, quant à elle, une puissance en recomposition. Celle-ci reste un pays rentier avec une économie faiblement diversifiée dépendant du cours des matières premières, souffrant d'infrastructures vieillissantes et d'un climat des affaires peu propice aux investissements extérieurs. Sa situation démographique reste préoccupante. Ses atouts sont certes nombreux (richesse naturelle, stabilité politique, quelques secteurs d'excellence), mais la Russie n'est pas encore pleinement redevenue une puissance régionale. Celle-ci continue de perturber à l'extérieur de ses frontières (Crimée, affaire ukrainienne) tout en conservant un pouvoir d'attraction faible sur les anciennes républiques de l'URSS (Moldavie, Géorgie...).

La Chine est loin d'être, pour l'instant, une « superpuissance » politique. C'est en revanche une « superpuissance » économique reconnue. Même si elle développe depuis plusieurs décennies un véritable effort de défense, elle ne peut prétendre, pour l'instant, à la « superpuissance » militaire. En revanche, l'empire du Milieu a le sens des grands projets (routes de la soie, sanctuarisation de la mer de Chine méridionale), son système politique autoritaire se prêtant à ces visions à long terme. Mais la Chine devra encore affronter des défis internes considérables qui ne manqueront pas de réduire sa puissance globale dans les décennies à venir (inégalités sociales, corruption, pollution, inégalités territoriales, évolution démographique...).

Le projet fédéraliste de l'UE a volé en éclats. La problématique d'une « Europe-espace » ou d'une « Europe-puissance » est désormais largement dépassée. L'UE n'est devenue ni l'une ni l'autre, et celle-ci ne sera pas non plus fédérale, même si elle arrive à créer des normes internationalement reconnues. Pour l'auteur, l'Europe se développera à la carte, à plusieurs vitesses et à géométrie variable. Les élargissements, trop nombreux et trop rapides, ont largement empêché l'approfondissement et la réforme des institutions. Aujourd'hui, l'UE n'a plus de projet politique viable. Le vieux continent va devoir gérer les conséquences du Brexit, de la crise migratoire, l'essor des populismes et de l'extrême droite, les régionalismes indépendantistes, les atteintes majeures à l'état de droit, les remises en cause des critères de Copenhague et son incapacité récurrente à parler d'une seule voix en politique internationale. Des pays comme la Hongrie ou la Pologne ne respectent plus désormais les valeurs de l'Union. La notion de puissance appliquée à l'UE semble désormais ne plus être pertinente.

De son côté, le monde arabe est en miettes pour longtemps et l'Amérique latine ne constitue pas un ensemble cohérent et homogène au sein de la vie internationale. Quant aux pays émergents, ils ne fabriquent pas de la puissance politique, ou si peu.

Finalement, force est de constater que le système international reste profondément oligarchique, mais il s'agit de plus en plus « d'une compétition non régulée entre oligarchies inégales ». L'auteur s'interroge donc pour savoir si le « sentiment des puissances n'est pas d'abord individuel » et si, dans les décennies à venir, le facteur culturel ne sera pas prépondérant.

Sujet

- Qu'est-ce qu'être une « grande puissance » au regard de « l'ère des puissances relatives » ? (Michel Foucher)

Mise en perspective

Pascal Lamy et Nicole Gnesotto, dans *Où va le monde ? Le marché ou la force ?* (Odile Jacob, 2017), rappellent que si notre monde consacre le retour des rapports de force, il est désormais sans puissance organisatrice ou dominante et profondément déstructurée. Les auteurs font le constat que les principaux conflits se développent dans les zones les moins intégrées à l'économie mondiale. On s'attardera sur la Russie (à la fois faible et forte), les Afriques (forcément plurielles), les Moyen-Orient (juxtaposition d'États trop forts et des États faillis) ou l'importance des espaces maritimes. Sur la gouvernance globale, le constat est lucide : quand les Occidentaux souhaitent associer « les autres » à l'action internationale, ils les veulent dans leurs institutions, suivant leurs logiques et leurs normes. Les auteurs commentent également le mirage d'une Europe puissance.

Lionel Pourty

FICHE 14

Béatrice Giblin (dir.), *Les conflits dans le monde. Approche géopolitique*

« Un État détenteur d'hydrocarbures a neuf fois plus de risques d'être le théâtre de conflits armés qu'un État qui en est dépourvu. »

Philippe Hugon, *Hérodote*, n° 134, 2009, cité par Béatrice Giblin dans *Les conflits dans le monde. Approche géopolitique*. Armand Colin, 2016

Auteure

Professeure de géographie à l'université Paris 8, Béatrice Giblin est directrice de la revue *Hérodote*. Elle a dirigé cet ouvrage collectif qui rassemble des contributions de géographes et de spécialistes de géopolitique. Le plan thématique aborde les conflits dans les villes et autour des frontières, les nationalismes régionaux et la conquête des ressources.

Intérêt

Les conflits géopolitiques sont analysés partir de plusieurs échelles en tenant compte de leur histoire. Ils couvrent toutes les régions du monde.

Arguments

Une approche géopolitique permet-elle de clarifier les origines et les enjeux des conflits à l'œuvre dans le monde aujourd'hui ?

Les villes sont le théâtre de tensions. Le projet de la Métropole Grand Paris, en modifiant le cadre institutionnel de la capitale, a suscité une lutte entre les partis politiques et les collectivités territoriales pour le contrôle de l'agglomération. Mais la région parisienne peut connaître aussi des affrontements violents, comme ce fut le cas lors des émeutes de 2005, qui s'inscrivent dans les logiques de ségrégation socio-spatiale propres à toutes les métropoles. À Rio de Janeiro, les favelas sont contrôlées par des gangs de narcotrafiquants que le gouvernement a combattus en envoyant l'armée : la ville devient ici une véritable « scène de guerre ». À Karachi, au Pakistan, les affrontements impliquent des groupes religieux (des extrémistes sunnites attaquent des minorités religieuses) et des rivalités ethniques. Enfin, Jérusalem est le lieu central du conflit israélo-palestinien, compliqué par la symbolique religieuse de la Vieille ville.

La frontière reste aujourd'hui un lieu de conflits. Entre le Mexique et les États-Unis, elle est contrôlée à la fois par les forces de sécurité américaine, par des milices patrouillant contre l'immigration clandestine et par les cartels de narcotrafiquants. Le tracé des frontières en Afrique, hérité de la colonisation, génère encore des conflits. Après le départ de l'Espagne en 1975, le Maroc a occupé le Sahara occidental et affronte depuis le Front Polisario, qui est soutenu par l'Algérie. Autre frontière fixée par les Européens, celle séparant la Syrie et l'Irak que Daesh a un temps effacée, en prétendant unifier tous les musulmans du monde dans un califat restauré. Enfin, des frontières regroupent des peuples hostiles, ou bien séparent un même peuple entre deux États, comme dans les pays de l'ex-Yougoslavie dont les frontières restent conflictuelles et dans le Caucase où l'identité nationale des pays nés des décombres de l'URSS est fragile et menacée par la puissance russe.

Des conflits ont pour origine des nationalismes régionaux. Des populations intégrées dans des États prétendent être des nations à part entière. C'est le cas des Kurdes que les puissances, grandes et régionales, ont privés d'un État souverain. L'Algérie est un État récent dont l'unité a été constituée autour de l'identité arabe. Cette politique unificatrice s'est faite contre les particularités des populations kabyles. La contestation pour la défense de la culture kabyle a suscité une aspiration à l'indépendance. En Europe occidentale, la Catalogne est la région qui s'approche le plus d'une possible indépendance. Les Catalans sont eux-mêmes divisés sur cette éventuelle souveraineté nationale, mais ce différend s'inscrit dans un cadre pacifié. Le conflit nord-irlandais est aussi entré dans une logique de négociations après plusieurs décennies d'affrontements armés. Ce qui est loin d'être le cas des régions sécessionnistes et russophones d'Ukraine, où sont intervenues des troupes russes pour soutenir les groupes armés opposés au gouvernement ukrainien.

Les ressources sont des enjeux mineurs dans de nombreux conflits. En 2005, l'indépendance du Soudan du Sud s'est faite autour de la question des ressources pétrolières. Dans le delta du Niger, les attaques contre les infrastructures pétrolières sont surtout criminelles. Les antagonismes en mer de Chine sont renforcés par des projets d'exploitation de pétrole *off shore*. Mais le pétrole ne suffit pas ; les conflits ethniques et religieux au Soudan, l'identité des peuples du sud du Nigéria et l'ambition chinoise d'être une grande puissance sont aussi déterminants. Dans des régions rongées par la pauvreté comme le Kivu en République démocratique du Congo, des groupes criminels exploitent de misérables mineurs au profit lointain d'entreprises multinationales.

Le XXIe siècle est parfois présenté comme celui des guerres pour l'eau. L'aménagement par la Turquie de barrages sur l'Euphrate et le Tigre a bien renforcé l'hostilité contre celle-ci de la Syrie et de l'Irak, mais la maîtrise de l'eau par un acteur au détriment d'autres ne suffit pas pour provoquer une guerre, même si l'eau peut être un facteur belligène, comme le montre, depuis 1948, le conflit israélo-palestinien opposant deux peuples pour un même territoire. Une autre prédiction sur le siècle en cours annonce des cyberguerres. Mais, pour l'instant, seuls les États-Unis et la Russie ont été en mesure d'agresser l'Iran et l'Estonie par une arme informatique.

Sujet

- Les guerres aujourd'hui dans le monde : le retour des nationalismes ?

Mise en perspective

Cet ouvrage fait un tableau assez complet des différents types de conflits qui déchirent la planète. Il n'aborde cependant pas la guerre que la France mène au Sahel. L'ouvrage *La guerre au Mali. Comprendre la crise au Sahel et au Sahara. Enjeux et zones d'ombre*, sous la direction de Michel Galy (La Découverte, 2013), inscrit cette intervention dans la continuité de la présence française en Afrique (48 interventions depuis 1960) et aborde les différentes fragilités du Mali, que ce soient la pauvreté, la faillite de la construction étatique, la question touareg, les trafics illégaux à travers le Sahara et l'instabilité régionale renforcée par la fragmentation de la Libye et les jeux troubles de l'Algérie.

Yannick Le Gruiec

FICHE 15

Thomas Gomart, *L'affolement du monde. 10 enjeux géopolitiques*

« Nous naviguons désormais par gros temps, nullement à l'abri de nouveaux déchaînements de violence. S'il ne faut pas renoncer au projet européen… il importe aussi, avec Machiavel, de faire preuve de réalisme, c'est-à-dire se rappeler… qu'en matière internationale les rapports de force l'emportent sur les utopies »

Thomas Gomart, *L'affolement du monde. 10 enjeux géopolitiques*, Tallandier, 2019

Auteur

Thomas Gomart est historien et directeur, depuis 2015, de l'Institut français de relations internationales (IFRI). Il collabore à *Politique étrangère*, à la *Revue des deux mondes* et à *Études*. Illustrant le titre, l'ouvrage, précédé d'un prologue et conclu par un épilogue, est divisé en dix chapitres : « La Chine à la conquête de la première place mondiale », « Un monde au bord de l'asphyxie », « Les inconnues de la puissance américaine », « La lutte pour le contrôle des espaces », « La résurgence de la Russie », « Les bruits de guerre se rapprochent », « Les transformations de la guerre », « L'Europe déboussolée », « La Guerre commerciale est déclarée », « De la Méditerranée au Moyen-Orient », « Multiplication des dangers », « Les migrations et le choc des identités », « La France affolée ? ».

Intérêt

L'auteur se livre à un inventaire de la situation géopolitique du monde et des dangers que cette dernière génère, d'un point de vue français, afin de permettre « d'aiguiser son regard » ainsi que celui de son lecteur. Le propos dépasse cette simple ambition, si l'on veut prendre en compte que l'IFRI se classe en 2019 au deuxième rang mondial des *think tanks* derrière la *Brookings Institution* (États-Unis) et **occupe la première position en Europe occidentale.** L'ouvrage a enfin le mérite de combiner une approche historique (comment en est-on arrivé là ?), et une prospective à court, moyen et long termes.

Arguments

Le monde, qui est en recomposition en raison de la montée en puissance chinoise, s'affole en raison du triomphe actuel de l'émotion sur la raison (le moine florentin Savonarole l'emporte aujourd'hui sur Machiavel) qui contribue à renforcer la valeur politique de l'ignorance et du mensonge et à attiser le désir de revanche de tous les laissés-pour-compte de la mondialisation. Le phénomène touche plus particulièrement une Europe qui se retrouve confrontée aux logiques traditionnelles de puissance (Russie, Chine, États-Unis) dans un contexte particulièrement anxiogène (remise en cause de la démocratie libérale et du multilatéralisme, bruits de guerre qui se rapprochent, guerre commerciale, viabilité des écosystèmes en question, confrontation dans les espaces communs que sont l'espace aérien, l'espace extra-atmosphérique, les océans, le numérique).

L'Europe, menacée par la multiplication des dangers de la Méditerranée jusqu'au Moyen-Orient, se trouve particulièrement affectée par la résurgence de la Russie qui se veut à l'avant-garde d'une grande révolution conservatrice et qui, par rapport aux années 1990, influence davantage les pays européens que l'inverse. Vladimir Poutine, qui a pour premier objectif de sauvegarder la sphère d'influence eurasiatique de son pays et qui ne recule pas sur l'utilisation de la guerre limitée, fait ainsi peser une menace sur les Pays baltes, la Pologne, ou encore la Finlande ou la Suède... Et ce, sur fond de tentative d'un découplage entre l'Europe occidentale et les États-Unis, amorcé depuis 2003 avec George W. Bush, mais accentué avec Donald Trump pour lequel « les Européens sont des clients avant d'être des alliés ».

Face au double défi, celui d'une remise en cause de son existence même, après le Brexit, par une crise financière (en Italie) ou migratoire (flux en provenance d'Afrique) ou de son identité, et celui de son adaptation à son environnement international, l'Europe est déboussolée « plus qu'ailleurs ». Elle l'est parce qu'elle a voulu voir le monde à son image et redécouvre la violence à l'extérieur comme à l'intérieur de ses frontières, alors qu'elle a le sentiment de ne plus maîtriser son destin.

Pourtant, si les défis sont bien réels, le pessimisme ne doit pas pour autant être de rigueur en raison des atouts du continent : sa puissance économique et technologique, son fort pouvoir d'attraction et son mode de vie... même si les progrès de l'Europe, qui doit faire preuve à la fois d'unité et d'efficacité, sont trop lents. Dans un contexte où l'Est et l'Ouest d'une Europe à plusieurs vitesses se devront de dialoguer, des signes de prise de conscience sont cependant visibles, comme la décision de la Commission européenne de prévoir un budget pour la défense à partir de 2021.

La France se trouve dans une problématique qui, à son échelle, est comparable, même si, aux yeux du monde, la France n'est pas à plaindre en raison de son niveau de vie, d'un système redistributif particulièrement développé ou encore de ses capacités autonomes de défense. Elle est malgré tout fragilisée par l'affaiblissement du droit, le non-respect des traités, la remise en cause du multilatéralisme à l'échelle globale, autant que par son désarroi identitaire, sa confrontation avec le terrorisme ou avec des tensions politiques et sociales « suscitées par une mondialisation qu'elle semble davantage subir qu'orienter » dans un contexte qui rappelle, selon Emmanuel Macron, celui de l'entre-deux-guerres.

Pour l'auteur, qui ne croit pas que l'affaiblissement de la puissance française soit irréversible, la France doit au préalable faire preuve de lucidité en prenant en compte qu'avec 1 % de la population et 2 % de la richesse mondiale, elle ne peut pas raisonnablement prétendre imposer sa vision de la mondialisation et cesser de se penser comme un isolat qui pourrait se soustraire au monde. Pour ce faire et de façon plus spécifique, il lui faut, après avoir réglé ses problèmes intérieurs, persévérer dans sa promotion d'un multilatéralisme fort (en particulier dans les domaines du numérique, du climat, des migrations) sans céder à la tentation de subordonner sa stratégie internationale à la lutte contre le djihadisme. À ce titre, Il lui faut aussi repenser ses relations de « puissance d'équilibre » avec les États-Unis, la Chine et la Russie en privilégiant l'axe indo-pacifique (des Émirats arabes unis au Japon et l'Australie, en passant par l'Inde). Enfin, sa vocation reste de pousser à la construction et à la stabilité de l'Europe (en contribuant au renforcement de l'autonomie stratégique européenne) tout en l'entraînant vers le grand large.

Sujet

- Le monde d'aujourd'hui est-il devenu incontrôlable ?

Mise en perspective

L'ouvrage peut se comprendre, dans une démarche qui reste toujours historique, comme un panorama des défis considérables auxquels le monde en général et la France en particulier sont confrontés sur une planète qui semble devenue incontrôlable, dans la mesure où il « n'existe plus de modèle convaincant de la mondialisation ». « Est-ce la dernière étape avant le retour des grandes peurs, la panique et le chaos ? Est-ce au contraire la première étape d'un mouvement de reconstruction, qui dessinerait un espace mondial plus interdépendant et donc davantage orienté vers la coopération ? », s'interroge l'auteur.

Sa réponse, avec des prises de perspective à court et long termes, oscille entre les deux options, même s'il avoue dans le prologue qu'il penche plutôt pour la première. Alors qu'il semble croire au rôle que pourraient continuer à jouer l'Union européenne et la France dans la construction d'un nouveau multilatéralisme, il prône le dernier conseil de Machiavel aux dix magistrats qui décidaient des opérations militaires à Florence : « Sortez maintenant de chez vous et considérez ceux qui vous entourent ».

Michel Nazet

FICHE 16

Dominique Moïsi, *Le nouveau déséquilibre du monde*

« Le monde va trop vite : "Laissez-moi descendre", disait Woody Allen. Décrire le sentiment du chaos grandissant qui nous gagne est une chose. En analyser les ressorts profonds en est une autre. Pour aller à l'essentiel, on pourrait dire qu'au moment où le principe d'ordre (fauteur de troubles au Moyen-Orient, ne l'oublions pas) qu'étaient les États-Unis n'est plus ce qu'il était, les facteurs de désordre se sont multipliés »

Dominique Moïsi, *Le nouveau déséquilibre du monde*, Éditions de l'Observatoire, 2017

Auteur

Dominique Moïsi est un spécialiste de géopolitique. Responsable de l'IFRI (Institut français des relations internationales), il a enseigné à l'ENA et à Harvard. L'ouvrage rassemble ses éditoriaux dans le quotidien *Les Échos* parus entre 2008 et 2016 et regroupés par chapitres régionaux ou thématiques.

Intérêt

C'est un ouvrage utile pour maîtriser les événements importants entre 2008 et 2016. La situation géopolitique mondiale est présentée dans de brefs articles qui abordent la plupart des régions du monde (à l'exception de l'Afrique et de l'Amérique latine), les principales aires de puissance (États-Unis, Europe et Asie), ainsi que le Moyen-Orient. L'évolution chronologique des articles permet de percevoir les conséquences de la crise économique et le basculement dans un monde multipolaire.

Arguments

L'auteur fait la chronique d'un monde en train de s'écrouler. Le déclin de l'Occident est-il irrémédiable ? La démocratie est-elle condamnée à court terme en ce début du XXIe siècle ?

Dominique Moïsi a été déçu par Obama, ce grand orateur habile à conquérir le pouvoir mais qui n'a pas mené une politique à la hauteur des défis intérieurs et extérieurs. Après les interventions désastreuses de George W. Bush au Moyen-Orient, Obama a péché en sens inverse : les États-Unis se sont effacés, en particulier dans la crise syrienne, laissant la porte ouverte à l'Iran et à la Russie et surtout permettant à la Chine d'accéder au statut de grande puissance plus vite que prévu.

L'Europe est perçue comme « le maillon faible » de l'Occident. Face à un déclin inéluctable au regard des évolutions démographiques mondiales, l'Union européenne est une nécessité vitale. Mais l'Europe reste divisée et fragilisée dans un contexte régional menaçant (Russie de Poutine et Moyen-Orient en crise). La cohésion européenne est remise en cause par les populismes qui se nourrissent de la menace djihadiste. Seule l'Allemagne assume son rôle de puissance tout en restant fidèle à son modèle démocratique. Au contraire de la Russie qui s'éloigne de l'Europe et compense sa faiblesse par une dérive autoritaire et une politique extérieure agressive. Dans le cadre européen, la France a perdu son rôle central, mais elle reste une puissance internationale grâce ses interventions militaires. De son côté, la Grande-Bretagne a renforcé la crise européenne en faisant le choix du Brexit.

Du côté du Moyen-Orient, les révolutions des « printemps arabes » ont débouché soit sur un « hiver islamiste », soit sur la guerre civile. En Syrie, Bachar el-Assad a pu conserver le pouvoir au prix d'une répression féroce et d'une dépendance à la Russie et à l'Iran. L'Iran est sorti de l'isolement grâce à un accord sur le nucléaire avec les États-Unis, malgré l'opposition d'Israël, dont la puissance reste obérée par la persistance de la question palestinienne et un isolement grandissant. La Turquie aurait pu devenir une puissance influente, mais son éloignement de l'Europe et les tendances de plus en plus autoritaires d'Erdogan fragilisent le pays.

L'Asie affirme quant à elle sa puissance au niveau mondial. La Chine mène une politique nationaliste de plus en plus agressive et vante l'efficacité de son modèle face au Japon fortement endetté et à l'Inde, dont la croissance économique renforce les prétentions internationales, mais reste minée par la pauvreté extrême d'une grande partie de sa population. L'avenir de l'Asie est menacé par de fortes tensions géopolitiques, en particulier dans la péninsule coréenne.

Le sport possède lui aussi sa géopolitique qui ne reflète pas forcément la géopolitique traditionnelle : au football, les États-Unis et la Chine sont dominés par la vieille Europe. Le sport illustre aussi l'émergence de nouvelles puissances, déjà ancienne pour l'Amérique latine au niveau du ballon rond, mais inédite pour l'Afrique du Sud qui a organisé avec succès le Mondial 2010.

Sujet

- Le déclin de l'Occident est-il inéluctable ?

Mise en perspective

Le « déséquilibre du monde » signifie que les grandes puissances ont échoué à s'entendre, ce qui suscite le désordre, voire le chaos pour le Moyen-Orient. Constatant aussi ces tensions à l'échelle mondiale, Bertrand Badie dans *Le temps des humiliés. Pathologie des relations internationales* (Odile Jacob, 2014) diagnostique une « pathologie » dans les relations entre les anciennes puissances et les États émergents issus du Tiers-Monde. Les gouvernements des puissances occidentales n'ont pas tenu compte des revendications des « émergents », elles ont aussi ignoré les opinions publiques et les sociétés de plus en plus actives sur la scène mondiale et dans leur propre pays, générant ainsi des tensions et de l'instabilité.

Yannick Le Gruiec

FICHE 17

Bruno Tertrais, *La revanche de l'Histoire. Comment le passé change le monde*

« Nous sommes entrés dans un monde dans lequel la fonction essentielle de la mémoire collective est de légitimer une certaine vision du monde, un projet politique et social, et de délégitimer ceux de ses opposants politiques »

David Rieff, *Praise of Forgetting. Historical Memory and its Ironies*, Yale University Press, 2016, cité dans Bruno Tertrais, *La revanche de l'Histoire. Comment le passé change le monde*, Odile Jacob, 2017

Auteur

Bruno Tertrais est un spécialiste de géopolitique, directeur adjoint de la Fondation pour la recherche stratégique. Il aborde les thèmes géopolitiques de l'actualité la plus récente. En 2016, il a publié, avec Jean Guisnel, *Le président et la bombe. Jupiter à l'Élysée*, chez Odile Jacob.

Intérêt

Cet ouvrage présente la scène géopolitique dans le monde entier à partir d'exemples qui illustrent l'instrumentalisation du passé dans les tensions actuelles et la montée de forces radicales. Grandes puissances, groupes djihadistes, partis nationalistes, nations émergentes, tous ces acteurs usent et abusent de l'Histoire pour légitimer leurs prétentions et leur pouvoir.

Arguments

Avec la fin de la Guerre froide, le socialisme a été discrédité ; avec la crise économique de 2008, le libéralisme est ébranlé. L'Histoire prend alors sa revanche : c'est le passé qui motive les choix politiques en ce début de XXIe siècle, et non plus un avenir radieux comme ce fut le cas au XXe siècle. Comment l'histoire oriente-t-elle les décisions politiques aujourd'hui ?

Les passions nationalistes sont de retour, avec leurs cortèges de conflits et d'atrocités. Cette évolution dément la « fin de l'histoire » et s'inscrit au contraire dans le cadre du « choc des civilisations ». Les régimes autoritaires et les mouvements extrémistes instrumentalisent le passé glorieux ou douloureux. Les thèses complotistes pullulent aux États-Unis (Trump en premier !) et au Moyen-Orient, et essaiment via l'internet jusque dans les banlieues européennes. En réaction à la mondialisation faite de métissages culturels et de brassage de populations, des individus en perte de repères cherchent un refuge dans des identités reconstruites en fonction d'un passé fantasmé. Le culte du passé est bien une crise de la modernité. Les racines de l'islamisme se fortifient dans un terreau historique (le salafisme veut revivre aujourd'hui le temps des « compagnons » du prophète), tout en rejetant l'Occident décadent. Parmi les classes moyennes et populaires occidentales, la revendication d'une identité chrétienne ou bien la nostalgie d'un âge d'or compensent les effets néfastes de la mondialisation.

Dans le monde entier, les gouvernements mobilisent l'histoire pour légitimer leurs politiques. C'est une histoire souvent mythifiée, parfois manipulée. Les références peuvent remonter aux sources les plus lointaines, comme Daesh qui veut restaurer le califat du VIIIe siècle et l'extrême-droite européenne qui glorifie la bataille de Poitiers. La Russie de Poutine est capable de vouer un culte à Nicolas II tout en revendiquant l'héritage de Staline... L'histoire du XXe siècle est utilisée *ad nauseam*, en particulier en Asie de l'Est où les États de la région n'ont pas su se réconcilier. L'apparition de dizaines de nouveaux États depuis le début du XXe siècle a multiplié les besoins de créer un roman national qui sert de socle à la souveraineté. Les États plus anciens n'échappent pas à cette passion de l'histoire. Poutine se veut le continuateur d'une Russie orthodoxe depuis le baptême de Vladimir Ier au IXe siècle et Erdogan s'inscrit dans la geste ottomane. Dans la plupart des cas, ce regain nationaliste est vivifié par la flamme religieuse.

L'histoire est donc bien au centre des idéologies et des discours politiques. Mais cette histoire est en réalité très peu historique. Ce sont des mémoires subjectives qui revendiquent leur vérité et cherchent le conflit. Ce début de XXIe siècle est confronté à un trop-plein de mémoire. Un peu d'oubli et beaucoup d'histoire sont alors les seuls remèdes.

Sujet

- Les relations internationales depuis 1991 : de la « fin de l'histoire » au réveil de l'Histoire ?

Mise en perspective

Bruno Tertrais s'inscrit dans la continuité de Thérèse Delpech pour qui le monde post-Guerre froide sombre dans un « ensauvagement ». François Cusset, dans *Le déchaînement du monde. Logique nouvelle de la violence* (La Découverte, 2018), constate aussi une augmentation des violences. Mais il situe l'origine des violences contemporaines dans la généralisation de politiques libérales : la concurrence généralisée transforme les citoyens civilisés en sauvages, accroît les destructions écologiques, renforce l'oppression sexuelle et suscite un désespoir tragique à l'origine des logiques terroristes.

Yannick Le Gruiec

Hubert Védrine, *Le monde au défi*

« *Une certaine unité du monde par interdépendance finira par s'imposer un jour. En attendant, le monde est un kaléidoscope* »

Hubert Védrine, *Le monde au défi*, Fayard, 2016

Auteur

Hubert Védrine a été ministre des Affaires étrangères de 1997 à 2002. Depuis, devenu consultant, il enseigne à Sciences Po Paris, et a publié de nombreux ouvrages dont son dernier essai, *Comptes à rebours* (Fayard, 2018).

Intérêt

L'ouvrage présente un état du monde où sont recensées les grandes problématiques contemporaines que sont la gouvernance mondiale, le multilatéralisme, mais propose aussi une réflexion sur l'existence ou non d'une communauté internationale.

Arguments

Hubert Védrine analyse un monde « éclaté », où les inégalités se creusent toujours un peu plus, où les conflits restent nombreux voire inextinguibles, une planète malade de ses excès. Face à ce « monde au défi », quelles solutions ? Quid de la communauté internationale ?

Et tout d'abord qu'entend-on par communauté internationale : les institutions internationales, les internautes, les diplomates, les juristes, les experts, les opérateurs de marché, les entreprises et les membres d'ONG ? De nombreux membres qui, pour autant, ne forment pas une communauté.

Par communauté internationale, il faut comprendre communauté de valeurs (valeurs de l'Occident), valeurs « occidentales-universelles » que l'on veut imposer, Hubert Védrine livrant là une conception des rapports des Occidentaux au monde extérieur (*the rest*) qui lui apparaît comme un premier écueil dans les relations internationales. Les espérances sont déçues, jamais le monde n'a été aussi désorganisé et inquiétant, et l'Occident a perdu le monopole sur la conduite des affaires du monde. Pas la perte de la puissance, ni de la richesse, mais bien la perte du monopole. Alors qu'est-il possible d'entreprendre ? Qu'entend l'auteur par une grande rupture qui doit donner naissance à une communauté internationale ?

La conception de la communauté internationale est différente pour les Russes, une conception que les Occidentaux ne peuvent occulter, c'est pourquoi les Européens devraient jouer la carte du réalisme, à savoir négocier avec la Russie, ce qu'ils n'ont plus l'habitude de faire. La communauté internationale ne pourra se vivre sans les Chinois qui seront contraints ou capables d'être plus coopératifs, sans le Japon, sans le monde émergent, sans le monde musulman et sans l'Afrique qui devrait contribuer, selon lui, à l'émergence de cette communauté internationale. Il faut avoir conscience de cette myriade de visions du monde, comme il faut l'accepter.

Pour autant, les différents scénarios envisagés ne restent que des pistes, et l'auteur de conclure que « nous allons devoir vivre durablement dans un système mondial chaotique, en permanence instable… La communauté internationale restant un horizon lointain »… La seule certitude est que le scénario où une seule puissance (États-Unis) ou un groupe de plusieurs puissances (Occidentaux, émergents) contrôleraient un système géopolitique mondial n'est plus envisageable.

L'approche la plus originale développée est celle qui pousse à un processus d'écologisation, à passer de « la géopolitique à la géo-écologie » pour aboutir à une véritable communauté internationale, bâtie autour d'une volonté de préserver une terre habitable ; un objectif qui devrait créer une convergence des points de vue. Mais là encore, les menaces qui pèsent sur l'environnement ne sont pas perçues de la même manière. Nouvelle impasse ? Le compte à rebours écologique est cependant lancé, et il faut inciter à une écologisation raisonnable, ce qui devrait être pour l'auteur une des priorités de l'Union européenne. Pour lui, l'espoir d'un cercle vertueux est réel, car « l'anthropocène ne sera plus synonyme d'une course vers l'abîme mais de durabilité retrouvée ». Il propose notamment la création d'un nouvel indicateur de richesse, le PIB-E (E, comme écologique), qui permettrait de mieux apprécier les politiques des États, et surtout d'inciter ces derniers à mettre au cœur de leurs stratégies, l'approche écologiste. Mais Hubert Védrine l'avoue, si cela ressemble à une utopie, c'est toutefois une obligation qui va s'imposer à l'humanité. Et de conclure sous une forme d'évidence qui ne résout cependant rien : « Quand tous auront reconnu, fût-ce à contrecœur, que l'ensemble des êtres vivants sur cette planète forme une communauté solidaire, au destin partagé, tout sera différent ».

Sujet

- La communauté internationale : une utopie ?

Mise en perspective

Les interrogations sur la communauté internationale sont nombreuses. Pascal Boniface, dans *Les relations internationales de 1945 à nos jours. Comment en sommes-nous arrivés là ?* (Eyrolles, 2017), explique qu'il n'existe pas réellement de communauté internationale ; si on en parle, c'est plus pour fustiger ses échecs réels que pour célébrer ses succès. Selon lui, à la fin de la Guerre froide, un nouvel ordre mondial a été célébré, mais pas mis en place. S'il y a aujourd'hui bien plus d'acteurs sur la scène des relations internationales (ONG, grandes firmes et même des groupes terroristes), les États sont toujours au cœur, mais ont perdu le monopole de l'action internationale.

Caroline Delbecque

À PROPOS DE THÉMATIQUES ESSENTIELLES

« Le plus grand obstacle à la vie est l'attente, qui espère demain et néglige aujourd'hui »

Sénèque

FICHE 19

Sébastien Abis, *Géopolitique du blé. Un produit vital pour la sécurité mondiale*

« *Fiat panis* »

Devise de la FAO, citée par Sébastien Abis,
Géopolitique du blé. Un produit vital pour la sécurité mondiale,
IRIS/Armand Colin, 2015

Auteur

Sébastien Abis est avant tout un homme de terrain, de convictions, comme un chercheur associé à l'IRIS, également directeur du club Demeter. Il part ici à la quête d'une géopolitique du blé, céréale civilisatrice qui, des steppes d'Iran aux confins de la Pampa, s'est imposée comme mère de toutes les céréales, le terme « blés » étant jadis choisi pour parler globalement des céréales. L'approche très personnelle (les propos n'engagent que leur auteur) est au carrefour des réseaux, de missions d'études sur le terrain, de partenariats, entreprises et opérateurs du secteur agricole. Les ambitions de prospective sur la gouvernance mondiale comme les rivalités de négoce incluses dans l'ouvrage montrent l'audace de la réflexion.

Intérêt

Cet ouvrage délimite d'emblée un terrain original. Après un premier chapitre classique sur l'environnement géostratégique mondial déboussolé, l'auteur s'éloigne des sentiers battus. Stéphane Abis fait en effet le choix de situer la sécurité alimentaire comme un objectif prioritaire, d'autant plus qu'elle est difficile à atteindre avec 900 millions d'êtres humains qui ne se nourrissent pas à leur faim. Cet angle de vue s'impose d'autant plus que ni l'instabilité géopolitique accrue, ni l'explosion démographique en cours, notamment sur le continent africain, ne contribuent à l'apaisement. De plus, comme 75 % de l'ensemble de la production mondiale alimentaire repose sur douze espèces végétales et cinq espèces animales, prendre conscience de la vulnérabilité de la situation alimentaire devient plus qu'urgent. Le blé devient donc emblématique des rapports de pouvoir avec l'affrontement entre ceux qui en produisent et ceux qui ont recours aux marchés internationaux pour satisfaire leurs besoins : « Les défis à relever sont nombreux : transports, stockage, production en phase avec la demande à la hausse, ruptures climatiques, fractures géopolitiques. Le marché du blé a une centralité politique exceptionnelle ». Pour Socrate déjà, « celui qui ignore tout des problèmes du blé n'est pas digne de gouverner » et, pour Lénine, « le blé est la monnaie des monnaies ».

Arguments

Un marché spécifique

Longtemps première céréale en terme de production devant le riz ou le maïs, le blé (720 millions de tonnes) a cédé la place au maïs (1 065 millions de tonnes), mais son internationalisation massive de 20 % à 25 % de la production (160 millions de tonnes et 50 milliards de dollars en moyenne annuelle), part réduite à 10 % pour le maïs, 8 % pour le riz, et l'extension de la superficie consacrée au blé en faisant une espèce plastique par excellence capable de braver les seuils climatiques. Céréale née dans les steppes iraniennes et aux rendements maxima aux Pays-Bas, elle progresse en Russie, en Australie, en Amérique du Nord mais moins dans l'UE pour des raisons climatiques. Très sensible, elle est irrégulière au Maroc (8 millions de tonnes en 2015/2016 à moins de 3 millions de tonnes la campagne suivante). Une telle irrégularité lui confère un caractère stratégique.

1995 a été particulièrement dramatique avec des récoltes russes catastrophiques et une vague de sécheresse dans l'hémisphère austral face à des besoins chinois solvables accrus. De là un marché spéculatif à forte nervosité, des échecs des accords programmés depuis les années 1930 et des accords qui excluaient le Royaume-Uni (grand importateur) et l'Argentine (grande productrice). La lecture de l'ouvrage de Stéphane Abis confirme que c'est la céréale la plus sensible à des aléas autres que climatiques : « printemps arabes » ou invasion russe de l'Afghanistan. Céréale civilisatrice, quelle céréale peut mieux que le blé incarner l'aide alimentaire (80 %) ?

Même si le marché est très subventionné avec une tradition d'interventions des États (ONIB en France ou État fédéral américain depuis le New Deal), il est très concurrentiel, avec des opérateurs élevés au rang de géants agroalimentaires comme Cargill, Cook ou Bunge.

Un marché stratégique

La géographie de la production induit le caractère stratégique du produit. Sa culture reste localisée dans des territoires qui bénéficient d'une nature généreuse (eau, sols fertiles, climat tempéré) et l'histoire de cette céréale est associée au croissant fertile, berceau de l'agriculture. Mais, très tôt, le blé s'est diffusé le long des routes de la soie, ou par le relais des grandes expéditions maritimes. Il s'est adapté à des conditions moins climatiques. Mais l'hétérogénéité des rendements, des coûts humains dans la production, des distances vis-à-vis des marchés de consommation créent naturellement des tensions. Toute fluctuation erratique de la production amplifiée au niveau des cours devient source de rivalités. Le caractère vital du blé en fait l'arbitre des évolutions démocratiques quand des embargos veulent lier droit et nourriture, comme après l'invasion de l'Afghanistan par les Soviétiques ou l'agression irakienne au Koweït. La suspension des livraisons a été associée au refus de diktats territoriaux ou de pressions extérieures (guerre d'Irak).

L'augmentation de la production ne doit pas faire croire à une baisse des tensions. Symboliquement, le passage au XXIe siècle s'effectue avec des récoltes en blé supérieures à 600 millions de tonnes. Lors de la campagne 2014-2015, la planète a connu une production record de 720 millions de tonnes, mais la répartition de la production comme de la consommation est source de conflits. Plus de la moitié des terres à blé de la planète se situent dans cinq « puissances » (Inde, Chine, Russie, États-Unis et UE). Par ailleurs, 85 % de la production mondiale de blé est réalisée par dix puissances uniquement : à celles précédemment citées s'ajoutent le Canada, l'Australie, le Pakistan, l'Ukraine et la Turquie. Cet oligopole mondial (au sein duquel existent des écarts de rendements importants – la France réalisant à ce niveau de véritable performance avec 75 quintaux à l'hectare) détient donc un pouvoir stratégique, car ce sont désormais près de trois milliards de personnes qui consomment du blé quotidiennement et sur tous les continents.

Malgré les progrès des productions, la demande excède souvent les quantités produites ; cela a été le cas à huit reprises entre 1993 et 2008 et il a donc fallu prélever sur des stocks dont la cohérence est plus une quête qu'une réalité. De plus, les rendements ne progressent pas à l'infini. L'objectif final de 1 000 millions de tonnes requis pour la consommation animale humaine et industrielle risque de ne pas être atteint dans la prochaine décennie, « générant jusqu'à une anxiété sur la sécurité alimentaire ».

Des situations contrastées : greniers pérennes, producteurs maudits, consommateurs dépendants

Les greniers du monde sont dans la concurrence et la quête de l'hégémonie. L'Amérique du Nord s'identifie au blé mondialisé (1/6e de la production mondiale, 1/6e des superficies) et les EU vont installer le blé au cœur de l'arme. Le Chicago Board of Trade, bourse de matières premières agricoles depuis 1846, est le baromètre de l'économie céréalière mondiale et, dans les années 1920, le blé contribue à 15 % du revenu des exportations américaines. Dans les années 1970, le vice-président Humphrey peut menacer : « Le pain et non les armes peut très bien décider de l'avenir de la planète ». Le modèle américain se traduit par un encadrement institutionnel rigoureux avec le Farm Bill, des fondations de recherche (Rockefeller à l'origine de la révolution verte en blé). Pourtant, le maïs et l'éthanol (boom des biocarburants), une recherche polarisée sur les OGM de soja et de maïs expliquent un léger repli du blé et une érosion de la part relative dans le total mondial. Mais les États-Unis constituent toujours des stocks de blé pour leur sécurité au même titre que des réserves stratégiques de pétrole. Quant au Canada, il développe un blé dur de qualité (fournisseur exclusif du Maroc), produit dont la totalité est consommée par l'homme. Deux incertitudes ne suffisent pas à déclasser les greniers canadiens : le coût des transports et les risques sur la qualité.

L'Europe veut un blé sécuritaire et l'UE, premier marché solvable de la planète, est le deuxième consommateur derrière la Chine. Après la Seconde Guerre mondiale, l'UE, d'importatrice est devenue une importante exportatrice de blé. La protection des céréaliers, l'extension de sauvegardes aux agriculteurs allemands, la garantie de prix rémunérateurs sont les leviers de l'indépendance céréalière européenne. Face aux coûts de la PAC et aux interpellations sur les subventions aux céréaliers, l'UE a fixé le cap de la sécurité d'approvisionnement des 500 millions de consommateurs, une stratégie défensive prime, mais avec les élargissements, une politique tournée vers les exportations pourrait renouveler le scenario retenu en 1957.

Enfin, pour la mer Noire, on parlera de blé patriotique ukrainien comme russe, malgré des rendements faibles, la Russie redevient une grande exportatrice, mais le pouvoir n'hésite pas à bloquer ces exportations vers l'Égypte pour préserver le marché national en 2010, au risque de perturber les opérateurs sur les marchés internationaux. L'Ukraine bénéficie de ses terres noires depuis l'Antiquité, et le pays a trouvé des débouchés nombreux en Égypte, en Syrie, dans le bassin méditerranéen, en Afrique du Sud, le blé servant d'amortisseur de crise. Mais la perte de la Crimée entame les potentiels, la logistique interne est défaillante et le métier d'agriculteur loin d'être réhabilité. Les tensions accrues entre Russie et Ukraine ont eu raison d'un cartel du blé mort-né avec le Kazakhstan, mais l'idée d'un *heartland* céréalier n'est pas totalement abandonnée.

Les soifs de blé sont disparates en Amérique du Sud ; on parlera donc de malédiction du blé dans le sous-continent. Au Brésil, appelé à être en 2020 la ferme du monde, le blé est le grand absent et les superficies en Amérique latine trahissent les priorités : 7 millions d'hectares de blé pour 22 millions de maïs et 56 de soja. Culture importée au cours du second voyage de Christophe Colomb, le blé (Mayas veut dire... maïs) s'est diffusé en Uruguay, Argentine, Chili méridional, mais les tentatives d'implantation ont parfois échoué. C'est le cas du blé du Chili, hier acheté par les Anglais et disparu, ou du Brésil dont l'équation alimentaire est simple : produire et vendre plus de maïs de soja afin de pouvoir importer le blé nécessaire pour répondre aux besoins des classes moyennes urbaines. L'Argentine est exemplaire d'une chance perdue : des prédispositions pédoclimatiques, des firmes de négoce puissantes (Bunge), une position dominante au début du siècle, mais progressivement une intrusion de l'État dans les structures du marché du blé, contreproductive, et surtout, après la crise de 2001, une contribution lourde du blé au rétablissement des finances publiques avec des taxations à l'exportation et même des embargos à l'exportation. Il n'en faut pas plus pour que l'Argentine opte pour troquer son grenier à blé contre du soja destiné au marché chinois.

Car la Chine, malgré ses terres emblavées, une production stimulée par le souci de sécurité alimentaire et les souvenirs traumatisants des grandes famines de 1958-1962, ne peut raisonnablement tabler sur une autosuffisance céréalière : pertes de surfaces liées à la désertification, pression de la demande urbaine et croissance démographique expliquent que, ponctuellement, la Chine soit contrainte de tisser des accords avec des pays producteurs (Australe, Ukraine) ou envisager un nouveau bond en avant qualitatif des productions. L'Inde est dans la même incertitude : importateur ou exportateur. Des choix déterminés de sécurité alimentaire font que l'Inde s'autosuffit voire exporte du blé quand ses stocks nationaux sont largement pourvus, mais la pression d'une mutation de la demande (après le riz, le blé) auront raison des devises acquises à l'exportation de blé chroniquement.

L'Afrique du Nord et le Moyen-Orient (ANMO) font du blé le premier produit agricole importé, sur lequel des subventions publiques se déversent massivement à des fins sociopolitiques préventives. L'anxiété sur la sécurité alimentaire conjugue l'explosion de la population (Afrique du Nord) multipliée par six en un siècle pour atteindre 320 millions en 2050 avec, parallèlement, un dérapage des importations : pour le blé 55 millions, alors qu'ils ne représentent que 6 % de la population mondiale, les pays de l'ANMO représentent le tiers des achats de blé internationaux, avec de plus aucune solidarité dans ces achats. L'ANMO devient un enjeu pour les pays producteurs, au point que l'Ukraine ou la Roumanie, bénéficiant d'une rente de situation, y trouvent des débouchés accrus. Le volontarisme de certains États pour y pallier repose trop sur des projets coûteux (Arabie saoudite), des blocages évidents de productivité, et pour le blé produit ou importé se posent les problèmes de transport intérieur (majoration de 21 % de la facture égyptienne). L'Égypte veut désormais prendre le problème à ses racines en aménageant le port de Damiette en hub céréalier et en multipliant les zones de stockage. Le blé est donc rapidement devenu dans l'ANMO un produit au cœur du contrat social : que son prix explose et c'est la rue qui se soulève et la « révolution du jasmin » en Tunisie a eu pour slogan « plus de pain, de liberté, de dignité, de justice sociale ». En Égypte, pour amortir la crise, 3 % du PIB financent les subventions et le pain plat est accessible pour moins d'un centime d'euro.

Ce tableau du marché du blé conforte l'idée d'une opposition dominant/dominés, des difficultés à faire évoluer les positions respectives, d'autant plus que les multinationales du grain ont prospéré dans les pays du Nord céréalier, de Cargill à Dreyfus. On ne sera donc pas surpris de voir le blé au cœur des tensions Est-Ouest (dépendance soviétique puis russe corsetée par des embargos), des fractures Nord-Sud (blé, 75 % de l'aide alimentaire et souvent enjeu des politiques d'ajustement du FMI), au cœur des affrontements Nord-Nord (guerre des devises vertes EU/UE, surtout dans les périodes de surproduction relative 1980-1981 et 1986-1987), guerre des subventions entre groupe de Cairns et EU.

Sujet

- L'arme alimentaire appartient-elle au passé ?

Mise en perspective

Tous les rapports de force sont loin d'être figés, même si les opérateurs du marché du blé sont assez statiques. C'est que de nouveaux enjeux apparaissent, déterminants pour le marché : essentiellement autour de deux thématiques, le climat et la gouvernance mondiale. L'agriculture est souvent interpellée comme principale responsable des émissions de GES (17 %), directement à travers les activités agricoles, élevage compris. Le besoin vital de produits agricoles pour nourrir les hommes rend le débat encore plus complexe et l'agriculture paraît diabolisée, elle qui est capable de capter du CO^2 par photosynthèse, on l'oublie trop vite. Acteur du climat, le blé est aussi dépendant de la météorologie.

Pour suppléer ces irrégularités, il faut espérer que les régions productrices gagnent en productivité, car l'extension des surfaces céréalières est peu envisageable. Le segment des OGM doit être exploré, au moins autant que ne l'a été le maïs. On ne peut également que souhaiter que le CIB (Conseil international du blé, 1949) retrouve au travers du IC (1995) de la vigueur pour assurer la stabilité des prix et la sécurisation des approvisionnements. Le G20, qui représente 80 % de la production agricole mondiale, devrait s'emparer aussi des défis pour développer la recherche et des informations statistiques de base (système Amis). La solution peut finalement être surtout régionale, car le marché mondial est une somme de micro marchés.

Le double caractère du blé, marchandise abondante mondialisée mais bien précieux de consommation, est au cœur de l'insécurité pour l'individu et de l'inquiétude pour le futur : le pouvoir d'accéder physiquement, économiquement et régulièrement à cette ressource passe bien avant le problème des pénuries.

Le culte du secret, qui est un symbole de la souveraineté des pays et la préoccupation quotidienne des populations, devrait être levé, mais le chemin à parcourir reste long ; « Le pain participe d'une certaine façon à la sacralité de la vie humaine et donc ne peut être traité simplement comme une marchandise… » (janvier 2015, pape François).

Alain Nonjon

FICHE 20

Michel Aglietta en collaboration avec Pepita Ould Ahmed et Jean-François Ponsot, *La monnaie entre dettes et souveraineté*

« À la mi-septembre 2008, la crise financière qui balayait le monde occidental depuis plus d'un an a atteint son paroxysme. [...] À un sénateur qui lui demandait ce qui se passerait si la banque centrale ne faisait rien, Ben Bernanke répondit : "Si on ne fait rien, lundi matin il n'y a plus d'économie" »

Michel Aglietta, *La monnaie entre dettes et souveraineté*,
Odile Jacob, 2016

Auteur

Michel Aglietta est économiste, professeur émérite à l'université Paris-Nanterre et conseiller scientifique au CEPII et à France Stratégie.

Intérêt

L'histoire de la monnaie est faite afin d'analyser ses dernières mutations et d'envisager des pistes pour mettre en place un système monétaire international en mesure de financer les investissements nécessaires pour remédier au dérèglement climatique et au creusement des inégalités.

Arguments

La monnaie a été créée dès l'origine pour garantir l'ensemble des dettes de tous les membres de la société. Elle s'est progressivement émancipée des supports métalliques jusqu'à prendre les formes sophistiquées de l'ère numérique. Comment la monnaie permet-elle de comprendre le fonctionnement de l'économie ? Quel rôle joue-t-elle dans les crises économiques ?

Le marché à l'état pur est une fiction. Les prix ne sont pas établis en fonction d'un équilibre entre l'offre et la demande, mais ils dépendent de la valeur de la monnaie fixée par un État souverain. En négligeant le rôle de la monnaie, les économistes libéraux sont obligés de recourir à la « main invisible » et au « secrétaire du marché » théorisés par Adam Smith et Léon Walras pour que leur modèle fonctionne. Selon les recherches anthropologiques et historiques, la monnaie n'a pas été créée dans la continuité du troc pour améliorer le fonctionnement des échanges ; elle est antérieure au marché et revêt une fonction sociale avant d'avoir une utilité économique.

En Mésopotamie et en Égypte, au IIIe millénaire avant J.-C., les premiers États utilisent des anneaux ou des lingots d'argent pour financer la guerre. Au VIe siècle av. J.-C., des pièces de monnaie apparaissent en Asie mineure et Athènes réalise la première dévaluation connue afin de diminuer la valeur des dettes des paysans pauvres. À la fin du Moyen Âge, la pénurie de métaux précieux oblige les rois de France et d'Angleterre à lancer des unités de compte abstraites qui permettent de financer les dépenses croissantes liées à la guerre. Des marchands italiens inventent la lettre de change qui assure des paiements internationaux sans monnaie métallique : le capitalisme est né. Au XVIIe siècle, la création de la Banque des Pays-Bas et de celle d'Angleterre finance les États avides de ressources, mais les financiers acquièrent en échange le droit de regard sur leur budget... La Banque centrale devient alors la banque des banques : au sommet de la hiérarchie bancaire, elle joue le rôle de prêteur en dernier ressort. L'Angleterre victorienne a l'outil qui lui permet d'imposer au monde la livre sterling fondée sur l'or.

Ce système monétaire est détruit par les deux guerres mondiales. Le dollar devient la seule monnaie internationale en 1945. Le Système monétaire international (SMI), inventé à Bretton Woods, vise à stabiliser le cours des monnaies par rapport au dollar. L'émission de la monnaie n'est plus seulement réalisée pour financer l'économie, elle est désormais mise au service du progrès social dans les pays occidentaux au moment même où elle n'est plus reliée directement à un support métallique, seul le dollar étant convertible en or. Ce système entre en crise quand les acteurs internationaux se méfient du dollar émis par la Réserve fédérale américaine pour financer les déficits américains. En 1971, Richard Nixon met fin à ce SMI. Désormais, les monnaies n'ont plus aucun référent métallique et leurs valeurs fluctuent sur un marché mondialisé.

Le dollar reste la monnaie centrale de ce nouveau SMI. Les États-Unis continuent à user du « privilège exorbitant » pour financer leurs déficits. Les banques occidentales démultiplient la création monétaire pour alimenter les crédits de toutes sortes, y compris les insolvables, jusqu'à la crise financière de 2008. Les banques centrales les sauvent en alimentant un flux quasi illimité de monnaie. Les banques et les acteurs financiers reprennent leurs spéculations et une nouvelle crise financière menace, alors que les défis du dérèglement climatique nécessiteraient des investissements massifs et que l'exacerbation des inégalités sociales favorise les replis nationalistes et autoritaires. Le rôle des États-Unis dans ce dérèglement du SMI incite les autres acteurs à préparer un avenir où le dollar ne serait plus le seul centre. L'Union européenne innove en créant l'euro, première monnaie qui n'est pas émise par un État souverain. Il reste à l'adosser à un budget commun adopté par une assemblée souveraine. De façon plus classique, la Chine a poursuivi ses réformes économiques entamées depuis 1979 et internationalise prudemment le yuan. Ainsi s'oriente-t-on vers un SMI doté de plusieurs monnaies internationales dominant chacune une région du monde.

Seuls des principes éthiques éviteront de futurs cataclysmes. C'est à ce prix que la monnaie servira le développement vraiment durable de l'humanité.

Sujet

- Le dollar a-t-il un avenir ?

Mise en perspective

Cet ouvrage est le fruit des recherches d'un économiste pour comprendre les impasses du système monétaire actuel. Le dernier ouvrage d'Adam Tooze, *Crashed. Comment une décennie de crise financière a changé le monde* (Les Belles Lettres, 2017), fournit une analyse beaucoup plus circonstanciée des dérives de l'économie libérale mondialisée et insiste sur les responsabilités des différents acteurs européens, en particulier l'Allemagne et son relais la Banque centrale européenne qui ont renforcé les politiques d'austérité au moment où la croissance économique s'effondrait, sans remettre en cause les responsabilités des banques à l'origine de ce krach mondial unique.

Yannick Le Gruiec

Matthieu Auzanneau, *Or noir. La grande histoire du pétrole*

« Il est même probable que la suprématie des nations puisse être déterminée par la possession du pétrole disponible et de ses produits »

Calvin Coolidge en 1926, cité dans Matthieu Auzanneau, *Or noir. La grande histoire du pétrole*, La Découverte, 2015

Auteur

Matthieu Auzanneau, journaliste, est spécialiste des questions croisant l'écologie et l'économie. Il a travaillé pour *Le Monde*, Arte ou France 2.

Intérêt

L'ouvrage fait l'histoire du pétrole de l'ère de l'abondance à la menace du « pic pétrolier », en abordant les enjeux économiques, politiques et environnementaux.

Arguments

Le pétrole a fourni l'énergie indispensable à la croissance de l'industrie et des transports depuis le début du XXe siècle. Son importance stratégique en a fait un enjeu géopolitique majeur. Jusqu'à quel point le pétrole a-t-il influencé et modifié les rapports de force sur la scène internationale ? La production de pétrole prend son essor aux États-Unis à partir des années 1860. Le pétrole alimente les centrales électriques et les moteurs des voitures, entre dans la composition du bitume, des engrais, du chewing-gum... Après l'acquisition d'une première raffinerie, John D. Rockfeller fonde en 1870 la Standard Oil Company qui devient rapidement un trust dominant les marchés américain et européen. Ses deux principaux concurrents sont la Royal Dutch Shell, née de la fusion de deux sociétés anglaise et hollandaise, et l'Anglo-Persian Oil Company (plus connue sous le nom de British Petroleum). En 1911, la Standard Oil est démantelée pour non respect de la loi anti-trust, mais les compagnies nées de cet éclatement restent sous le contrôle de Rockfeller, devenu l'homme le plus riche du monde. Ces majors, surnommées les « sept sœurs », sont liées dès leur origine à leur gouvernement.

Le Moyen-Orient suscite les convoitises des grandes puissances. En 1921, les États-Unis, le Royaume-Uni et la France se répartissent l'exploitation du pétrole de l'Irak qui vient d'être créé. Les principales majors concluent en 1928 l'accord d'Achnacarry qui organise un cartel pétrolier mondial fixant les parts de marché entre les majors anglo-saxonnes tout autour du globe. La Seconde Guerre mondiale manifeste la puissance américaine assise sur ses ressources de pétrole. À l'heure de la guerre mécanique, l'Allemagne et le Japon en sont dépourvus et n'ont aucune chance de vaincre l'alliance des États-Unis, du Royaume-Uni et de l'URSS qui contrôlent la majeure partie du pétrole mondial.

En 1945, Franklin Roosevelt et le roi Abd al-Aziz Saoud scellent une alliance qui assure la protection de l'Arabie saoudite et confie l'exploitation des fabuleuses ressources saoudiennes à l'Aramco formée par quatre majors américaines.

Mais les majors rencontrent des résistances. Le Mexique nationalise les compagnies étrangères et crée la Pemex en 1938. Le Venezuela, premier exportateur mondial de pétrole pendant la guerre, obtient un partage à moitié des bénéfices en 1948. Partage obtenu à son tour par l'Arabie saoudite, mais que le Royaume-Uni refuse à l'Iran qui nationalise son pétrole en 1951. L'immixtion des États-Unis entraîne la chute du gouvernement iranien et l'implantation des majors américaines. En 1960, l'Arabie saoudite, l'Iran, l'Irak, le Koweït et le Venezuela (80 % des réserves de brut de la planète) forment l'OPEP, un cartel qui vise à prendre le contrôle du pétrole aux dépens des « sept sœurs ». En décembre 1973, à la suite de l'embargo de l'OPEP pendant la guerre du Kippour, le prix du baril quadruple ! En 1979, la révolution en Iran provoque un deuxième choc pétrolier, encore plus violent. Alors qu'en 1972, les « sept sœurs » contrôlaient 91 % du pétrole du Moyen-Orient, elles en sont désormais exclues. Pour compenser la perte de ces réserves, elles se tournent vers l'Alaska et la mer du Nord et entament des fusions entre elles ; celle entre Exxon et Mobil en 1998 reconstitue le trust de Rockfeller, avec un chiffre d'affaires équivalant au 21e PIB mondial...

Le pétrole est devenu une arme redoutable dans les relations internationales. L'Arabie saoudite, allié richissime des États-Unis, contribue à accélérer la fin de l'URSS dans les années 1980 en faisant chuter le prix du pétrole et en finançant la guérilla en Afghanistan. Mais les dollars saoudiens favorisent aussi l'essor d'un fondamentalisme musulman farouchement antiaméricain. L'Irak, ayant des ambitions de puissance régionale, entre dans une guerre désastreuse contre l'Iran en 1980, puis annexe le Koweït en 1990, se retrouvant à la tête de 20 % des réserves mondiales de pétrole ! Les États-Unis libèrent le Koweït dès 1991 puis renversent Saddam Hussein en 2003. Mais, après 700 milliards de dollars dépensés dans l'invasion et l'occupation de l'Irak, c'est la Chine qui devient en 2009 le premier opérateur pétrolier de ce pays...

Entre la crainte du « pic pétrolier » et la menace du réchauffement climatique, les États-Unis ont tranché en votant en 2005 une loi sur l'énergie qui permet le développement des agrocarburants et la fracturation hydraulique des roches mères associée au forage horizontal. En 2010, la production pétrolière des États-Unis redémarre. Depuis les deux derniers siècles, la croissance économique a été stimulée par des énergies abondantes : face à la pénurie, l'économie serait-elle vouée à une stagnation séculaire ?

Sujet

- La puissance des États-Unis est-elle toujours indissociable du pétrole ?

Mise en perspective

Matthieu Auzanneau montre que la France, à sa mesure, a mené une politique pétrolière similaire à celle des États-Unis. Dans *De quoi Total est-elle la somme ? Multinationales et perversion du droit* (éditions Rue de l'échiquier, 2017), Alain Deneault fait l'histoire de la major française qui s'est bâtie un empire pétrolier planétaire, n'hésitant pas à intervenir dans les affaires intérieures d'États indépendants avec l'aide du gouvernement français.

Yannick Le Gruiec

Pascal Boniface, *JO politiques. Sport et relations internationales*

« Si la France brille à l'étranger par ses penseurs, ses savants, ses artistes, elle doit aussi rayonner par ses sportifs. Un pays doit être grand par la qualité de sa jeunesse et on ne saurait concevoir cette jeunesse sans un idéal sportif »

Maurice Herzog, ministre des Sports du général de Gaulle, *in* Pascal Boniface, *JO politiques. Sport et relations internationales*, Eyrolles, 2016

Auteur

Pascal Boniface est directeur de l'Institut de relations internationales et stratégiques (IRIS). Il est l'auteur de nombreux ouvrages sur des thèmes géopolitiques et stratégiques. Dans cet ouvrage préfacé par Denis Masseglia, président du Comité national olympique et sportif français en 2016, l'auteur veut démontrer l'influence positive des JO dans les relations internationales.

Intérêt

La pratique et le spectacle du sport sont devenus des enjeux économiques et politiques que les acteurs les plus puissants de la mondialisation instrumentalisent à leur profit. Cet ouvrage retrace l'histoire des Jeux Olympiques modernes qui sont devenus l'un des événements les plus suivis au monde.

Arguments

Depuis leur origine, les Jeux Olympiques réunissent des athlètes dans un rendez-vous en théorie apolitique favorisant la paix entre les peuples. Les responsables actuels du Comité International Olympique (CIO) continuent à défendre la neutralité de ce spectacle planétaire, même si cet apolitisme a toujours été une illusion. Les JO ont-ils eu une influence positive sur les relations internationales ?

Nés de la volonté de Pierre de Coubertin, les premiers Jeux Olympiques sont symboliquement organisés à Athènes en 1896. Ayant peu de succès au départ, ils deviennent un instrument de la politique internationale dans l'entre-deux-guerres. L'Allemagne est exclue des olympiades de 1920 et 1924, après l'annulation des JO de Berlin de 1916. L'URSS refuse de participer à une compétition à l'esprit capitaliste. Dès cette époque, la course aux médailles motive les délégations sportives qui représentent leur nation. Les JO de Berlin en 1936 sont entièrement intégrés dans la propagande nazie qui exalte la race aryenne conquérante. Le mythe de la supériorité raciale est cependant mis à mal par Jesse Owen, athlète noir américain vainqueur de quatre prestigieuses médailles d'or.

Après une nouvelle interruption pendant la Seconde Guerre mondiale, les JO entament leur universalisation : le nombre de pays augmente, en particulier à la suite de la décolonisation et le Japon est le premier pays asiatique hôte en 1964. Après l'intégration de l'URSS en 1952, les JO sont l'objet d'une intense compétition entre les deux Grands de la Guerre froide. Cet antagonisme aboutit au double boycott des JO de Moscou en 1980 et de Los Angeles en 1984. Les JO sont perturbés par d'autres conflits. Les pays africains se mobilisent en 1964 pour exclure l'Afrique du Sud qui pratique l'apartheid. En 1968, à Mexico, deux athlètes noirs américains dénoncent la ségrégation en levant un poing lors des hymnes ; quelques semaines avant les JO, l'armée avait fait 325 victimes en réprimant une manifestation étudiante. En 1972, à Munich, la prise en otage de la délégation israélienne par un groupe terroriste palestinien provoque la mort de onze sportifs israéliens.

À partir des années 1980, les JO deviennent un spectacle mondialisé. La réussite financière des JO de Los Angeles attise les convoitises d'autres métropoles. L'organisation des JO manifeste les capacités du pays hôte : ceux de 2012 symbolisent le rayonnement de Londres, ville mondiale cosmopolite, ceux de 2016 à Rio l'émergence d'une puissance d'Amérique latine, ceux de Séoul en 1988 et de Pékin en 2008 le poids grandissant de l'Asie. ONG à but non lucratif, le CIO a fait des JO un événement très rentable en s'associant à des multinationales dès 1928 avec Coca Cola et grâce aux droits de retransmission versés par les médias. Il a fallu le réformer face aux affaires répétées de corruption. Les États ne peuvent plus accepter le moindre écart écornant leur image : à partir de 1984, les athlètes américains brandissent le drapeau national, au lieu de lever un poing révolutionnaire. En 2008, les contestations dénonçant la répression au Tibet ont été rapidement étouffées par des autorités chinoises qui savent faire jouer les intérêts économiques...

Pays fondateur des JO modernes, la France est la cinquième nation mondiale au nombre des médailles. On reconnaît les caractéristiques de la puissance française, héritage prestigieux que la volonté politique cherche à maintenir. En 2024, Paris organisera pour la troisième fois cet événement qui a le mérite de rassembler pendant quelques semaines plus d'une centaine de nations dans une émulation pacifique.

Sujet

- Vers une guerre mondiale des *softpowers* ?

Mise en perspective

L'analyse de Pascal Boniface réfute la thèse qui fait du sport un simple opium des peuples. Mickaël Corréïa, dans *Une histoire populaire du football* (La Découverte, 2018), considère lui aussi que le sport a une dimension positive, mais il dépasse la seule histoire politique et institutionnelle au profit d'une histoire sociale en montrant comment des peuples et des individus, en pratiquant le sport, affirment et défendent leur identité. Le football comme les JO ne sont pas seulement un jeu de cirque ; ils symbolisent la fierté de groupes dominés et vaincus dans l'arène géopolitique traditionnelle.

Yannick Le Gruiec

Sylvie Brunel, *Plaidoyer pour nos agriculteurs. Il faudra demain nourrir le monde...*

« L'agriculteur français enrichit son pays sans esbroufe avec des denrées vitales qui plus est et en entretenant la beauté de mosaïques paysagères qui contribuent à faire de la France avec 84 millions de visiteurs chaque année la première terre d'accueil de touristes au monde, il devrait être déclaré d'intérêt général »

Sylvie Brunel, *Plaidoyer pour nos agriculteurs. Il faudra demain nourrir le monde...*, Buchet Chastel, 2017

Auteure

Le parcours de Sylvie Brunel est original à plus d'un titre. Une formation de géographe mais aussi d'économiste lui permet de dépasser les études régionales et d'engager des réflexions planétaires très documentées sur la mondialisation et ses inégalités, aussi bien que sur les famines et leur instrumentalisation. C'est d'ailleurs sur le terrain de la malnutrition qu'elle a acquis une expertise et une notoriété avec *Nourrir le monde. Vaincre la faim* (Larousse, 2009). Son expérience de terrain dans l'humanitaire (Action contre la faim, Médecins du Monde) lui donne le droit de refuser la théorisation réductrice et de constamment se référer au possible, à l'urgence, à la méthode. Elle prend des positions audacieuses lorsqu'elle montre que les famines actuelles n'ont rien à voir avec la malnutrition (qui est toujours la conséquence de la pauvreté) et qu'elles sont généralement liées à une volonté politique de soumettre, déplacer ou éliminer des minorités indésirables. De même peut-elle s'engager pour des OGM contrôlés.

Intérêt

Le format de l'ouvrage est une invite à lancer des alarmes, anticiper des évolutions, baliser des mutations et cerner de façon synthétique les enjeux alimentaires mondiaux. À l'heure des champs des départs y a-t-il place pour un chant du départ vers d'autres horizons pour l'agriculture française ? Son panorama vaut surtout par les questions posées, car Sylvie Brunel refuse le prêt à porter de solutions plaquées. La lecture des sept chapitres permet de faire un tour d'horizon du problème des agricultures industrielles, même si l'ouvrage s'adresse surtout aux « jacques Bonhomme » français, aux paysans hexagonaux qui « tiennent notre avenir entre leurs mains » pour lever la malédiction qui pèse sur les paysans : ils sont cloués au pilori, alors que par leur travail acharné, par leurs performances (indépendance alimentaire, exportations mondiales) par leur exigences (la qualité des produits), ils devraient être la fierté de la France.

Arguments

On retiendra une vision dangereuse de l'agriculture (chapitre 1), celle qui consiste à prôner la rupture avec l'agriculture industrielle chimique, mais en valorisant « la seule agriculture biologique humaine propre, durable, mais incapable de nourrir à bas prix la population mondiale ». Cette vision est partiellement condamnée par son caractère confidentiel (7 % des producteurs en France ; 10 % quel que soit le pays et 6 % de la SAU), mais aussi par des prix élevés (main d'œuvre) avec un nécessaire recours aux importations pour les 9 millions de pauvres que comptent la France et une majorité de consommateurs mondiaux.

On pourra se demander comment nourrir sans affamer (chapitre 2), en mesurant le défi de multiplier par deux la production agricole dans les quarante prochaines années, en imposant des prix rémunérateurs aux centrales d'achat et à la filière agroindustrielle, et ce pas seulement pour les produits de niche.

On n'évitera pas la question de la protection de la planète (chapitre 3) au lendemain des excès de l'agriculture intensive, et ce d'autant plus que l'agriculture, occupant les deux tiers des terres émergées et employant la moitié de la population mondiale, ne peut qu'être interpellée. Mais « un monde anthropisé ne veut pas dire abîmé par le paysan », si on se réfère par exemple à la Loi d'avenir pour l'agriculture, l'alimentation et la forêt de 2014, qui insiste sur les services écosystémiques que les agriculteurs rendent à l'humanité et les recherches pour produire mieux (crédit carbone, mesures agroenvironnementales, financements verts...).

On devra parler de ce qui fâche, les pesticides (chapitre 4), les produits phytosanitaires pour les agriculteurs, surtout en France, deuxième consommateur en valeur absolue derrière l'Espagne ou cinquième si on rapporte l'utilisation de matières actives à la production. « Agriculture raisonnée » et nouvelles techniques (agriculture sans labour et agriculture de conservation – couverture des sols et rotation des cultures) sont des pistes, mais « bannir les produits phytosanitaires et bannir en même temps les moyens génétiques de produire des plantes naturellement résistantes à leurs prédateurs nous enferme dans une impasse : comment nourrir le monde de demain et même nous nourrir nous-mêmes ? ».

Mais à l'amont se profilent l'enjeu vital des semences (chapitre 5) et leur diversité réductrice de risques (en France, 2000 variétés de maïs, plus de 500 variétés de pommes, des centaines de blés différents). Comment éviter que des sociétés comme Syngenta ou Monsanto Bayer n'esclavagisent les paysans contraints de racheter chaque année des semences, car s'ils ne le font pas, « le pépin de pomme donne un médiocre pommier et la vigueur du maïs hybride est perdue » ?

L'Homme omnivore peut-il également changer de mode d'alimentation ? Cesser de manger de la viande sauvera-t-il la planète et l'humanité ? (chapitre 6). L'élevage contribue à 14,4 % des émissions de gaz à effet de serre, mais les prairies qui occupent 3,4 milliards d'hectares dans le monde (14 en France) ne sont-elles pas essentielles dans la biodiversité, la lutte contre le ruissellement et l'érosion ? Restent les puits de carbone (65 tonnes de CO^2 à l'hectare en zone tempérée), l'eau de surface et la qualité des paysages, « ces marqueteries de tissus écossais que les touristes adorent ».

Enfin, l'irrigation est vitale et stratégique pour éviter le retour de la faim (chapitre 7) et pallier le réchauffement climatique en régulant les apports d'eau au service de la qualité. En n'assimilant pas agriculture et gaspillage en France, on produit deux fois plus avec deux fois moins d'eau qu'en 1950. Avant de condamner le maïs, pensons que pour obtenir 1 kg de matière sèche, il faut 1 600 litres d'eau pour le riz, 900 pour le soja, 590 pour le blé et 460 pour le maïs, quand ce n'est pas 260 pour le maïs fourrage. Et que de produits à partir du maïs ? Éthanol, chimie verte, cosmétiques, solvants peintures emballages..., à l'heure du septième continent qui fait stigmatiser les sacs plastiques.

Sujet

- Peut-on encore parler de fin des paysans ?

Mise en perspective

Ce petit recueil a en réalité de grandes ambitions : intervenir de façon la moins partisane possible dans les grands enjeux agricoles contemporains et choisir la voie de la prudence plus que de l'anathème (OGM, consommation de viande, agriculture industrielle). Surtout une grande question : certes, il faut prendre en compte une intolérable crise que vit l'agriculture française : un endettement qui explose, un vieillissement – la moitié des agriculteurs ont plus de 55 ans –, l'extinction de l'exploitation – un agriculteur sur cinq ne trouve pas repreneur –, les menaces sur un géosystème – 70 000 hectares rayés chaque année de la SAU –, des importations accrues – hier deuxième exportateur mondial, la France est le cinquième derrière l'Allemagne. Des défis qui explosent, géopolitiques (Russie qui décide de boycotter les produits européens alors qu'elle était premier importateur mondial de fruits et légumes) ou sanitaires (nouvelles bactéries...).
Mais, malgré cette crise, l'agriculture, par ses progrès (un agriculteur français nourrit 60 personnes contre 20 à l'hectare il y a un demi siècle), par ses performances (75 milliards d'euros par an contre 53 en Allemagne) ne devrait-elle pas être encensée, respectée, aidée, réhabilitée et vénérée, car, somme toute, ne vaut-il pas mieux vendre au monde du blé et du vin plutôt que des centrales nucléaires et, accessoirement, n'est-il pas préférable de protéger les paysages ?

Sylvie Brunel est aussi spécialiste de l'Afrique subsaharienne, sous-continent où on pourrait appliquer la formule de Nehru « l'agriculture n'attend pas ». Elle pose souvent son regard sur « le Sahel, miroir des crises contemporaines », sur le décollage de l'Afrique plurielle qui, mal partie, n'est peut être pas si bien repartie. Elle intervient à contre courant des modes bien pensantes contre la « moyennisation » de l'Afrique subsaharienne comme base de sa renaissance, car même en intégrant les *floating class*, l'Afrique se situe à des niveaux de revenus particulièrement faibles, de 2 à 10 dollars par jour) et pointe l'hymne à la jeunesse car, non, formé le potentiel humain est quelque peu dévalorisé (voir *L'Afrique est-elle si bien partie ?*, Éd. sciences humaines, 2014).

Sa plume d'écrivain et son art du débat et de la controverse en font quelqu'un qui médiatise des informations plus qu'elle ne se retranche dans un laboratoire clos. Elle a été d'ailleurs conduite à épingler des associations humanitaires et les dérives marchandes de certaines ONG. Une évidente obsession : « L'Homme dans tout ça ? », comme dirait Axel Kahn, qui la fait interpeller, dénoncer, et s'identifier à une sorte de lanceurs d'alarme de notre monde qui « s'affole ». Ainsi la verra-t-on évoquer les famines politiques organisées, le tourisme planétaire standardisé, la « planète Disneyland » ou, sur un registre plus personnel, rédiger un essai sur ces femmes quinquagénaires, fracassées par une rupture conjugale dans un manuel de guérilla à l'usage des femmes où elle dresse le portrait d'une génération sexuellement libérée, mais rapidement rattrapée par les conventions d'usage.

Alain Nonjon

Laurent Carroué, *La planète financière. Capital, pouvoirs, espace et territoires*

« Le sauvetage du système financier et des banques par les États, l'envolée des dettes publiques, les politiques des banques centrales, le statut du dollar, la crise de l'euro ou la lutte annoncée contre les paradis fiscaux, etc., sont autant d'éléments qui nous informent chaque jour d'une chose essentielle, mais trop souvent oubliée : la planète financière n'est pas un deus ex machina descendant comme par magie des cieux, mais une construction idéologique, politique, géo-économique et géopolitique dans lesquels les rivalités de pouvoirs et de puissances jouent un rôle essentiel »

Laurent Carroué, *La planète financière. Capital, pouvoirs, espace et territoires*, Armand Colin, 2015

Auteur

Professeur à l'université Paris 8, ancien président du jury de l'épreuve d'Histoire, géographie et géopolitique du monde contemporain à l'ESCP-Europe et de différents jurys de concours de recrutement des enseignants, cet inspecteur général, spécialiste de géographe économique, a participé à nombre de manuels du Supérieur. Partisan d'une lecture géographique de la mondialisation, Laurent Carroué vient de publier *Atlas de la mondialisation. Une seule terre, des mondes* (Autrement, 2018).

Intérêt

Malgré la récurrence des crises, dont celle des *subprimes* et des dettes souveraines en Europe, la géographie du système financier mondial et de ses territoires s'avère encore peu étudiée. Pourtant, la globalisation, loin d'être hors-sol, constitue « un phénomène d'essence éminemment géographique ». Non pas « éthérée, désincarnée et coupée de l'économie réelle », la financiarisation est ancrée dans les réalités territoriales à toutes les échelles (mondiale, continentale, nationale, régionale et locale) et s'appuie sur les discontinuités spatiales. Elle est aussi inscrite dans les faits sociaux, culturels, économiques et géopolitiques qui organisent l'espace mondial. L'ouvrage entend démonter les mécanismes de la financiarisation et du décryptage de la place et du rôle des principaux acteurs et bénéficiaires (banques et *shadow banking*, fonds souverains, assurances…).

À cette fin, Laurent Carroué propose une analyse à la fois géoéconomique et géopolitique, reposant sur « cinq piliers » – l'économie, les marchés, les sociétés, les stratégies et les territoires – et sur des clés d'analyse spatiale : pavages et mise en réseaux ; nœuds et pôles ; centres, périphéries et marges ; polarisation et spécialisation ; intégration et exclusion ; ségrégations, hiérarchisation et évitement ; systèmes urbains, hiérarchies urbaines et métropolisation. Les titre et sous-titre du livre explicitent le projet : « Loin d'uniformiser l'espace mondial, la logique du capital financier est de survaloriser systématiquement les différenciations entre territoires ».

Arguments

L'auteur montre d'abord le développement général de l'humanité – les richesses ont été multipliées par 2,5 en quatre décennies –, mais aussi l'appauvrissement de certains – près de 4 milliards d'hommes détiennent à peine 1 % du patrimoine mondial, 2,5 milliards n'ont toujours pas accès à l'eau et près d'un milliard sont affamés –, avec des écarts qui varient de 1 à 3 310 entre l'Ouganda et la Suisse.

Cependant, si certains Suds connaissent des décollages rapides avec des émergences pas seulement sur les activités primaires, mais par remontée de filières, grâce aux services associés à la haute technologie, nombre de territoires ruraux, souvent enclavés, demeurent dans la marginalité économique et sociale, avec un taux de pauvreté de 77 % au Chiapas mexicain et un Subsaharien sur deux qui vit avec moins d'1,25 dollar par jour. Ainsi la croissance, loin d'être inclusive, est-elle toujours confisquée par une « kleptocratie » ou « kleptocrature », « étroite oligarchie » qui bénéficie d'une « captation rentière » aux dépens des pauvres mais encore des classes moyennes. En effet, dans les Nords mêmes s'opèrent une « démoyennisation » et une « quasi sécession » territoriale et sociale, ainsi qu'en attestent les *gated communities*.

Incontestablement, la sphère financière sélectionne donc. Ce sont bien les métiers de la finance qui procurent les grandes rémunérations : au Royaume-Uni, les salariés de ce secteur captent 60 % de l'augmentation des revenus des 10 % des Britanniques les plus riches. Parallèlement, ce sont les plus pauvres qui sont exclus de mécanismes de plus en plus privatisés, la remise en cause du *welfare state* générant un « monde d'insécurité » et privant les deux tiers de l'humanité de toute protection sociale.

Autre point de l'ouvrage : l'étude des points nodaux d'un système financier marqué par la « fluidité exceptionnelle des échanges ». Une démarche multiscalaire montre que métropolisation rime avec abondance : 150 métropoles gèrent un tiers du PIB mondial et treize polarisent un quart des milliardaires. Elles « fixent » les sièges des banques de financement et d'investissement, des compagnies d'assurances, et des fonds d'investissement dont les *hedge funds*. Quinze d'entre elles, « concurrentes et interconnectées », formant un réseau, contrôlent les trois quarts des actifs mondiaux, constituant de la sorte un « puissant socio-pôle ». New York rayonne sur 20 % du marché mondial des changes et 40 % des fonds spéculatifs. À petite échelle, ces « écosystèmes à la fois géopolitiques, juridiques, institutionnels, économiques et techniques [...] assurent le fonctionnement des marchés financiers à travers la rencontre de multiples acteurs spécialisés en forte synergie ». À grande échelle s'opère un « double processus de glissement géographique des vieux centres historiques, souvent haussmanniens, vers de nouveaux quartiers plus modernes [... et par un] affinage des fonctions financières entre lieux centraux et périphéries ». L'illustrent les QCA (Quartiers centraux d'affaires) de La Défense à Paris, du Paseo de la Castellana à Madrid ou de Sanhattan à Santiago du Chili.

Ainsi « le nouveau XXIe siècle » fait-il face à « un choc d'une ampleur historique séculaire [et] marquant la disparition définitive des structures héritées » qui traversent une « triple crise systémique » autant géoéconomique, politique que géostratégique : polycentrique, il connaît une remise en question de la hiérarchie des puissances aux dépens notamment de l'*imperium* étatsunien, dès lors que des Sud(s) ont accédé à la finance planétaire.

Précisément, les paradis fiscaux, « espaces de non-droit marchandant leur souveraineté » constituent des maillons importants de la mondialisation par l'évasion, l'optimisation fiscale et le blanchiment d'argent. Ce sont des États ou des territoires rattachés (Suisse, Luxembourg, Îles britanniques, Caraïbes, Panama, Hong Kong, Singapour...) qui s'appuient sur des systèmes juridiques d'exception favorisant des prestations opaques. Présents dans les économies avancées comme dans les pays en développement, ils sont liés par une « proximité fonctionnelle » aux grandes places financières internationales dans une logique « d'intégration réticulaire » entre aires de production et zones de consommation, entre cartels et institutions bancaires.

Par delà ces « zones grises », Laurent Carroué observe une reconfiguration de la « planète finance ». L'hégémonie financière de l'ex-Triade est remise en cause par la « grande émancipation » des Suds. Si les fonds spéculatifs sont toujours « un monopole new-yorkais et londonien », les Suds génèrent les deux tiers de l'épargne mondiale et leurs sociétés financières gèrent un quart des actifs dans le monde, largement implantés en Asie et en particulier en Chine (ICBC, ABC, Bank of China...). Le bien nommé « empire du Milieu » pourrait, d'ici une décennie, devenir la première puissance bancaire au monde devant les États-Unis et le Japon. La « démondialisation partielle des banques occidentales » est corroborée par le développement de systèmes financiers spécifiques comme la finance islamique. Du reste, si l'Amérique du Nord continue de cumuler la première capitalisation boursière mondiale (44 %), l'Europe (22 %) est à présent dépassée par l'Asie (29 %). En revanche, les 4/5es des dettes souveraines viennent des Nords.

Ainsi, la nébuleuse financière s'apparente à « une vaste toile toujours plus polynucléaire, aux liens d'interdépendance hiérarchisés mais de plus en plus diffus et complexes », avec une « très forte montée en puissance du triptyque Pékin/Shanghai/Hong Kong », auquel s'ajoutent São Paulo, véritable « City de l'Amérique latine », et Bombai ; sans omettre les fonds souverains des pétromonarchies du Golfe arabo-persique devenues les nouvelles banquières du monde. Ces masses financières circulent par différents acteurs institutionnels, nombre de transactions s'effectuant par l'intermédiaire du réseau SWIFT (Society for Worldwide Interbank Financial Telecommunication). Quant aux flux des particuliers, ils passent plutôt par les réseaux de cartes bancaires (Visa, MasterCard, American Express...). Il existe aussi d'autres moyens, par exemple pour les rétrotransferts des migrants passant par les Majors Money Transfer Operators MMTOs.

Et du côté des États ? Cette macrocéphalie financière, aggravée par les logiques d'endettement des États et des ménages – pensons au Japon –, s'est doublée de spéculations aboutissant à une économie de casino. Mais la crise systémique de 2007 a marqué le retour des États avec une « socialisation des pertes » et « l'éclatement de la zone euro ». De fait, la libéralisation depuis les années 1980 a fait du marché « une construction politique et géopolitique » qui pose un « vrai défi de civilisation » : la régulation d'« oligomonopoles ». Dans le monde, six firmes transnationales contrôlent 3,5 milliards de cartes bancaires. Dans cette nouvelle donne, certains États n'ont toutefois pas perdu la main. Ainsi, la Chine lance sa banque ICBC « à l'assaut du monde », se pose en « premier créancier des États-Unis » et, d'une manière générale, certains États dominent la « bancarisation » de leur territoire : dix d'entre eux concentrent plus de la moitié des dépôts bancaires planétaires. Reste que le *shadow banking* représente l'équivalent de plus de 100 % du PIB mondial, cette pratique de financement passant par des intermédiaires comme les sociétés de courtage et formant des *hedge funds* via des fonds spécialisés comme BlackRock ou Vanguard.

Cette domination se double d'un *trading* haute fréquence caractérisé par une « hypermobilité géographique potentielle du capital financier » et une survalorisation des « différences économiques même les plus minimes entre territoires » avec, pour objectif, la rentabilité à court terme. Le « triumvirat » (Fitch, Moody's, Standard & Poor's) d'agences de notation étudie à cet égard la « dépendance » à l'endettement, la « vulnérabilité » aux marchés et le « risque financier ». Des pays comme l'Argentine en 2001-2003 ou la Grèce entre 2010 et 2018 ont été concernés. Plus largement, la mise en concurrence asymétrique des territoires analysés comme des marchés en fonction de critères exclusivement financiers (fiscalité, coût de la main d'œuvre) entraîne délocalisation et *dumping* social.

Sujet

- Les mutations de la Chine, d'atelier à usine du monde, de marchand à banquier de la planète ?

Mise en perspective

L'avenir passe-t-il par une gouvernance mondiale des flux financiers ? Comment ? L'impuissance des « formes de pilotage de la mondialisation » est problématique, malgré la relance du G20 en 2009, tandis que la Chine domine des institutions spécifiques (Nouvelle Banque de Développement des BRICS, BAD et BAII) afin de « rentrer en compétition [... avec les organisations] jugées trop inféodées à Tokyo et Washington ». Nombre d'observateurs pointent donc les dysfonctionnements de la planète finance. Joseph Stiglitz est de ceux-là, stigmatisant « l'obsession du court terme », la déréglementation et les « dérives », la montée de la pauvreté et appelant entre autres à une réforme de la science économique (*Quand le capitalisme perd la tête*, Poche, 2005 et *Le triomphe de la cupidité*, Les Liens qui libèrent, 2010).

Emmanuel Naquet

FICHE 25

Amaël Cattaruzza, *Atlas des guerres et des conflits, un tour du monde géopolitique*

« Plus aujourd'hui qu'hier, le conflit, quelle que soit sa localisation, a des répercussions mondiales : luttes d'influence entre puissances et acteurs internationaux, déplacements de populations... »

Amaël Cattaruzza, *Atlas des guerres et des conflits, un tour du monde géopolitique*, Autrement, 2017

Auteur

Amaël Cattaruzza est maître de conférences à Saint-Cyr Coëtquidan, détaché de l'université Paris-Sorbonne. Il est chercheur au Centre de recherches des écoles de Coëtquidan (CREC). Spécialiste de géopolitique, il a publié de nombreux articles sur le thème des conflits, des frontières et sur les Balkans contemporains. Il est d'ailleurs l'auteur de *L'atlas géopolitique des Balkans* (Autrement, 2012).

Intérêt

Amaël Cattaruzza propose un tour du monde géopolitique des guerres et des conflits, un panorama synthétique des conflits et de leur complexité à l'échelle de chaque continent. L'apport de l'ouvrage est également de faire le point sur les nouveaux enjeux et sur les guerres du futur.

Arguments

Cette troisième édition mise à jour et enrichie décrit les grandes évolutions des conflits actuels. Amaël Cattaruzza propose des clés pour comprendre les conflits et les représentations que l'on peut en faire. Les différents travaux de ces dernières années ont permis de cartographier les conflits dans le monde. L'Institut international pour les études stratégiques de Londres propose chaque année une cartographie des conflits en cours, « *The Chart of Conflict* », qui prend en compte tous les aspects (les types de conflits selon leur intensité, le terrorisme, la piraterie, le trafic de drogue, les sanctions dans le cadre onusien, les opérations de maintien de la paix et les interventions militaires).

De nombreuses régions connaissant des tensions, l'analyse se concentre sur l'influence croissante de la Chine en Asie orientale, où les litiges territoriaux sont nombreux et où elle est accusée de développer une stratégie dite du « collier de perles », mais aussi sur la Russie qui tente de se maintenir sur son « étranger proche », soit par un processus d'intégration régionale (CEI, OSTC) soit par les pressions exercées à travers sa politique énergétique. Le Proche Orient n'est pas en reste où comme l'indique l'auteur, « les feux sont pluriels » entre le conflit israélo-palestinien qui n'a toujours pas trouvé d'issue, la fragilité du Liban fracturé par des tensions internes et aux prises à des ingérences et/ou pressions étrangères, le conflit syrien visible à trois échelles (internationale, nationale et locale). L'Afrique subsaharienne, quant à elle, est un espace de concurrences entre anciennes puissances coloniales et nouveaux acteurs ; elle est convoitée pour ses ressources, fragilisée par le terrorisme et la piraterie, tandis que certains États ne parviennent plus à faire face.

Si derrière chaque conflit percent d'importants intérêts économiques, ce qui est notable aujourd'hui, c'est l'influence grandissante des acteurs privés, à l'instar des sociétés militaires privées (SMP) et de leurs milliers de *contractors* (employés de ces sociétés). Ces SMP ont joué un rôle accru dans les années 2000, intervenant dans les domaines de la sécurité (SMP américaine Kroll en Irak) ou de la logistique (SMP américaine KBR en Afghanistan). En 2016 19 SMP sont américaines, 18 sont européennes (dont 10 pour la France). Le rôle de ces SMP est parfois controversé. Amaël Cattaruzza interroge en effet l'éthique de ces sociétés : « les intérêts privés peuvent-ils être en adéquation avec les intérêts de la nation sur un terrain d'opération » ?

Les formes de conflits ont également changé car de nouveaux acteurs déstabilisants ont émergé. « La guerre contre le terrorisme » lancée en 2001 par l'administration de G. W. Bush est devenue un enjeu international, que ce soit le terrorisme territorial (où l'objectif des groupes terroristes est de renverser le pouvoir) ou le terrorisme global (forme extrême de résistance face aux injustices du système), ce dernier reposant sur un réseau international. Daech incarne une forme de terrorisme hybride, à la fois global et territorial. L'auteur questionne avec prudence ce que pourraient être les nouvelles formes de combats : les guerres de demain seront-elles menées par des robots ? Et dans quelle proportion peut-on envisager un usage de robots et de drones ? Le cyberespace deviendra-t-il un nouvel enjeu géopolitique ? Dans leur motif, les conflits sont aussi source d'interrogations : guerre pour les ressources en eau, tensions autour de nouvelles « routes arctiques », « guerre climatique au Darfour » ? Toutefois, les notions de « guerres climatiques » et de « réfugiés climatiques » étant contestées, il est difficile d'associer les mobilités aux seuls facteurs climatiques. Amaël Cattaruzza évite donc tout scénario catastrophiste.

Sujet

- Conflits et rapports de puissance dans le monde.

Mise en perspective

Didier Danet, Jean-Paul Hanon et Gérard de Boisboissel (dir.), dans *La guerre robotisée* (Economica, 2012), analysent l'évolution des formes de combat et approfondissent une problématique abordée par Amaël Cattaruzza, les robots militaires étant désormais une réalité quotidienne du champ de bataille. Dans un futur proche, les missions confiées à des engins capables de décider et d'agir par eux-mêmes seront de plus en plus étendues et de plus en plus complexes. Est proposée ici une vision de ce que seront les champs de bataille de demain, où les robots ne remplaceront pas seulement les hommes dans certaines de leurs missions mais seront capables de conduire seuls des types d'opérations qui restent à inventer.

Caroline Delbecque

FICHE 26

Jean-Marie Chevalier et Patrice Geoffron (dir.), *Les nouvelles guerres de l'énergie*

« Je fais un rêve : que soient réellement traitées, dans les débats présents et futurs, la question climatique et la question énergétique. Et que n'oublions pas que l'enjeu n'est pas, comme on le dit souvent, la survie de la planète, mais la survie de l'humanité. Claude Lévi-Strauss a écrit en substance dans Tristes Tropiques *que "le monde a commencé sans l'homme et pourrait bien se poursuivre sans lui". C'est ce qui est en jeu avec les dérèglements climatiques : la survie d'une partie importante de l'humanité »*

Laurent Fabius, *"Vers un pacte mondial pour l'environnement"*, dans Jean-Marie Chevalier et Patrice Geoffron (dir.), *Les nouvelles guerres de l'énergie*, Eyrolles, 2017

Auteurs

Ouvrage collectif dirigé par Jean-Marie Chevalier, professeur émérite de sciences économiques à l'université Paris-Dauphine et par Patrice Geoffron, directeur du Centre de géopolitique de l'énergie et des matières premières de l'université Paris-Dauphine, il se compose de dix-huit contributions courtes structurées en quatre parties : énergie-climat : guerres et paix, panorama des nouvelles tensions, entreprises et transition énergétique, turbulences de la décennie. Des contributeurs de renom ont été associés à sa rédaction : Jean-Hervé Lorenzi, président du Cercle des Économistes, Hubert Védrine et Laurent Fabius.

Intérêt

Ouvrage utile pour montrer que les énergies restent au carrefour des problématiques du développement durable. Conformes aux programmes qui traitent ces questions, les analyses croisées dessinent ici les contours de ce monde énergétique en gestation, ainsi que les batailles qui devront être gagnées à l'avenir.

Arguments

L'accord de Paris et la COP21 ont projeté l'image d'une coopération interétatique et l'émergence de nouvelles filières énergétiques faiblement carbonées et hautement connectées. Cet accord, en instaurant une logique inclusive (tous les États sont appelés à faire des efforts dans le sens de la transition et pas seulement les pays développés), semblerait inaugurer une nouvelle ère énergétique visant à lutter contre le réchauffement climatique. Sa logique est fondée sur l'idée qu'une masse critique suffisante d'États doit accélérer le déploiement de solutions « bas carbone ». Le contexte est-il propice à leur maturation et à leur diffusion ?

Le contexte actuel est tout sauf un concours de circonstances éphémères : facteurs économiques et géopolitiques portent à croire que nous sommes entrés dans un nouveau régime énergétique où les efforts de transition énergétique à long terme seront soumis à la tyrannie des chocs de court terme. Cette tyrannie s'exerce à la fois au plan microéconomique, car l'instabilité des prix des énergies pèse sur la planification d'investissements qui peuvent s'étaler sur des décennies, et au plan macroéconomique, car les variations soudaines du prix des hydrocarbures sont des facteurs de crises affectant tant les pays producteurs (Venezuela) que consommateurs. Depuis 2017, la géopolitique a encore complexifié la donne avec l'élection de Donald Trump et la remise en question de l'engagement des États-Unis dans la lutte contre le réchauffement climatique.

L'Agence internationale de l'énergie estime que 40 000 milliards de dollars devront être orientés dans les vingt prochaines années vers des systèmes énergétiques en cohérence avec la lutte contre les dérèglements climatiques. Les entreprises des filières de l'énergie ont d'ores et déjà compris qu'il faudra réaliser ce tour de force sans connaître la demande, dans un contexte d'instabilité des prix et sans garantie de retour sur investissement. On comprendra que le *World Energy Council* qualifie cette nécessité d'innover et d'investir dans un environnement instable de *new normal* (nouvelle norme).

Le monde énergétique conventionnel était caractérisé par des systèmes de production et de distribution centralisés, le souci de la sécurité d'approvisionnement et reposait sur des technologies conventionnelles. Le nouveau monde énergétique est fondé au contraire sur des systèmes décentralisés, centrés sur le consommateur et ayant pour finalité première le respect du développement durable avec des perspectives locales, des systèmes de production et de distribution à échelle plus fine et des technologies propres. Cette transition d'un monde énergétique à un autre a profondément affecté les *business models*. Force est de reconnaître, que depuis 10 ans, ce ne sont pas les entreprises qui ont pris le virage vers ce nouveau monde énergétique qui enregistrent les meilleures performances mais celles qui ont pris ce virage depuis longtemps. Ainsi, dès 2001, Iberdrola crée Iberdrola Renovables et commence à investir massivement dans l'éolien. En 2005, Fortum scinde ses activités pétrolières et ses activités dans l'électricité et la chaleur. En 2007, Verbund commence à investir massivement dans l'éolien et les renouvelables tandis qu'EDP au Portugal crée EDP Renoveis. En 2014, E.ON annonce la scission de ses activités du monde énergétique conventionnel et du nouveau monde énergétique. L'année suivante, EDF lance sa stratégie CAP2030 qui met l'accent sur les renouvelables et la proximité avec le client. Puis, l'année suivante, c'est au tour d'Engie de présenter un plan stratégique visant à devenir le leader de la transition énergétique. RWE introduit en bourse ses activités renouvelables, réseaux et détail (Innogy). Même si aujourd'hui, 75 % des nouvelles capacités installées relèvent encore d'un modèle centralisé, l'énergie décentralisée croît deux fois plus vite en raison de la forte baisse des prix des renouvelables : en cinq ans (2012-2017), le coût de l'éolien a reculé de 30 % et celui du solaire de 60 %. Plus accessibles, les énergies renouvelables nous placent face à de nouveaux défis comme ceux des réseaux appelés à devenir intelligents.

Sujet

- Les énergies fossiles sont-elles des facteurs de risques ?

Mise en perspective

Au-delà des « nouvelles guerres de l'énergie » souvent évoquées, il est patent de constater que le chemin de la paix énergétique ne passe pas nécessairement par l'enceinte des grandes négociations internationales (Katowice et la COP24 semblent l'attester). Les voies existent donc pour promouvoir des modèles énergétiques plus pacifiques et plus sobres en carbone. Sur le même thème, Nicolas de La Casinière dénonce dans *Les saboteurs du climat* (Le Seuil/Reporterre, 2015) « les criminels en costume cravate qui sabotent le climat ». Il liste les géants de l'énergie et des ressources fossiles qui, à force d'extractions polluantes, détruisent l'environnement. Il rappelle le *lobbying* exercé par ces mêmes groupes (en pesant sur les réglementations) tout en pratiquant le *greenwashing* et en captant les marchés de l'économie verte. L'énergie constitue bel et bien le nœud gordien et de la question climatique et du développement économique. Le monde a besoin en effet d'une énergie propre, fiable, accessible et bon marché. Tous ces qualificatifs ont leur sens, mais le dernier « bon marché » ou *affordable* en anglais est fondamental pour assurer la croissance des pays émergents et des pays en développement.

Pierre Dallenne

Michel Foucher, *Le retour des frontières*

« Le retour des frontières, dans les faits et les consciences, est une bonne nouvelle. À condition de l'interpréter et d'en user avec discernement. Celles-ci n'avaient jamais disparu, sauf sur nos cartes mentales de voyageur européen. Une frontière n'est pas un tracé abstrait mais une institution, et la franchir aisément ne l'annule pas. Abolir les frontières, c'est faire disparaître les États. Un monde sans frontières est un monde barbare, ce que l'horreur daechite nous a rappelé »

Michel Foucher, *Le retour des frontières*, CNRS Éditions, 2016

Auteur

Michel Foucher est diplomate et géographe – il a soutenu en 1986 une thèse sur « Les frontières des États du tiers-monde ». Il enseigne à Sciences Po Paris, à l'ENS et à l'ENA.

Intérêt

Les frontières, autrefois perçues comme des confins, des obstacles, des séparations, ne sont-elles pas devenues poreuses dans le contexte actuel de globalisation du capitalisme ? Mais la mondialisation, phénomène ambivalent par excellence, n'est-elle pas synonyme de replis identitaires, culturels et mentaux redéfinissant de nouvelles frontières symboliques ? Alors fin ou retour, ou plutôt redéfinition des frontières plus que disparition de celles-ci ? La mondialisation, caractérisée par le développement de la coopération transfrontalière, par les dynamiques d'intégration régionale, n'est-elle pas, *a contrario*, également marquée par une « stratégie » de « barriérisation » à différentes échelles ? Les frontières sont-elles « charnières » ou « barrières » ? Obstacles ou interfaces ? Le début du XXIe siècle n'est-il pas paradoxalement marqué par l'émergence de nouvelles frontières ? Finalement, la frontière est-elle une institution d'avenir ?

Arguments

L'ouvrage étudie la scène frontalière contemporaine, des accords Sykes-Picot au révisionnisme des puissances sur terre et sur mer. Quelques exemples emblématiques sont commentés : la Russie aux frontières instables, la projection de la puissance chinoise sur ses « eaux historiques », la crise du régime frontalier européen et la nécessité de fixer et de gérer la méta-frontière extérieure euro-africaine.

L'auteur rappelle par ailleurs que les frontières sont des marqueurs symboliques, nécessaires aux nations en quête d'un dedans pour interagir avec un dehors. Le choc est particulièrement rude pour l'espace européen depuis 2015. L'UE, se rêvant en modèle régional intégré, en espace ouvert, découvre que des pressions migratoires exceptionnelles ont disqualifié totalement un de ses fondements, à savoir la libre circulation. Les opinions publiques rappellent désormais aux États leurs devoirs régaliens : garantir la liberté et la sécurité. Le constat est donc amer : nous continuons de vivre dans un monde resté westphalien. Barak Obama n'a-t-il pas usé du terme de « ligne de front » pour qualifier la limite orientale de l'OTAN ? De même, pour celui-ci, il s'avère utile de rappeler qu'au XXIe siècle, « les frontières ne doivent pas être redéfinies par la force brutale ».

Michel Foucher affirme également que « la » frontière n'existe pas, que les frontières sont fondamentalement plurielles, et qu'il s'avère utile de ne pas réduire la question des frontières à la seule problématique migratoire. D'ailleurs, l'Europe n'est pas le seul continent concerné par la pression migratoire, car il ne faut pas oublier qu'en Afrique de l'ouest 90 % des migrations sont internes, que la plupart des cadres du golfe Arabo-persique proviennent d'Asie du Sud, que l'Indonésie conserve une forte tradition d'accueil...

Les frontières demeurent « des traces d'histoire sur la longue durée », car la plupart des revendications territoriales actuelles se fondent sur des droits historiques : l'Ukraine orientale est présentée comme la « Nouvelle Russie » par le Kremlin (concept emprunté au XVIIIe siècle), la mer de Chine du Sud regroupe des eaux historiques depuis deux millénaires où la Chine affirme avoir « des droits incontestables ».

L'auteur dénonce ensuite la fantaisie des chiffres qui circulent sur la longueur des « murs » ou des « frontières fermées » : « Les clôtures, issues de lignes de front ou dispositifs de contrôle renforcé, ne dépassent pas seize milliers de kilomètres, en incluant les dyades et segments européens où la convention de Schengen est temporairement suspendue depuis 2015, soit 6,3 % du total mondial ».

Finalement, ultime paradoxe de la globalisation, celle-ci engage bien des États souverains et l'État le plus « mondialisateur » d'entre eux, les États-Unis, demeure très attaché à ses droits régaliens qu'il a de plus en plus tendance à imposer à l'extérieur par ses lois d'application extra-territoriale. L'ouvrage se termine par une annexe intitulée « chroniques de la scène frontalière contemporaine » relatant les processus frontaliers à l'œuvre hors d'Europe d'octobre 2015 à mai 2016 et apportant un démenti cinglant à leur disparition programmée.

Sujet

- La fin ou le retour des frontières ?

Mise en perspective

Catherine Wihtol de Wenden, notamment dans *La globalisation humaine* (PUF, 2009), fait le constat que la mobilité est reconnue comme un facteur essentiel de développement humain, mais que les deux tiers des habitants de la planète ne peuvent circuler librement. Quant aux pays traditionnels d'immigration, ils ont fermé leurs portes. Les effets pervers de la fermeture des frontières sont pourtant nombreux. Aux victimes, aux sans-papiers et aux sans-droits s'ajoutent les camps de réfugiés, l'économie maffieuse du passage, les déficits économiques et démographiques liés à l'absence de mobilité, sans parler des coûts exorbitants des politiques de fermeture et d'expulsion. Face à ces paradoxes, ne vaudrait-il pas mieux inverser la logique ? Considérer que la liberté de circulation des personnes est un droit universel, tout en laissant aux États la possibilité de restreindre l'entrée sur leur territoire ? L'auteure dresse un plaidoyer pour un droit à la mobilité et pour l'avènement d'une diplomatie internationale des migrations.

Lionel Pourty

FICHE 28

Christophe Guilly, *No society. La fin de la classe moyenne occidentale*

« La classe dominante peut légitimer toutes ses réformes au nom du Bien, elle a compris qu'elle ne pouvait plus, comme au XIXe siècle faire tonner le canon contre les communards… Elle utilise aujourd'hui l'arme de la relégation culturelle pour marginaliser le monde d'en bas. De l'antifascisme d'opérette à l'antiracisme, cette nouvelle bourgeoisie dispose désormais d'un arsenal idéologique redoutable contre des catégories devenues inutiles »

Christophe Guilly, *No society. La fin de la classe moyenne occidentale*, Flammarion, 2018

Auteur

Christophe Guilly, après une formation de géographe, est devenu consultant pour les collectivités territoriales et gérant de Maps Productions, une agence de publicité. Il est l'auteur d'une série d'essais à visée sociologique : *Fractures françaises* (François Bourin Éditeur, 2010), *La France périphérique* (Flammarion, 2014), *Le crépuscule de la France d'en haut* (Flammarion, 2016), qui exposent les conséquences sociales et géographiques de la mondialisation. Le présent ouvrage comprend trois parties, « Sur les ruines de la classe moyenne, le monde des périphéries a émergé » ; « *No society* » ; « Le *soft power* des classes populaires ». Il comporte aussi un cahier central de quatre pages consacré aux périphéries en France, Royaume-Uni, Allemagne, États-Unis.

Intérêt

À l'heure où la France est confrontée, dans le contexte d'une vague populiste qui affecte nombre de pays occidentaux, à un mouvement des « gilets jaunes » qui a commencé à l'automne 2018 et se poursuivait encore au printemps 2019, l'ouvrage en propose une grille de lecture ainsi que des perspectives politiques.

Arguments

Le modèle social actuel n'intègre plus les classes populaires, c'est-à-dire les catégories qui constituaient hier le socle des classes moyennes occidentales (50 à 70 % de la population) et en portaient les valeurs. Leur disparition en cours, suite à la mise en place de la nouvelle division du travail de la mondialisation et de la financiarisation de l'économie, est la conséquence des réformes économiques et sociétales libérales mises en œuvre depuis les années 1980 et qui, après les ouvriers, a laminé les employés et les paysans, et s'attaque aujourd'hui aux professions intermédiaires et aux retraités. Elle est à l'origine d'une géographie sociale devenue très disparate, autant urbaine que rurale, qui nourrit une dynamique populiste et efface les anciens clivages politiques (droite-gauche).

Cette dynamique populiste, un « mouvement tectonique » en expansion continue depuis trente ans, se retrouve aujourd'hui dans toutes les périphéries occidentales où l'emploi se désertifie : nord de l'Angleterre, *Rust Belt* aux États-Unis, Bassin parisien, est de la France, Mezzogiorno italien… Elle est également présente dans les régions où la pression migratoire est forte (Texas, sud de la France, Bavière, France du Nord). Affectés par les difficultés économiques, la plupart de ces territoires le sont aussi par une sédentarisation croissante, qui est la conséquence des entraves à la mobilité sociale (difficultés d'accès à l'enseignement supérieur, rareté et cherté du logement dans les grandes villes), à l'origine d'une véritable relégation sociale et géographique.

La bipolarisation de la société qui en résulte est à l'origine de la cristallisation d'une nouvelle structuration sociale en Occident entre de nouvelles classes supérieures qui soutiennent le modèle économique et sociétal dominant et de nouvelles classes populaires qui deviennent majoritaires et, parce qu'elles sont idéologiquement devenues « déplorables », ont perdu leur rôle intégrateur (*american* ou *european ways of life*) pour les nouveaux arrivants (une immigration qui répond aux besoins du grand patronat). Ces derniers sont d'autant plus tentés par le repli communautaire qu'ils ne vivent plus sur les mêmes territoires que les classes populaires autochtones.

Pour l'auteur, les responsabilités de cette situation sont à rechercher dans la classe dominante qui a, depuis les années 1970, avec l'appui des médias, détruit économiquement et culturellement, par la mise en œuvre d'une politique libérale-libertaire (promotion des droits de l'Homme et du marché), « l'ancienne classe moyenne » occidentale, délégitimée par le mépris (les « déplorables », les « sans-dents »), les accusations de racisme et les insultes. Avec pour résultat l'isolement aujourd'hui d'un monde d'en haut, une bourgeoisie asociale, qui a abandonné le bien commun et choisi, repliée sur ses bastions, de faire sécession (une « fuite de Varennes »).

Nous connaîtrions ainsi une rupture historique qui nous fait entrer dans le temps de l'a-société (ou encore d'une « société relative qui n'a plus de langue commune ») et dans une période chaotique où les dirigeants naviguent à vue alors que tout s'effondre, à commencer par le partage des valeurs et l'État-providence. Dans un contexte d'explosion de la demande sociale et de fuite en avant (par l'endettement), le retrait de l'État est désormais présenté comme inéluctable et partout en Occident on travaille, parfois en invoquant une « Révolution », à la réduction de la redistribution des services publics et des politiques publiques qui seraient désormais, à l'exemple de l'allocation de logements sociaux, orientées surtout vers les plus pauvres.

Pour l'auteur encore, dans ce contexte, il n'y a pas grand-chose à attendre d'un monde politique paralysé par la fragmentation et la multiplication des revendications identitaires, alors que, contre toute attente, on assiste, par le biais de la vague populiste, à la mise en place d'un véritable *soft power* populaire qui contraint les politiques et les médias à aborder les « thématiques interdites » (maintien d'un cadre national et de l'État-providence, retour des thèmes du protectionnisme et du souverainisme, des frontières et du contrôle des flux migratoires) qui marquent « un refus du monde d'en haut et un retour au pouvoir du peuple ». Ce basculement, marqué par un changement de paradigme économique, social et culturel, et par une nouvelle alliance des classes (classes populaires, catégories protégées des fonctionnaires et des retraités, jeunes diplômés) est en particulier visible dans le rejet du référendum sur le TCE en France et aux Pays-Bas en 2005, le vote en faveur du Brexit ou l'élection de Donald Trump en 2016.

Pour l'auteur toujours, le monde d'en haut n'a plus le choix : soit il réintègre la communauté nationale en prenant en compte les aspirations du peuple, en refaisant société, soit il disparaît. Déjà des signes montrent des évolutions en ce sens : la métropolisation, l'hypermobilité, les délocalisations sont remises en cause, et l'heure est désormais au développement durable, à la relocalisation des activités... Pour accélérer le processus, il convient « d'aider les élites occidentales à comprendre qu'il faut retrouver la paix avec les plus modestes... Il y va de la survie des sociétés occidentales ».

Mise en perspective

Les transformations de la société française de ces dernières décennies ont fait, depuis Louis Dirn (« La société française en tendances 1975-1995 », *Revue de l'OFCE*, n° 64, 1998) à Jérôme Fourquet (*L'archipel français*, Le Seuil, 2019) en passant par Emmanuel Todd et Hervé Le Bras (*Le mystère français*, Le Seuil, 2013), l'objet d'études souvent concordantes.

Ici, Christophe Guilly, qui rencontre des contradicteurs (*cf.* Laurent Davezies pour lequel la France est le pays d'Europe dans lequel les mécanismes redistributifs sont les plus puissants), s'inscrit ouvertement dans le courant de pensée du chevènementisme, de la Fondation Res Publica, de Jean-Claude Michéa, voire de Thomas Piketty (*Le capital au XXIe siècle*, Le Seuil, 2013 [voir la fiche]). S'il reste à faire la démonstration que la vague populiste peut se traduire par des solutions collectivement plus efficaces que celles mises en œuvre, il n'en reste pas moins que la parution de son ouvrage en octobre 2018, et qui a précédé d'un bon mois la crise des gilets jaunes, éclaire leurs revendications ainsi que le soutien de près de 75 % de la population. À l'issue du Grand Débat, lancé par le président Macron, se révélera-t-il prophétique ?

Michel Nazet

Hervé Le Bras, *L'âge des migrations*

« L'ancien ministre socialiste, Jean-Pierre Chevènement, sur le point d'être chargé d'une mission sur l'islam français, a déclaré le 29 août 2016 : "Il y a en Seine-Saint-Denis, par exemple, 135 nationalités et il y en a une qui a quasiment disparu". Quelle était cette dernière ? Tout le monde a pensé qu'il s'agissait des Français, ce qui a vexé Chevènement. Il a alors déclaré dans une interview au Figaro que la nationalité en voie de disparition était la "classe ouvrière" »

Hervé Le Bras, *L'âge des migrations*, Autrement, 2017

Auteur

Démographe et historien, Hervé Le Bras est directeur de recherche émérite à l'INED et directeur d'études à l'EHESS.

Intérêt

Cet ouvrage aborde des questions qui suscitent peurs et contre-vérités. À l'aide de nombreux documents cartographiques et graphiques, l'étude des migrations est effectuée par grands thèmes : déplacement des étudiants, réfugiés climatiques, migrants économiques et politiques, intégration et discrimination.

Arguments

Alors qu'au XIXe siècle, les migrants qui s'installaient en France venaient des pays frontaliers, les migrants de longue distance sont devenus aujourd'hui majoritaires : les migrations se sont mondialisées et leurs motivations se sont diversifiées. Les pays riches sont-ils confrontés à une nouvelle forme d'invasion ?

Les migrants actuels veulent améliorer leur niveau de vie. Ce désir de migrer est le plus fort en Afrique, au Proche-Orient et en Amérique latine. Il est faible en Asie où les habitants ont des perspectives d'avenir sur place. Les migrants choisissent leur destination en fonction d'une relative proximité (les États-Unis pour l'Amérique latine), ou bien en raison de liens anciens (les anciennes métropoles pour les migrants africains), mais les flux ont tendance à se diversifier. Alors que de nombreux habitants des pays riches migrent, l'opinion publique de ces pays est de plus en plus hostile à l'immigration en provenance des pays pauvres.

Le nombre d'étudiants étrangers s'accroît rapidement. Les États tentent d'attirer ces flux afin de renforcer leur influence. Les États-Unis dominent largement l'accueil des étudiants étrangers, devant le Royaume-Uni, l'Australie, la France. L'Asie a choisi le monde anglo-saxon, ce qui explique le succès de l'Australie. La mondialisation a accouché d'un monde polarisé : les grandes puissances se concurrencent entre elles pour former des étudiants étrangers qui seront les vecteurs de leur idéologie et les futurs employés de leurs entreprises... À l'instar des déplacements d'étudiants, les migrations dans le monde sont très hiérarchisées : les États-Unis attirent les élites du monde entier, les autres pays riches accueillant les élites des pays plus pauvres, celles-ci suscitant la méfiance de ceux qui sont restés…

Le nombre de « réfugiés climatiques » est estimé entre 150 et 200 millions de personnes, alimentant la peur d'une énorme vague migratoire. Mais les problèmes climatiques provoquent surtout des migrations de proximité. En réalité, les principales migrations actuelles ont d'autres causes. Les populations déplacées à la suite de la construction d'infrastructures concernent des dizaines de millions de personnes depuis la fin du XXe siècle (le barrage des Trois-Gorges en Chine a nécessité le déplacement de 1,3 million de personnes). Les crises politiques génèrent aussi des déplacements considérables, le Haut Commissariat des Nations unies pour les réfugiés assiste 15 millions de personnes en 2015. Enfin, chaque année, 73 millions de ruraux s'installent dans une ville d'un pays en développement, où ils s'agglomèrent dans les bidonvilles. Toutes ces migrations concernent très peu les pays riches…

L'immigration est présentée comme la solution à la baisse de la population active des pays développés. Ce choix impliquerait la venue de dizaines de millions de personnes en Europe d'ici 2050. Rude défi, d'autant plus qu'il n'existe aucun lien entre progrès économique et croissance démographique. Au contraire, en France, il y avait 1,20 actif par inactif en 1968, 1,28 en 2015. Malgré le vieillissement, la proportion des actifs a donc augmenté grâce à la progression de l'activité féminine. L'augmentation de la productivité du travail peut aussi compenser la baisse du taux d'activité causée par le vieillissement de la population.

La thèse du « grand remplacement » prétend que les immigrés se substituent aux « Français de souche ». Dans cette logique, les descendants d'immigrés sont accusés de ne pas s'intégrer. Ces fantasmes ne prennent pas en compte la baisse de la fécondité des couples immigrés, ni le nombre important de mariages mixtes. L'immigration légale est pour la moitié une immigration familiale. Les conjoints constituent la majorité de ces flux, et parmi eux, les conjoints de Français dominent. La France se caractérise avant tout par des mariages mixtes, qui sont la preuve d'une intégration réussie. Et si les enfants d'immigrés ont des résultats scolaires inférieurs à la moyenne, c'est avant tout parce qu'ils sont issus de milieux populaires : en effet, un enfant d'immigré, à niveau social égal, réussit mieux que la moyenne !

Sujet

- Les migrations, reflets des mutations économiques, géopolitiques et environnementales du XXIe siècle.

Mise en perspective

Hervé Le Bras relativise les peurs suscitées dans les pays riches par les flux migratoires en apportant des réponses nuancées à des questions polémiques. Mais l'hostilité aux migrants est bien ancrée dans certaines parties des populations américaines ou européennes, comme l'analyse avec pertinence Ivan Krastev, *Le destin de l'Europe. Une sensation de déjà vu*, Premier Parallèle, 2017.

Yannick Le Gruiec

FICHE 30

Michel Lussault, *Hyper-lieux. Les nouvelles géographies de la mondialisation*

« C'est ici [à Venise] (mais aussi dans des aéroports, des centres commerciaux, des places publiques occupées par des activistes, des campagnes où s'inventent des modes nouveaux d'habiter, des quartiers urbains où l'on expérimente des politiques de justice spatiale, et j'en passe...) que j'en suis venu à penser que de nouveaux genres de lieux ponctuent et scandent l'espace terrestre ; ce sont des emblèmes du contemporain, où l'on peut découvrir le meilleur, le pire et surtout le banal de l'époque. Là se créent des formes de vie sociale et se forge une partie de l'imagination géographique du moment : le rapport individuel et social de chaque humain à ce que la spatialité et l'espace veulent/peuvent signifier et les énoncés qui leur donnent consistance »

Michel Lussault, *Hyper-lieux. Les nouvelles géographies de la mondialisation*, Le Seuil, 2017

Auteur

Professeur de géographie à l'ENS Lyon, spécialiste des questions urbaines, Michel Lussault s'attache notamment aux acteurs, aux représentations, aux discours et aux productions de la ville, au sens large. Au-delà de l'approche théorique, il travaille avec des architectes et des urbanistes autour de différents projets (Lyon – il y dirige l'École urbaine – ou le Grand Paris). Il a notamment coordonné, avec Jacques Lévy, le *Dictionnaire de la géographie et de l'espace des sociétés* (Belin, 2003, rééd. 2013) et vient de copublier *Constellation.s. Nouvelles manières d'habiter le Monde* (Actes Sud, 2017, avec Francine Fort, Michel Jacques, Fabienne Brugère, Guillaume Le Blanc).

Intérêt

Alors que de nombreux ouvrages mettent l'accent sur l'uniformisation par la mondialisation, pointant une disparition des distances, un monde qui deviendrait « lisse », « standardisé », « sans ruptures » – que l'on pense à Thomas L. Friedman, *The World is flat. A Brief History of Twenty-First Century*, Penguin Group, 2005) –, l'objectif de ce livre est de voir le monde autrement. À rebours des écrits sur une mondialisation souvent réduite « à un processus de globalisation économique et à ses fonctions dérivées – comme la généralisation du tourisme ou de l'information en continu », Michel Lussault entend s'intéresser au local qui « occupe de nouveau le centre de la scène », à « la *localisation*, c'est-à-dire de la détermination du bon emplacement permettant d'espérer la réalisation des fins poursuivies », au « *localisme* », idéologie sociale, spatiale et politique qui postule que la localité est la bonne échelle "naturelle" d'organisation d'une société complète et harmonieuse ». S'inscrivant en faux contre la démultiplication des « non-lieux », il plaide au contraire pour l'*hyper-lieu*, « une des nouvelles prégnances géographiques du contemporain ».

Arguments

Le premier constat que fait Michel Lussault est qu'en quelques générations l'« *Homo sapiens* » est devenu un « *Homo urbanus* ». La mondialisation, consubstantielle à l'urbanisation, n'est pas qu'une « simple accentuation de l'internationalisation » ; elle a ainsi instauré « un "global" de taille terrestre » et s'est accompagnée d'une « mobilisation », « c'est-à-dire d'une mise en mouvements de toutes les réalités », avec une « hyperspatialité *des sociétés urbaines* » et une « hyperliaison communicationnelle ».

C'est pourquoi, le monde se différencie en lieux qui sont autant de « prises » sur la mondialisation. Michel Lussault y observe des cohabitations de richesses, de créations, de cultures. Ces lieux sont intensément investis. Ils peuvent correspondre à des espaces de résistance à la domination du monde par des forces économiques, comme dans la « jungle » de Calais – un « livre » et une « ville investie et métamorphosée par la mondialité », dit Michel Lussault –, ou lors d'Occupy Wall Street à New York. Ils forment alors plutôt des « alter-lieux » voire des « contre-lieux » (Notre-Dame des Landes et autres zones à défendre [ZAD]), pionniers et ouverts, cherchant à « porter la contestation de la mondialité capitalistique » et « l'ordre globalisé ».

Ces « hyper-lieux » révèlent des enjeux à la fois locaux et internationaux. Ils sont « connectés », en forte résonance, et « ubiquitaires », notamment grâce aux smartphones. Certains sont véritablement « iconiques », tels les *shopping malls,* « signatures de l'époque » – le MOA (Mall of America) –, les parcs d'attractions, les grands hôtels, les stades, les musées, avec leur « puissance d'"attracteurs" de la vie sociale et leurs potentialités en terme de co-habitation des individus ». Les aéroports, en raison de leur « domestication », sont tout sauf des « non-lieux » comme les désigne, à tort selon Michel Lussault, Marc Augé (*Non-lieux. Introduction à une anthropologie de la surmodernité*, Le Seuil, 1992) – et les gares en font partie, à l'instar de Shibuya à Tokyo, du quartier (*sakariba*) qui l'entoure et son *hubris* urbaine.

Ces *topoi* des sciences sociales portent des affinités sélectives, électives ou forcées, et sont donc visibles : « Ils clignotent sur le planisphère » car « ils s'imposent [...] dans la sphère publique communicationnelle comme des points de cristallisation de l'attention collective ». Ces hyper-lieux peuvent correspondre à des espaces de « marquage social intense » (Roissy, entre classe affaires d'Air France et classe économique d'EasyJet), à des mondes le cas échéant conflictuels, au développement de pratiques économiques illégales (trafics et trocs), à des mobilisations politiques (« Nuit Debout » sur la place de la République à Paris) ou culturelles marqué par une nette cristallisation des différences.

Mais d'ou viennent-ils ? Ils existent pour de multiples raisons, parfois cumulatives ou convergentes, par exemple politiques (rassemblements des *Indignados* sur l'alter-lieu de la Puerta del Sol de Madrid pour « changer le Monde en s'installant »), avec une « "résidentialisation" de la contestation » par un « en-commun », une « statique institutionnelle » dans un espace « encampé » qui marque « l'institution spatiale d'une autre démocratie ». Ils peuvent également obéir à des ressorts économiques (concentration de « migrants » à La Chapelle, à Paris), à des motivations culturelles (Carnaval de Rio de Janeiro au Brésil, « motif du Monde » ?) ou commerciales (souk de Marrakech). Ou d'un « néolocalisme » à la recherche d'un « développement par le bas », appelé « communautaire », aboutissant à une « néolocalité », car le local est plus « un mode de faire plus qu'un espace défini par une taille ».

L'hyper-lieu peut être lié à un événement voire le « fabriquer » comme le nouvel an du 31 décembre aux Champs-Élysées à Paris et dans toutes les centralités du globe. Il peut devenir un « hyper-lieu-castastrophe » comme à New York, le 11 septembre 2001, ou à Fukushima, le 11 mars 2011, et être dès lors hyperlocalisé « via le passage par la sphère publique mondiale », devenant un « moment de lieu ». Il peut être enfin un lieu de redistribution (*hot-spots*, gares [du Nord, avec près de 200 millions de passagers annuels] ou aéroports).

En outre, les individus et les collectifs jouent un rôle important dans l'existence de ces hyper-lieux qui peuvent revêtir des connotations négatives (Lampedusa ou Ceuta-Mellila) ou positives comme l'illustre Time Square, « lieu iconique de la *Global City* », véritable « scène » « spéculaire ». Précisément, la place mêle « l'*entertainment*, l'art, le *merchandising* et les médias », avec un « surcumul incessant » de « réalités spatiales, matérielles ou immatérielles, variées : personnes, objets, flux, données numériques, richesses capitalisées, production de valeur ajoutée ». À cette intensité s'ajoutent une « hyperspatialité » avec la systématisation des liens, une « hyperscalarité », avec un fonctionnement à toutes les échelles, une dimension expérientielle, individuelle et collective et une « affinité spatiale ».

Sujet

- Les carrefours au cœur des enjeux géoéconomiques et géopolitiques du monde contemporain.

Mise en perspective

D'autres auteurs que Thomas Friedman ont postulé la « disparition » de l'espace et de ses caractères locaux. Là encore, Michel Lussault exprime son désaccord au regard de « l'importance accentuée de la localité et de la différenciation spatiales ». Il conteste ainsi l'idée d'une « société liquide » développée par Zigmunt Bauman (*Le présent liquide. Peurs sociales et obsession sécuritaires*, Le Seuil, 2007) qui « s'appuierait sur un espace isotrope et indifférencié, chaque endroit étant interchangeable avec tous les autres, formaté par les exigences du capitalisme financiarisé comme par celles du contrôle sécuritaire des flux, qui impose des normes très contraignantes et homogènes à travers le Monde [sic] ». Michel Lussault considère, en effet, que la thèse de la « liquidité » est contredite par l'attachement des individus aux lieux, « endroits de consolidation et de concrétisation de la vie sociale, riches de considérables potentialités culturelles et politiques ».

Emmanuel Naquet

Martin Motte (avec Georges-Henri Soutou, Jérôme de Lespinois, Olivier Zajec), *La mesure de la force. Traité de stratégie de l'École de guerre*

« Les luttes à venir impliqueront les peuples parce qu'ils seront les cibles de campagnes d'influence extrêmement poussées et parce que la cyberguerre impactera très durement leur vie quotidienne. L'impossibilité d'accéder à internet, qui paralyserait la vie économique et sociale, pourrait bien être aux guerres de demain ce que le blocus maritime fut à celles d'hier »

Martin Motte (avec Georges-Henri Soutou, Jérôme de Lespinois, Olivier Zajec), *La mesure de la force. Traité de stratégie de l'École de guerre*, Tallandier, 2018

Auteurs

Ouvrage collectif sous la direction de Martin Motte, directeur d'études à l'École pratique des Hautes Études, il réunit aussi Georges-Henri Soutou, professeur émérite à l'université Paris-Sorbonne et président de l'institut de stratégie comparée, Jérôme de Lespinois, lieutenant-colonel affecté à l'IRSEM et Olivier Zajec, maître de conférences à l'université Lyon-3. Il se compose de dix-huit chapitres qui, outre les principes et données de base de la stratégie (dix premiers chapitres), étudient la géostratégie, les stratégies nucléaires, le spatial, la cyberstratégie.

Intérêt

L'ouvrage ambitionne de fournir aux élites civiles les connaissances dont elles ont besoin pour nouer avec les élites militaires un dialogue qui permette de leur faire appréhender les éléments d'une stratégie à même de faire prévaloir la volonté de la France dans les relations internationales. Il reprend l'essentiel d'un MOOC de l'École de guerre suivi en 2018 par 11 500 internautes.

Arguments

Dans un contexte international qui se modifie et alors que les cultures stratégiques traditionnelles des États sont relativement bien identifiées, la multiplication des champs de bataille potentiels modifie les perceptions de l'avenir de la guerre.

L'époque ne relève plus d'un passé scandé successivement par l'ordre westphalien (1648-1789), puis par celui des États-nations et du concert européen (1792-1914) et, à la suite de l'ère des guerres totales (1914-1945), par celui du monde bipolaire de la Guerre froide (1947-1990). A succédé à ce dernier, à l'heure de la mondialisation, une situation difficile à décrypter caractérisée par un désordre international croissant avec de nombreux États faillis ou voyous, une judiciarisation renforcée des opérations militaires (rôle croissant de l'ONU, naissance de la CPI), l'émergence d'un monde post-national interconnecté. Le système international actuel, dans lequel les États les plus dynamiques (États-Unis, Chine, Russie…) conservent un rôle stratégique maintenu, est devenu carrément instable en raison d'une recomposition à terme d'un monde multipolaire autour de la Chine et, à l'échelle régionale, autour de puissances comme la Russie, la Turquie, le Brésil, l'Iran ou l'Inde. Ce contexte nouveau a pour résultat étonnant de cumuler presque tout ce que l'on a vu en matière de conflits depuis le XVIe siècle : des tensions pour les territoires et les ressources (Chine-Japon), des conflits économiques aigus, des mouvements de population incontrôlés, des insurrections et des tentatives de subversion, des conflits ethniques, religieux, idéologiques, du terrorisme, de la piraterie… « Cette nouvelle donne rend particulièrement difficile l'adaptation des pays démocratiques, dont le rétablissement et le maintien de la paix sont devenus l'horizon stratégique, et qui se doivent d'agir en respectant le cadre politico-juridique actuel tout en conservant la possibilité de revenir à un mode d'action politico-stratégique classique ».

Dans cette configuration si particulière, les leçons des grands stratégistes américains d'Alfred Mahan (1840-1914) à Zbigniew Brzezinski (1928-1973), en passant par Nicholas Spykman (1893-1943), Homer Lea (1876-1912) ou Earl Hancock Ellis (1883-1923), restent des grilles de lectures efficaces, avec les concepts de *heartland* (du britannique Halford Mackinder), de *rimland* (Nicholas Spykman), ou la place donnée au rôle des atolls du Pacifique (Homer Lea) et à la doctrine de l'utilisation des moyens amphibies (Earl Hancock Ellis). Si toutes conservent leur actualité, d'autres enjeux nouveaux doivent néanmoins être pris en compte, que ce soient les conséquences du réchauffement climatique (« décongèlement » de la Sibérie qui rend accessible ressources agricoles et en hydrocarbures, accès à l'océan Arctique), la territorialisation des mers ouverte par le développement du droit de la mer ou la révolution des missiles de croisière qui atténue la distinction *heartland-rimland* (comme l'a démontré le tir de missiles russes depuis la mer Caspienne sur les positions de Daesh en 2015) ou enfin l'élargissement de la conflictualité à l'espace et au cyberespace…

Cette réalité contribue à côté de la perception de cultures stratégiques identifiées (la stratégie d'anéantissement américaine, la stratégie de la profondeur russe, la stratégie hybride chinoise) à revoir la théorie stratégique classique, balançant entre les doctrines de guerre de haute intensité et de guerre limitée. Cette révision passe par la préparation de stratégies contre-aléatoires de haut niveau ou encore la mise en œuvre de stratégies alternatives qui s'inspirent des opérations menées en Irak, en Afghanistan ou encore au Mali (opération Serval), même si ces dernières, qui rencontrent des difficultés en raison de leur spécificité, peinent à fournir des modèles fiables (comme les interventions de *nation building* ou de *regime change*). Le champ d'analyse est encore compliqué par le fait que nombre de domaines traditionnels stratégiques peuvent se trouver modifiés. C'est par exemple le cas de la stratégie nucléaire, dont le caractère de dissuasion est atténué par la prolifération nucléaire qui a principalement lieu en Asie et pourrait conduire, non pas à un conflit nucléaire généralisé, mais à un emploi ponctuel et limité de l'arme nucléaire pour faire pression sur un autre État.

Quoi qu'il en soit, et en raison de ce qui précède, les visages de la guerre devraient s'en trouver transformés dans les prochaines décennies en augmentant le spectre des armes utilisées (petits drones, robots massacreurs ou *slaughterbots*, constellation de satellites) dans une imbrication des guerres étrangères et des guerres civiles où pourraient intervenir opérateurs privés et étatiques.

Sujet

- Les évolutions de la guerre depuis 1945.

Mise en perspective

Il s'agit ici d'appréhender le revers de la mondialisation dans sa dimension géopolitique et géostratégique dont il est, selon les auteurs, indispensable de se saisir. L'ouvrage se propose donc de redécouvrir des fondamentaux même si, dans le cas de la France, il s'inscrit dans un cadre relativement contraint, celui d'une puissance écartelée entre la défense du sanctuaire national et la projection. Ce qui implique, « impossible n'est pas français » (Napoléon Bonaparte), « qu'elle fasse de grandes choses avec de petits moyens » (Pierre-André Suffren, 1729-1788), c'est-à-dire dans un état de sous-équipement chronique en utilisant une pensée stratégique « séduisante mais périlleuse » comme le disait le général de Gaulle, se référant au dogme de l'offensive avant 1914, puis à celui de la défensive après 1918... L'ouvrage peut se lire en complément de celui d'Hervé Couteau-Bégarie, *Traité de stratégie* (Economica, 2011).

Michel Nazet

Dominique Moïsi, *La géopolitique des séries. Ou le triomphe de la peur*

« *Winter is coming* »
Formule culte de la série télévisée *Game of Thrones*, citée par Dominique Moïsi, *La géopolitique des séries. Ou le triomphe de la peur*, Flammarion, 2017

Auteur

Dominique Moïsi, *Visiting Profesor* à Harvard puis au *King's College* de Londres, conseiller spécial de l'Institut Montaigne et éditorialiste, s'était déjà fait connaître en 2008 par la parution d'un premier ouvrage sur les émotions du monde : *La géopolitique de l'émotion : comment les cultures de peur, d'humiliation et d'espoir façonnent le monde* (Flammarion). Cet essai prolonge et actualise sa réflexion d'hier.

Intérêt

À l'heure de la mondialisation, les séries télévisées ne sont plus un genre secondaire mais une référence culturelle incontournable, et même un outil de compréhension des émotions du monde, de la politique intérieure à la géopolitique, de la transformation des mœurs aux progrès de la science, sans parler du sport. Elles connaissent actuellement une véritable révolution culturelle et atteignent un niveau d'excellence inégalé, bénéficiant de moyens importants, des meilleurs acteurs et réalisateurs, et surtout, de scénaristes, comparables, pour certains d'entre eux, à ce qu'étaient les grands romanciers d'hier, de Balzac à Flaubert, en passant par Dickens. Or, depuis une petite vingtaine d'années, depuis que le monde semble avoir basculé dans le terrorisme internationalisé, jamais autant qu'aujourd'hui, la réalité géopolitique introduite dans les séries n'avait paru faire à ce point écho aux grandes angoisses contemporaines, notamment devant l'évolution d'un monde qui nous semble toujours plus chaotique et anxiogène.

Arguments

La politique internationale n'avait pas attendu les attentats du 11 septembre 2001 pour faire l'objet d'un traitement dans le monde des séries, mais on peut affirmer sans conteste qu'après cet événement, la thématique internationale y est devenue incontournable. De la même manière, la série télévisée a atteint ses lettres de noblesse avec le canal privé HBO, qui permettait de montrer sur le petit écran ce qui aurait été impensable ailleurs. Ainsi, la montée en puissance et en qualité des séries intervient au moment où le 11-Septembre transforme radicalement le rapport de l'Amérique au monde, sinon à elle-même. Or, en l'absence de principe d'ordre et d'arbitre incontournable, il semble inévitable que le thème servant de fil conducteur aux séries, essentiellement anglo-saxonnes, soit celui de la peur : tout d'abord, la peur du chaos et du retour à la barbarie dans l'une des séries les plus prisées du moment : *Game of*

Thrones ; ensuite la peur du déclin liée à la crise de la démocratie avec *House of Cards*, puis, la peur du terrorisme et l'interrogation sur la nature de la menace et l'identité de l'ennemi dans *Homeland*, la peur de l'occupation russe dans *Occupied* ; et enfin, la peur du basculement dans un autre ordre du monde et qui s'accompagne de la nostalgie pour un ordre condamné dans *Downton Abbey*.

Dans *Game of Thrones*, le message répété à chaque épisode est simple : sur la terre des Sept Royaumes, vous n'êtes en sécurité nulle part, et s'il y a eu un ordre hier au royaume de Westeros, il disparaît sous nos yeux. C'est en 1996 que George R. R. Martin entame l'écriture du *Trône de fer (A Song of Ice and Fire)*, mais c'est seulement quinze ans après, en 2011, que l'adaptation de son récit pour HBO la transforme en une véritable saga géopolitique, dont le credo pourrait être résumé en une phrase prononcée par Lord Baelish, membre du grand conseil du royaume : « Le chaos est une échelle qui nous permet de monter ». Réflexion sur la vulnérabilité du monde, l'engouement du public pour la série tient précisément à son adéquation avec notre époque, en particulier cette appréhension du futur qui explique notre fascination pour le Moyen Âge. *Game of Thrones* peut être vue comme une synthèse accélérée de l'histoire des relations internationales : rivalité séculaire entre Athènes et Sparte, entre les cités-États de la Renaissance italienne, renversements d'alliances de la diplomatie européenne du XVIIIe siècle, Moyen-Orient aujourd'hui, le tout dans l'univers de Shakespeare, celui des pièces historiques de Henry V et de Richard III.

House of Cards aborde, quant à elle, la thématique de l'Amérique face à elle-même quand la menace ne vient plus de l'autre mais de soi et de la dérive des institutions démocratiques. Inspirée directement d'une série télévisée britannique des années 1990 (même titre, mêmes thèmes, mêmes auteurs), *House of Cards* montre la conquête et l'exercice du pouvoir à la Maison Blanche du couple Underwood. Dans la série, le rêve américain est délibérément, systématiquement, mis en pièces. Tout le monde est décrit sous le jour le plus négatif. La démocratie américaine est devenue une « vétocratie », selon la formule de Francis Fukuyama. De fait, le contrat social est rompu et les difficultés s'accroissent tandis que le monde politique paraît totalement dominé par ses luttes internes. Frank Underwood fait la démonstration que l'on peut devenir président des États-Unis sans jamais avoir été élu : « La démocratie, c'est sérieusement surfait ». *House of Cards* traduit une perte de confiance généralisée à l'égard des élites. Avec une telle série, on semble atteindre des sommets dans la volonté de désacraliser la politique et les politiques.

S'il est une série qui traduit au mieux la rencontre entre le temps du monde et le temps des séries, c'est bien *Homeland*, inspirée de la série israélienne *Prisonniers de guerre* (*Hatufim*). Elle montre que l'Amérique trop confiante et trop passive avant les attentats du 11-Septembre va surréagir après. La série s'ouvre dans les rues de Bagdad, un prisonnier de guerre irakien va être exécuté mais, avant de l'être, il glisse à l'oreille de Carrie Mathison, espionne bipolaire, qu'un soldat américain prisonnier des djihadistes a été « retourné » contre son camp. Dès lors, une question se pose : et si l'ennemi venait de l'intérieur et s'il était nous ? Dans l'univers de *Homeland*, la bipolarité de l'héroïne est sensée faire écho à la bipolarité nationale et religieuse du sergent Brody, générant une forme de paranoïa maniaco-dépressive. S'installe ainsi le doute quant à la légitimité de ce que fait l'Amérique, ou encore, on peut aussi voir *Homeland* comme un catalogue des erreurs qui amenèrent à l'apparition de Daech.

Occupied, série norvégienne écrite par l'écrivain Jo Nesbø, spécialisé dans le roman noir scandinave, avait été présentée par le magazine *Les Inrocks*, lors de sa diffusion sur Arte à la fin de l'année 2015, comme « la série qui va vous faire aimer la géopolitique ». On y trouve croisées toutes les peurs de notre temps : réchauffement climatique, crise du modèle démocratique, dirigeants médiocres, montée de la peur face à la Russie, discrédit de l'Union européenne et des États-Unis. La série raconte que, dans un futur proche, alors qu'une grave crise énergétique menace l'Europe, la Norvège veut cesser d'exploiter ses énergies fossiles car elle a trouvé une énergie de remplacement sans effets négatifs sur la nature, le thorium. La Russie, grand voisin de la Norvège, intervient alors comme le bras armé d'une Union européenne, dominée par l'Allemagne. Ce thème renvoie à l'histoire douloureuse de la Norvège pendant la Seconde Guerre mondiale où, après le départ de la famille royale en exil au Royaume-Uni, elle s'est dotée du gouvernement de collaboration représenté par Quisling. À l'évidence, ce thème est loin d'être neutre à l'heure de la montée des populismes en Europe.

Downton Abbey est, enfin, l'un des produits d'exportation les plus spectaculaires de la culture britannique. Sorte de *soap opera* edwardien, qui exalte les valeurs de la *gentry* faites de continuité et de stabilité, la série est à la fois l'explication et l'illustration des mécanismes qui l'ont conduite à son déclin. Son auteur, Lord Julian Fellowes, s'est inspiré d'un roman publié en 1980 par Isabel Colegate, *La partie de chasse*, dont il avait d'ailleurs tiré le scénario du film *Gosford Park* de Robert Altman, sorti en 2001. *Downton Abbey* offre une vulgarisation de *La démocratie en Amérique* de Tocqueville, car si les Américains sont à l'origine des Anglais, les Anglais de ce début du XXe siècle ne sont-ils pas par étapes en train de devenir Américains ? *Downton Abbey* peut être aussi perçue comme une réflexion d'une grande actualité sur les transformations géopolitiques à l'œuvre sous nos yeux, nostalgie d'un temps où le Royaume-Uni, l'Europe et même les États-Unis pouvaient encore se percevoir comme le centre du monde.

Sujet

- De quoi les séries géopolitiques sont-elles le nom ?

Mise en perspective

Dominique Moïsi propose à la fin de son essai, comme il l'avait déjà fait pour son précédent ouvrage, un exercice de politique-fiction sous la forme d'une nouvelle série, inventée par ses soins, et qui s'intitulerait *Balance of Powers* ou *L'équilibre des puissances*. Ainsi, face à la montée des terrorismes, des irresponsables de toutes natures animés par des ambitions nationales, religieuses ou purement matérialistes, la reconstruction d'un ordre international se ferait autour du message subliminal de la série : « Nous aimons plus la vie que vous n'aimez la mort ». En confiant aux États-Unis et à la Chine, sorte de G2 contraint et forcé, la sauvegarde de la planète face au risque grandissant de chaos, c'est à une nouvelle bipolarisation incarnée par deux héros positifs, un couple formé à l'écran par une Chinoise, le colonel Lu, et un Américain, le major Adams, que Dominique Moïsi invente une manière de penser un monde dans lequel la série télévisée userait de sa capacité à envahir notre imaginaire de la meilleure façon possible, c'est-à-dire en influant positivement sur les émotions du monde.

Sophie Lemaitre

FICHE 33

Bruno Parmentier, *Faim zéro. En finir avec la faim dans le monde*

« On constate que la faim est avant tout un phénomène chronique et hautement prévisible ; et qu'il est donc possible, si on le veut vraiment de mettre en place des politiques préventives »

Bruno Parmentier, *Faim zéro. En finir avec la faim dans le monde*, La Découverte, 2014

Auteur

Bruno Parmentier, ingénieur et économiste, a en particulier dirigé pendant dix ans le Groupe École supérieure d'agriculture d'Angers. Consultant et conférencier sur les problèmes agricoles et alimentaires, il est l'auteur notamment de *Manger tous et bien* (Le Seuil, 2011). Il est aussi administrateur d'Action contre la faim, de la Fondation pour l'enfance, de l'Association pour une agriculture écologiquement intensive.

Intérêt

L'ouvrage s'affronte à l'un des grands enjeux d'hier, d'aujourd'hui et de demain, la faim. Bruno Parmentier a choisi pour titre la stratégie initiée (Faim zéro) par Luiz Inàcio Lula da Silva, président du Brésil de 2003 à 2011. Au-delà d'un état des lieux de la faim est avancée une série de pistes pour « en finir avec la faim ». Les données chiffrées, les exemples nombreux et des définitions de concepts majeurs permettent une approche rigoureuse et accessible de la question.

Arguments

Bruno Parmentier montre que la faim concerne avant tout l'Asie et l'Afrique. La faim apparaît même au début du XXIe siècle comme un phénomène plus asiatique qu'africain, l'auteur relayant les estimations de la FAO pour la période 2010-2012 : « Sur 868 millions d'affamés, 563 étaient asiatiques (65 %), et 239 étaient africains (27 %) ». L'Inde se trouve dans une situation préoccupante : un affamé sur quatre dans le monde est en effet indien et en 2012, 217 millions d'indiens souffraient de la faim. Si on y ajoute les 35 millions d'affamés du Pakistan et les 25 millions d'affamés du Bangladesh, la péninsule indo-pakistanaise est le principal espace de la faim dans le monde.

Les perspectives pour l'Afrique subsaharienne sont plus encore pessimistes. La République du Congo, qui dans les faits aurait tout pour devenir une des plus grandes puissances agricoles de la planète, voit plus de la moitié de sa population souffrir de la faim, soit six fois plus qu'en 1970 en raison de guerres récurrentes. Les situations similaires se reproduisent en Afrique et ce « tableau du déshonneur est malheureusement très large », le nombre d'affamés n'ayant cessé de progresser en Ouganda, Tanzanie, Zambie, Soudan, Madagascar. L'insuffisance de l'État, la corruption, l'insécurité, l'accaparement des terres, la stratégie de développement favorisant la production d'agrocarburants au détriment d'une agriculture vivrière, la guerre sont autant de facteurs de la persistance de la faim.

La mondialisation n'a ainsi pas empêché la faim. L'ouvrage met en exergue la responsabilité des multinationales qui s'accommodent de la faim, quand elles ne la provoquent pas. Nestlé, Monsanto et Cargill « sont aptes à nourrir les riches et les classes moyennes, mais certainement pas les pauvres et affamés des villages africains ou Indiens ». Or, la lutte contre la faim va se complexifier au XXIe siècle en raison de l'augmentation de la population et du réchauffement de la planète. Il apparaît urgent de lutter contre la cupidité à toutes les échelles et de placer devant leurs responsabilités les États et les organisations internationales. Des changements dans nos manières de consommer sont des solutions concrètes. Selon la FAO, le tiers de la récolte mondiale (1,3 milliard de tonnes) est perdu chaque année et c'est avant tout sur le gâchis des pays du nord que l'on peut agir. Si l'on gâche moins dans les pays riches, la pression sur les terres sera moindre et par conséquent il y aura plus de chances de nourrir tout le monde. Enfin, l'option qui parait s'imposer est celle d'une agriculture écologiquement intensive, l'espoir d'une solution reposant sur les capacités de renouvellement de la végétation. Les terminologies ne manquent pas : agriculture « écologiquement intensive », « agroécologie », « agriculture durablement performante ». Bruno Parmentier conclut en rappelant que « seule une volonté forte, implacable, constante, organisée et communicative des citoyens du monde, de leurs organisations et de leurs gouvernements » le permettra.

Sujet

- La transition alimentaire : un défi impossible à relever ?

Mise en perspective

Selon le rapport de la FAO publié en septembre 2018, l'objectif de développement durable « Faim zéro » à l'horizon 2030, adopté en 2015, apparaît inatteignable. Le rapport montre que les dérèglements climatiques aggravent la faim dans le monde et menacent les progrès réalisés. En effet, l'Organisation des Nations unies pour l'alimentation et l'agriculture souligne qu'avec les conflits et les crises économiques, « la variabilité du climat » et ses phénomènes extrêmes sont une des principales causes de la sous-nutrition et de l'insécurité alimentaire dans le monde. Le nombre d'habitants de la planète souffrant de la faim est en progression pour la troisième année d'affilée et retrouve son niveau d'il y a dix ans. À la question posée par Bruno Parmentier, « le réchauffement climatique va-t-il aggraver la faim ? », le rapport de la FAO apporte une réponse peu optimiste. De son côté, l'ONG Oxfam France appelle non seulement à la promotion des agricultures paysannes et familiales, dont on sait qu'elles permettent de nourrir l'humanité, mais aussi à garantir des financements aux pays les plus pauvres afin de permettre leur adaptation au changement climatique.

Caroline Delbecque

Thomas Piketty, *Le capital au XXIe siècle*

« Aujourd'hui, la réalité est que l'inégalité du capital est beaucoup plus domestique qu'internationale : elle oppose davantage les riches et les pauvres à l'intérieur de chaque pays que les pays entre eux »

Thomas Piketty, *Le capital au XXIe siècle*, Le Seuil, 2013

Auteur

Directeur d'études à l'EHESS, professeur à l'École d'économie de Paris après avoir enseigné dans des universités américaines, Thomas Piketty est l'auteur d'ouvrages influents. Dans celui-ci, il reprend la réflexion de Marx en s'appuyant sur des outils statistiques que n'avait pas l'auteur du *Capital*. Cela lui permet de fournir un tableau rigoureux de l'évolution des inégalités et de proposer des solutions politiques au déséquilibre entre le capital et le travail au XXIe siècle.

Intérêt

Cet ouvrage fait une analyse détaillée de l'évolution des inégalités sociales et des politiques économiques dans le monde entier depuis le XVIIIe siècle. Les cycles économiques et l'évolution de l'économie mondiale sont expliqués avec clarté et illustrés de nombreux cas concrets.

Arguments

Depuis les années 1970, l'accroissement des inégalités déstabilise les sociétés démocratiques et méritocratiques mises en place progressivement au XXe siècle. La croissance des inégalités peut-elle s'accentuer en ce début du XXIe siècle ? Face à la concentration du capital entre les mains d'une minorité, quelles politiques sont envisageables dans les pays démocratiques ?

Au XIXe siècle, les sociétés sont profondément inégalitaires : 1 % de la population concentre plus de 80 % du capital national. Le capital, essentiellement terrien, est transmis par héritage. Ce type de société a toujours existé mais, à la Belle Époque, l'inégalité s'est accrue en Grande-Bretagne et en France car la première mondialisation et la colonisation ont permis au capital de bénéficier de meilleurs rendements qui ont accru les patrimoines des plus riches. Cette société est anéantie au XXe siècle. Pour la première fois dans l'histoire européenne, le sommet de la hiérarchie des revenus est majoritairement composé de personnes vivant de leur travail. La diffusion des connaissances et des compétences, stimulée par l'éducation, explique en partie cette mutation. Mais la diminution des inégalités entre les années 1910 et les années 1960 est d'abord la conséquence des deux guerres mondiales et de la crise de 1929 qui ont provoqué la destruction d'une grande partie du capital européen et américain. Craignant une révolution, les gouvernements occidentaux ont régulé le capitalisme et taxé les élites qui s'étaient enrichies tout en conduisant le monde au chaos. La taxation du capital a favorisé une redistribution des patrimoines des 1 % les plus riches vers une classe moyenne dotée d'un patrimoine substantiel (près d'un tiers du total). Aux États-Unis, 80 % du revenu des plus riches sont désormais prélevés. Un État social est créé qui prend en charge l'éducation, la santé et les retraites. La croissance économique supérieure à celle du capital et la fiscalité sur le capital entraînent mécaniquement que la hausse des revenus du travail dans le revenu national : le mérite rapporte plus que la rente.

Depuis les années 1970, les inégalités repartent à la hausse. Le taux du rendement du capital dépasse la croissance économique, ce qui réduit la part du travail dans le revenu national. Le capital est avantagé dans un contexte de mobilité croissante des capitaux et de concurrence entre les États pour attirer les investissements. Ayant initié ces transformations, les États-Unis connaissent une forte progression des inégalités, alors qu'ils étaient plus égalitaires que les pays européens. Entre 1977 et 2007, les 10 % les plus riches ont accaparé les trois quarts de la croissance et 15 % du revenu national des 90 % les plus pauvres. Ces 90 % se sont endettés auprès du système bancaire dérégulé qui recycle l'épargne financière des plus riches. Ce système a conduit au krach de 2008. Les classes moyennes patrimoniales n'ont pas disparu, mais elles sont menacées face à la concentration du capital par une élite composée de rentiers et de « super-cadres » aux revenus exponentiels.

Le discours libéral justifie l'accroissement des inégalités en prétendant que les plus riches sont plus compétents et que la concentration des richesses profite aussi aux plus pauvres. Mais, depuis la crise de 2008, la métaphore de la « main invisible » explique moins le fonctionnement du marché dérégulé que celle de la « main qui se sert dans la caisse ». L'héritage et la rente sont redevenus les facteurs décisifs de la réussite. L'évasion fiscale diminue les ressources des gouvernements qui financent difficilement les missions de l'État social. Celui-ci a recours à un endettement qui renforce la concentration des richesses au profit du capital. La fragilisation des classes populaires occidentales mises en concurrence sur le marché mondial et la constitution d'une minorité échappant à la fiscalité ébranlent finalement les démocraties occidentales.

Une fiscalité sur le capital taxé à l'échelle mondiale serait la meilleure solution mais, en attendant la réalisation de cette utopie, les États-Unis et l'Union européenne peuvent l'appliquer en forçant les paradis fiscaux à communiquer les capitaux qu'ils ont soustraits à la contribution de l'État social.

Sujet

- L'explosion des inégalités sociales à toutes les échelles à l'ère de la mondialisation.

Mise en perspective

Guillaume Piketty montre que la dette extérieure des pays riches s'explique principalement par la fuite de leurs capitaux dans les paradis fiscaux. Jean-François Gayraud, dans *Le nouveau capitalisme criminel. Crises financières, narcobanques, trading haute finance* (Odile Jacob, 2014), décrit les mécanismes qui assurent des rendements élevés à ces capitaux tout en les soustrayant à la fiscalité de leur pays d'origine.

Yannick Le Gruiec

Guillaume Pitron, *La guerre des métaux rares. La face cachée de la transition énergétique et numérique*

« Cette transition va mettre à mal des pans entiers de vos économies les plus stratégiques. Elle précipitera dans la détresse des hordes de licenciés qui bientôt provoqueront des troubles sociaux et réprouveront vos acquis démocratiques. Elle va même fragiliser votre souveraineté militaire »

Prosopopée d'un vieux sage à l'issue de la COP21, cité dans Guillaume Pitron, *La guerre des métaux rares. La face cachée de la transition énergétique et numérique,* Les Liens qui libèrent, 2018

Auteur

Journaliste pour le *Monde diplomatique, Géo, National Geographic*, Guillaume Pitron est un spécialiste des métaux rares sur lesquels il a mené une enquête de six ans. Il a obtenu le Prix Izraelewicz 2017 pour son enquête *Braderie forestière* parue dans *Le Monde diplomatique* et le Prix du livre d'économie 2018 pour *La guerre des métaux rares. La face cachée de la transition énergétique et numérique*. L'ouvrage est divisé en neuf parties : « La malédiction des métaux rares », « La part d'ombre des technologies vertes et numériques », « La pollution délocalisée », « L'Occident sous embargo », « Main basse sur les hautes technologies », « Le jour où la Chine a devancé l'Occident », « La course aux missiles intelligents », « Extension du domaine de la mine », « La fin des derniers sanctuaires ». On y trouve aussi treize annexes, dont la liste des métaux rares, ses principaux producteurs, leur utilité pour un certain nombre de produits usuels (smartphones, voitures), une carte du potentiel minier de la France.

Intérêt

La révolution énergétique, la transition énergétique et la mutation écologiques promises réclamées pour sauvegarder la planète sont à l'ordre du jour. *A priori* largement décarbonées, elles reposent néanmoins sur de nouvelles matières premières regroupées sous le vocable de métaux rares dont une trentaine est déjà devenue indispensable dans notre vie quotidienne. L'auteur entend faire la démonstration que leur exploitation a un coût écologique, économique et géopolitique très lourd qui pourrait se révéler encore plus élevé que celui du pétrole. Ce faisant, il entend écrire ainsi « une contre-histoire » du monde qui vient et va complètement à contre-courant des finalités affichées par les accords de Paris.

Arguments

La consommation des métaux rares a littéralement explosé ces dernières années en raison de l'essor de la *green tech* et des préoccupations écologiques affichées. Elle devrait être multipliée entre 4 et 24, selon les métaux, dans la décennie à venir.

L'extraction de ces métaux « sales » est extrêmement coûteuse et polluante. Il faut par exemple 1 200 tonnes de roches pour extraire un kilo de lutécium et utiliser, outre de l'eau, nombre de produits chimiques extrêmement polluants comme les acides nitrique et sulfurique. Cette extraction, qui génère souvent de la radioactivité, se fait de manière irresponsable avec non seulement un bilan énergétique et environnemental déplorable, mais de colossales répercussions sanitaires... Pour une efficacité relative puisque toutes les études montrent, par exemple, que, selon l'ADEME, « sur l'ensemble de son cycle de vie, la consommation d'un véhicule électrique est globalement proche d'un véhicule diesel », et ce sans même prendre en compte le traitement des batteries devenues obsolètes. De même, l'internet produit 50 % de gaz à effet de serre de plus que le transport aérien et chaque français produit 23 kg de déchets électroniques au recyclage aléatoire puisque retournés, comme l'ensemble de ce type de déchets, vers l'Afrique et l'Asie.

Cette « pollution délocalisée » a été consciemment assumée par des États occidentaux en raison de leurs normes environnementales domestiques sévères : le groupe minier Molycorp, qui exploitait dans les années 1990 la plus grande mine de terres rares à Mountain Pass (Californie), a dû la fermer pour des raisons environnementales et Rhône-Poulenc (dans son usine de La Rochelle) considérablement ralentir son activité dans le traitement de l'uranium ou du Thorium... En parallèle, la Chine a développé sa production pour accéder à une situation de quasi-monopole (elle produit 95 % des terres rares), devenant ainsi « le pays le plus influent en ce qui concerne l'approvisionnement mondial de la plupart des matières premières critiques ». Elle en a d'ailleurs profité rapidement en rationnant ses exportations de terres rares dès le début des années 2000 ou en décrétant, en 2010, un embargo sur ses exportations à destination du Japon lors d'un incident avec ce dernier au large des îles Senkaku. Elle en a surtout profité, par le biais de délocalisations ou de *joint-ventures*, pour contrôler l'aval de la filière (les industries de hautes technologies utilisatrices de terres rares à l'exemple des aimants de terre rare dont la Chine contrôle aujourd'hui 75 % de la production mondiale). Elle a, enfin et surtout, bénéficié à l'occasion d'un formidable transfert de richesses, d'emplois et de technologies militaires (délocalisation de Magnequench, fabricant d'aimants utilisés dans les bombes intelligentes) aux dépens de l'Occident, avant de devenir, paradoxalement, « le fer de lance d'un monde plus vert et de la lutte contre le réchauffement climatique ».

Dans un contexte de « nationalisme minier » où la Chine déploie aujourd'hui une stratégie d'acquisition des mines concurrentes et/ou entrave la stratégie de ses potentiels concurrents alors que la demande de terres rares devrait croître, quelles solutions pour y remédier ? Il y a des terres rares un peu partout à exploiter, à condition d'accepter la pollution qui l'accompagne. La France est un « géant minier en sommeil », en particulier en raison de son domaine océanique (Wallis et Futuna, Tahiti, Clipperton) qui n'en manquerait pas. Toutefois, les principales solutions sont à trouver du côté du progrès technique (piles à combustible, fusion par laser ou confinement magnétique, perfectionnement des technologies vertes...), du recyclage de ces terres rares dans le cadre d'une économie plus circulaire, et surtout de modifications de nos modes de consommation qui passent par la nécessité de limiter notre consommation d'énergie et de produits électroniques programmés pour devenir rapidement obsolètes...

Sujet

- La transition énergétique est-elle la panacée aux besoins de l'écologie ?

Mise en perspective

Une enquête minutieuse et journalistique qui permet de mieux analyser nombre de stratégies occidentales, de mieux pointer les erreurs commises et leurs conséquences, mais aussi, en contrepoint, de mieux comprendre concrètement les remarquables progrès économiques et technologiques de la Chine accomplis au prix d'un pari faustien (la croissance au détriment de l'environnement). Elle permet également de relativiser le discours dominant sur les bienfaits supposés d'une révolution verte dont les coûts sont considérablement sous-évalués. Au-delà, la question se pose de savoir s'il existe des solutions à court terme à la question de la pénurie à venir en terres rares.

La réponse reste, à l'heure actuelle, plutôt négative à court et moyen termes. En effet, face à la demande, leur recyclage produit des quantités inférieures à la demande, à l'exemple du Japon qui, s'il a mis en place un système de gestion de ses déchets d'équipements électriques et électroniques, reste dépendant des importations en provenance de Chine. De même, la réouverture des mines rencontre toujours l'opposition des écologistes à l'exemple de celle de la mine de Salau en Ariège qui permettrait à la France de devenir l'un des principaux producteurs mondiaux de tungstène et qui au, mieux, pourrait rouvrir à l'horizon d'une décennie. Enfin, si les océans semblent en recéler d'énormes quantités, leur exploitation se heurte encore à des obstacles techniques (les Japonais qui ont découvert d'énormes gisements évoquent cinq à dix ans de recherches), financiers et environnementaux.

À retenir enfin que l'ouvrage s'insère dans une vision actuellement plutôt critique de l'engouement suscité par la transition énergétique, avec des parutions récentes comme celles de Jean-Louis Butré, *Éolien, une catastrophe silencieuse. Coûts, nuisances, efficacité* (2017), de Rémy Prud'Homme, *Le mythe des énergies renouvelables. Quand on aime, on ne compte pas* (2017), de François Gervais, *L'urgence climatique est un leurre* (2018)... toutes trois parues chez l'Artilleur.

Michel Nazet

Jeremy Rifkin, *La troisième révolution industrielle. Comment le pouvoir latéral va transformer l'énergie, l'économie et le monde*

« Le partage est à la propriété ce que l'iPod est à la cassette audio, ou le panneau solaire à la mine de charbon. Partager, c'est propre, vif, ingénieux, post-moderne ; posséder, c'est terne, égoïste, timoré, arriéré »

Mark Levine, « *Share My Ride* », *New York Times,* 8 mars 2009, cité par Jeremy Rifkin dans *La troisième révolution industrielle. Comment le pouvoir latéral va transformer l'énergie, l'économie et le monde,* Actes Sud, 2013

Auteur

Les essais de Jeremy Rifkin, conseiller de différentes personnalités américaines, proposent des solutions aux crises du monde contemporain à partir d'une réflexion s'appuyant sur la science, l'écologie, l'histoire, l'économie et la politique. À ce titre, *La fin du travail* (La Découverte/Boréal, 1996) et *Le rêve européen ou comment l'Europe se substitue peu à peu à l'Amérique dans notre imaginaire* (Fayard, 2005) ont eu une réelle influence sur certains responsables politiques européens.

Intérêt

Cet ouvrage met en relation les mutations économiques actuelles avec les enjeux environnementaux et fournit une analyse historique des transformations économiques et technologiques depuis la première révolution industrielle jusqu'à la crise économique et écologique actuelle. Il propose un scénario concret d'utilisation des énergies renouvelables et dans une société radicalement transformée.

Arguments

L'économie mondiale est en crise et la planète est confrontée à des dérèglements environnementaux menaçant la biodiversité et l'avenir de l'humanité. À quelles conditions la troisième révolution industrielle est-elle en mesure de surmonter ces défis globaux ?

La crise financière de 2008 a pour origine l'augmentation des prix du pétrole qui s'est répercutée sur tous les prix et a diminué le niveau de vie. Pour compenser cette baisse, les banques ont multiplié les formes de crédit, y compris les plus dangereuses, conduisant l'économie mondiale jusqu'au krach. Mais « la vraie crise économique que personne n'a vue » est celle de la « deuxième » révolution industrielle qui a associé la généralisation de la voiture, la création d'un réseau autoroutier et le développement des lotissements pavillonnaires. L'épuisement de la ressource pétrolière ébranle ce modèle de société. La planète est donc confrontée à la fois à l'épuisement des ressources non renouvelables, au réchauffement climatique et à l'exténuation d'un modèle économique né au XVIIIe siècle.

En ce début du XXIe siècle, une troisième révolution industrielle peut émerger si s'effectue la jonction entre la communication par l'internet et les énergies renouvelables. Cette transformation majeure s'appuie sur cinq piliers : le passage aux énergies renouvelables (1), l'équipement du parc immobilier mondial de microcentrales énergétiques (2), le stockage de cette énergie, en particulier grâce à l'hydrogène (3), l'utilisation d'Internet pour relier tous les sites équipés (4) et la généralisation des véhicules électriques (5). Pour l'instant, toutes les technologies sont disponibles, mais les grandes puissances reproduisent le modèle ancien. Parmi elles, l'Union européenne est en avance après avoir pris l'initiative de se transformer en société durable à faible émission carbonique.

Jusqu'à présent, la production industrielle a été effectuée par des grandes entreprises centralisées et hiérarchisées ; au contraire, les énergies renouvelables produites sur les lieux d'habitation par leurs habitants-producteurs favorisent une démocratisation de la production et de la distribution. L'organisation verticale de la société est progressivement supplantée par des relations coopératives, selon le modèle des réseaux sociaux et de la diffusion de la musique grâce à l'internet. Le capitalisme est moins concentré, il devient « distribué ». Cette nouvelle économie remet en cause les théories économiques dominantes depuis le XIXe siècle, le libéralisme et le socialisme, car elle est de nature coopérative dans la logique de l'entrepreneuriat social.

Le capitalisme s'était contenté d'exploiter la nature sous une forme prédatrice afin de produire toujours plus le plus vite possible. Toute production consomme de l'énergie, son accroissement aggrave donc l'entropie (la destruction de la matière consommée) dans l'environnement. Le nouveau mode de production a nécessairement une dimension écologiste au risque de voir la biosphère irrémédiablement endommagée. Pour abandonner le modèle ancien, le meilleur levier est l'éducation, pas seulement son contenu, mais surtout la forme de la transmission : l'enseignement ne doit plus être vertical (celui qui sait s'adresse à des élèves dociles), mais il doit aussi prendre une forme latérale et coopérative qui est adaptée à la société en train d'émerger.

Sujet

- L'économie mondiale face au défi environnemental.

Mise en perspective

Selon Jeremy Rifkin, le régime politique est déterminé par les formes que prend l'exploitation de l'énergie dominante. Dans *Carbon democracy. Le pouvoir politique à l'ère du pétrole* (La Découverte, 2011), Timothy Mitchell établit aussi des relations de causalité entre le modèle énergétique et le régime politique. Selon lui, l'ère du charbon, en rassemblant dans des centres urbains des masses d'ouvriers syndiqués, a été marquée par la démocratisation de l'espace politique. Le choix du pétrole a été fait aux États-Unis afin de mettre fin à cette situation : ni son extraction, ni son transport ne nécessitent une main-d'œuvre nombreuse. Sa concentration au Moyen-Orient a accentué le dessaisissement du pouvoir politique des classes populaires au profit des grandes entreprises, qui ont pu renforcer leur influence sur le pouvoir politique.

Yannick Le Gruiec

Pierre Royer, *Géopolitique des mers et des océans. Qui tient la mer, tient le monde*

« Seuls les ratés de l'économie et du commerce se dotent toujours d'armées formidables, tandis que les maîtres de l'économie se contentent de contrôler les voies et moyens de communication »

Fernand Braudel cité dans Pierre Royer, *Géopolitique des mers et des océans. Qui tient la mer, tient le monde*, PUF, 2014

Auteur

Pierre Royer, agrégé d'Histoire, diplômé de Sciences Po Paris en Relations internationales et officier de Marine de réserve, enseigne en Classes préparatoires. Il a participé à différents manuels d'histoire et de géographie.

Intérêt

En 2012, au moment de la parution de son livre, Pierre Royer livrait ses réflexions sur l'importance stratégique de la mer aujourd'hui et demain et abordait la question de l'après « Charles de Gaulle », vers 2030, lorsque le porte-avions français serait devenu trop ancien. En 1969, en lançant le SNLE « Redoutable », le général de Gaulle soulignait que la Marine était désormais en première ligne de la Défense nationale. S'il est évident que la menace ne vient plus du continent ou d'une invasion terrestre, la France peut craindre des attaques contre ses territoires d'outre-mer et contre la zone économique exclusive (ZEE) qu'ils lui donnent, soit 11 millions de km^2 d'océans sous juridiction française. Or, ce que rappelle Pierre Royer, c'est qu'une puissance navale ne se forge pas dans l'urgence car les mers sont soumises aux principes d'inertie et d'impermanence. Les puissances installées (Royaume-Uni et États-Unis) et émergentes l'ont d'ailleurs bien compris, car « qui tient la mer, tient le monde », comme l'écrivait Walter Raleigh, il y a 400 ans.

Arguments

Lorsque Jules Michelet a publié *La mer*, il souhaitait montrer que les espaces maritimes étaient « le commencement de toute géographie », de toute géopolitique. En effet, l'eau constitue bien la composante essentielle de la Terre (à plus de 70 %). D'ailleurs, la convention des Nations unies de 1982 utilise la continuité comme facteur de définition des mers « étendues d'eau salée en communication libre et naturelle » ; en résumé, la « mer océane » des sociétés médiévales. Les océans forment donc des nappes d'eau couvrant plus de 360 millions de km^2 (l'océan Pacifique : 180 millions de km^2, l'océan Atlantique : 82 millions de km^2, l'océan Indien : 73,5 millions de km^2, l'océan Austral : 20 millions de km^2 et l'océan glacial Arctique : 14 millions de km^2). Ils se caractérisent par leur immensité, leur inertie, leur impermanence et leur isotropie. L'immensité se traduit par des déplacements lents, bien que la vitesse ait augmenté au cours des siècles. L'inertie, mesurée par l'échelle de Douglas de 0 à 9 degrés, rend impossible d'y immobiliser un corps, même aussi pesant qu'un navire. L'impermanence traduit le fait que le contrôle des océans suppose de pouvoir entretenir en permanence à la mer de forces navales capables de rester en croisière des semaines, voire des mois. L'isotropie concerne, quant à elle, l'identité du milieu, l'ensemble des espaces maritimes constituant un milieu homogène. Autrement dit, dompter la mer, c'est l'intégrer non comme une frontière mais comme une composante à part entière de la prospérité et de la puissance.

Car les mers et les océans sont des réserves de ressources pour l'homme et des espaces productifs par excellence. La moyenne des captures annuelles de poissons est devenue énorme : autour de 90 millions de tonnes (surpêche). Quant à la mer et aux hydrocarbures, ils sont indissolublement liés, car, sans la mer, le pétrole n'aurait pas pu devenir la source d'énergie qu'il est aujourd'hui, la répartition des hydrocarbures à la surface du globe étant plus inégale que celle du charbon. Les mers et les océans transportent 2 milliards de tonnes de pétrole chaque année, soit les deux tiers de la production mondiale ou encore un tiers du trafic maritime global, tandis que les gisements *off shore* représentent 30 % de la production mondiale et 38 % des nouvelles découvertes. Le transport maritime a d'ailleurs plus progressé en capacité que n'importe quel autre type de transport grâce à la spécialisation des navires et à l'invention du conteneur par le transporteur américain McLean en 1956. Par conséquent, il demeure le transport le moins cher depuis un siècle puisqu'il ne représente que 2 % du coût d'un produit manufacturé et 8 % du prix des produits pétroliers. Enfin, la concentration du trafic se fait le long d'itinéraires intensément fréquentés, des « autoroutes maritimes » pour les itinéraires majeurs, tandis que 90 % des communications internationales passent par des câbles posés au fond des océans.

Quant à la géopolitique marine, elle se caractérise par la discontinuité. Les notions de front, de ligne de défense, sont largement inopérantes, et la stratégie maritime, loin de l'analogie des échecs ou du jeu de dames, évoque plutôt le jeu de go, où le surgissement de l'adversaire est possible (presque) n'importe où, et où le territoire n'est pas prédéfini par des frontières, mais délimité par la position de ses unités. L'amiral américain Alfred Mahan (1840-1914) a souligné l'importance de la maîtrise des mers pour se protéger des invasions, ainsi que pour s'assurer l'initiative des attaques en appui de ses propres alliés, tandis que l'amiral français Raoul Castex (1878-1968) a montré l'ambivalence du territoire à la fois ressource et facteur de dilution des forces, à l'image finalement des espaces maritimes. Aussi, la mission de la marine de guerre reste-t-elle de participer à la projection de puissance par sa force de frappe initiale, puis à assurer la sécurité des liaisons logistiques avec les bases. C'est elle, en somme, qui peut le mieux vaincre l'impermanence, car c'est le défi intrinsèque à l'activité humaine.

Enfin, on assiste à un effort constant de « nationalisation » des espaces maritimes : ce sont, en effet, les États, et même les organisations intergouvernementales, qui étendent leurs interventions sur une portion croissante d'océans au point d'aboutir, selon l'expression de Michel Foucher, à une territorialisation croissante des mers, au sens géographique.

Sujet

- Quelle est la place des espaces maritimes dans le grand jeu géopolitique mondial ?

Mise en perspective

Les grandes puissances maritimes sont encore très largement celles d'hier, sinon d'avant hier, mais, sont-elles pour autant celles de demain ?

L'un des critères essentiels de la puissance maritime demeure justement la vitesse de la montée en puissance en cas de crise, l'autre critère étant la capacité de rester à la mer autant que nécessaire. À cet égard, les États-Unis sont d'incontestables « thalassokrator », la Russie et le Japon veulent être de retour dans le grand jeu océanique, la Chine souhaite se doter d'une « profondeur stratégique » et le Brésil aussi témoigne d'une belle ambition. Or, contrairement à eux, la plupart des pays européens semblent avoir renoncé à la projection de puissance...

Parce que la mer est plus que jamais indispensable aux approvisionnements et aux exportations, parce qu'elle est le lieu des interdépendances mondiales et du « grand jeu » géopolitique, quelle place tiendront l'Europe et la France dans ce « grand jeu » dans 10 ans ? Dans 20 ans ?

Sophie Lemaitre

FICHE 38

Pierre Veltz, *La société hyper-industrielle. Le nouveau capitalisme hyper-productif*

« Le nouvel univers productif se situe pour l'essentiel dans la continuité du monde industriel ancien. Il en approfondit les principes, et c'est pourquoi je l'appelle "hyper-industriel", et non "post-industriel" »

Pierre Veltz, *La société hyper-industrielle. Le nouveau capitalisme hyper-productif*, Le Seuil, 2017

Auteur

Économiste et sociologue, Pierre Veltz est un ancien élève de Polytechnique et des Ponts et Chaussées. Son ouvrage poursuit une réflexion entamée depuis plusieurs années sur les mutations de l'économie mondiale, et notamment sur les transformations du secteur industriel dans le contexte de la mondialisation.

Intérêt

L'ouvrage est utile pour toute réflexion portant sur la mondialisation et les transformations du monde productif, en particulier sur celles du secteur industriel.

Arguments

Pierre Veltz interroge les mutations économiques de notre temps et prend le contrepied de nombreuses idées reçues. Il conteste notamment l'idée de « désindustrialisation du monde ». Depuis plus de deux siècles, la part de l'industrie dans l'économie mondiale est restée relativement stable à 5 % ; un rééquilibrage s'est certes opéré au profit des pays émergents et notamment de la Chine, qui tend à concentrer une part croissance de ces activités industrielles. L'auteur souligne l'obsolescence de la distinction classique industrie/services qui ne permet plus d'appréhender l'organisation économique mondiale de façon pertinente : les GAFAM (Google, Apple, Facebook, Amazon, Microsoft) sont-elles des entreprises industrielles ou de services ? En réalité, la numérisation de l'économie opère une convergence entre ces deux secteurs. Celle-ci dessine les contours d'un nouveau capitalisme productif, fondé sur l'articulation et l'imbrication des services, de l'industrie et du numérique. Ce nouveau capitalisme, que Pierre Veltz appelle « hyper-productif », conduit à l'apparition, non pas d'une société désindustrialisée, mais au contraire d'une « société hyper-industrielle ».

Ce qui a pu s'apparenter à une désindustrialisation des pays développés est la conjonction d'un double phénomène : d'une part, l'externalisation par les entreprises industrielles de nombreuses activités (comptabilité, entretien et nettoyage, restauration) aujourd'hui comptabilisées dans le secteur des services. D'autre part, les délocalisations, mais celles-ci n'ont en réalité concerné que quelques activités spécifiques : les « *Global Value Chains* » (GVC ou chaînes de valeur globales) sur lesquelles se fonde la mondialisation expliquent la vulnérabilité de ces activités. Les opérations les plus productives situées en amont (R&D, *design*, achats) et en aval (distribution, services) de la chaîne de vie d'un produit restent du ressort des pays développés, tandis que la production et l'assemblage, situées au milieu, moins productives et plus exigeantes en main-d'œuvre, ont subi la compétition des pays en développement. Le numérique a considérablement renforcé le poids de ces GVC et, surtout, tend à les étendre à de plus en plus de secteurs : les pays développés en sortent renforcés. Il contribue à faire de la logistique une des fonctions essentielles des entreprises et favorise une captation de la valeur au profit des métropoles – notamment américaines – où se trouvent les sièges des grandes entreprises. Enfin, les GVC rendent illisibles certains indicateurs du commerce international, puisqu'une grande partie des exportations et importations mondiales correspond à du commerce intra-firme.

Pierre Veltz établit une typologie des espaces hyper-productifs autour desquels s'articule la nouvelle société hyper-industrielle. Ils sont au nombre de trois : les économies d'enclave (les sites déconnectés de la société qui les héberge), comme celles des sites productifs miniers ou pétroliers ; les clusters ou districts industriels spécialisés, ceux-ci pouvant aussi bien résulter d'une logique *top-down* (comme dans le cas des Zones Économiques Spéciales – ZES – chinoises) ou *bottom-up* (cas par exemple du cluster des entreprises de l'informatique à Bangalore) ; et enfin les mégalopoles multisectorielles (New York, Tokyo, Londres, Paris, Shanghai, etc.). Les dynamiques actuelles de la mondialisation rebattent donc les cartes de la géographie mondiale : loin de devenir plat, ainsi que l'ont pensé des auteurs tels que Thomas Friedman, le monde s'organise en archipels, structurés autour de pôles et de réseaux. Plus que jamais la mondialisation nourrit les processus de concentration : les *hubs* en sont une des illustrations principales, ainsi que les écosystèmes, même si l'organisation interne de ceux-ci repose sur la valorisation sur un territoire restreint d'organisations horizontales, à rebours des logiques classiques et très verticales des grands projets ou grandes entreprises pilotés par les États. Leur essor est ainsi lié à l'importance nouvelle du principe de coopétition (compétition/coopération) entre les acteurs multiples de l'écosystème (universités, laboratoires, firmes multinationales, PME, etc.).

Enfin, la polarisation toujours croissante des activités économiques sur un nombre réduit de territoires ne s'explique plus simplement par la présence d'externalités classiques (présence d'un marché et présence de fournisseurs), mais par des facteurs nouveaux tels le degré de flexibilité offerte aux acteurs (potentiel de « reconfiguration rapide et souple des chaînes d'activité »), l'intensité de la circulation fluide des connaissances, mais aussi les souhaits résidentiels de la main d'œuvre la plus qualifiée (notamment des jeunes cadres), autant de facteurs cependant complexes à mesurer. Cependant, l'ancienne logique centre-périphérie s'était construite sur un principe de réciprocité entre le centre en question et sa périphérie proche ; or, désormais, les ressources fournies auparavant par cette dernière sont disponibles sur le marché mondial, ce qui entraîne la mise en compétition de toutes les périphéries de la planète. Le centre peut désormais librement choisir la périphérie la plus compétitive. La disparition du sentiment de réciprocité qui s'en suit explique certains mouvements séparatistes actuels (Londres, Catalogne, Italie du Nord).

Sujet

- Peut-on penser la croissance comme on le faisait pendant les Trente Glorieuses ?

Mise en perspective

Pierre Veltz termine son ouvrage en soulignant certaines forces exceptionnelles de l'Union européenne et de la France, dont la situation géographique et l'importance des équilibres entre les territoires constituent autant d'atouts qu'il s'agit de maintenir. Son dernier livre (*La France des territoires, défis et promesses*, Éditions de l'Aube, 2019) prolonge cette réflexion et la détaille. À rebours des poncifs habituels, l'auteur plonge un regard optimiste dans l'intégration du pays à la mondialisation, et montre à quel point la France dispose d'avantages compétitifs pour se réinventer et opérer avec succès la mutation productive vers une société hyper-industrielle.

Benoît Joulia

FICHE 39

Jean Ziegler, *Destruction massive. Géopolitique de la faim*

« Si un milliard d'individus souffrent de la faim, ce n'est pas à cause d'une production alimentaire déficient, mais d'un accaparement par les puissants des apports de la terre »

Jean Ziegler, *Destruction massive. Géopolitique de la faim*, Le Seuil, 2011

Auteur

Jean Ziegler, homme politique, altermondialiste, sociologue mais également premier rapporteur spécial des Nations unies pour le droit à l'alimentation de 2000 à 2008 est vice-président du Comité consultatif du Conseil des droits de l'Homme depuis 2009. Auteur de nombreux essais, il a notamment publié les *Chemins d'espérances : ces combats gagnés, parfois perdus mais que nous remporterons ensemble* (Le Seuil, 2016).

Intérêt

L'ouvrage s'inscrit dans les grands enjeux actuels, au premier rang desquels la lutte contre la faim. Le droit à l'alimentation, tel qu'il a été adopté par l'Assemblée générale des Nations unies en 1966, n'est pas une réalité pour tous les habitants de la planète. Par ses fonctions, Jean Ziegler a été pendant huit années un homme de terrain, son ouvrage en témoigne. Le propos est engagé et sans complaisance à l'encontre des grandes institutions internationales et de nombreux acteurs du monde économique.

Arguments

Jean Ziegler s'attache à décrire ce qu'il appelle « l'étendue du désastre » : toutes les cinq secondes, un enfant de moins de dix ans meurt de faim. L'agriculture mondiale devrait répondre aux besoins ; or, selon le rapport de la FAO de 2011, 906 millions de personnes restent victimes de la faim. Pour mieux appréhender la « géographie de la faim », Jean Ziegler reprend la distinction faite par l'ONU entre « faim structurelle » et « faim conjoncturelle ». Dans les deux cas cependant, ce sont avant tout les régions pauvres des pays du sud qui sont impactées, notamment des régions d'Asie et d'Afrique, particulièrement en Afrique subsaharienne où une personne sur trois est sous-alimentée. Des populations sous-alimentées mais également touchées par la malnutrition, « faim silencieuse », toute aussi ravageuse, la moitié des décès des enfants de moins de cinq ans dans le monde ayant pour cause directe ou indirecte la malnutrition.

Les explications à cette insuffisance alimentaire sont nombreuses, l'insuffisance technique tout d'abord : 90 % des paysans du Sud ne disposent comme outils de travail que de la houe, de la machette et de la faux, et seulement 3,8 % des terres d'Afrique subsaharienne sont irriguées. Les rendements sont donc insuffisants, et la production mal acheminée.

De même, les situations de guerre, la fragilité des États, les catastrophes climatiques et les invasions de criquets sont autant d'éléments qui enfoncent les pays pauvres dans une « crise prolongée », où la faim structurelle et la faim conjoncturelle conjuguent leurs effets.

Cette situation concerne aujourd'hui vingt-et-un États. À l'instar du Niger, qui a connu dans le milieu des années 1980 une sécheresse de cinq années et qui est frappé par la famine désormais tous les deux ans. D'autres raisons sont avancées à cette sous-alimentation permanente. Jean Ziegler dresse un réquisitoire sans concessions contre les grandes institutions internationales. Ceux qu'ils nomment les « trois cavaliers de l'Apocalypse de la faim organisée » : l'OMC, le FMI et la Banque mondiale, trois institutions qui, même si elles sont dirigées par des personnes compétentes, sont les « ennemis les plus déterminés du droit à l'alimentation ». La stratégie de l'OMC ne favoriserait que les États riches.

Le procès à charge est tout aussi féroce à l'encontre des *hedge funds* américains, qualifiés de « requins tigres », dont les pratiques spéculatives ont exacerbé la volatilité des prix des matières premières et, par conséquent, renforcé l'insécurité alimentaire. *Hedge funds* qui, comme des banques européennes ou des fonds souverains saoudiens et chinois, s'accaparent à bon prix des millions d'hectares de terres arables, profitant souvent de la cupidité de certains dirigeants. Le trust texan *Nile Trading and Development* a acquis avant la création du Sud-Soudan 600 000 hectares de terres arables au prix de 25 000 dollars, soit 3 centimes l'hectare. Enfin, l'auteur déplore la « ruine du PAM », un Programme alimentaire mondial qui n'a plus les moyens d'assurer sa mission, les contributions financières et en nature ne cessant de diminuer. Même constat pour la FAO, l'Organisation des Nations unies pour l'alimentation et l'agriculture, qui est « absente du champ de bataille » faute là aussi de moyens financiers. Pourtant, la faim n'est pas une fatalité. Jean Ziegler reprend ainsi les propos de Josué de Castro, médecin brésilien qui, en 1946, avec sa *Geografia da fome (Géographie de la faim)*, a réveillé la conscience des peuples occidentaux et démontré que la faim pouvait être vaincue. Pour sortir de l'impasse et faire de l'alimentation un bien public, la volonté des États s'impose.

Sujet

- Nourrir 9 milliards d'humains : un défi ?

Mise en perspective

La question de l'insécurité alimentaire n'est pas nouvelle et a fait l'objet de nombreux travaux qui rejoignent le propos de Jean Ziegler ; c'est le cas de l'ouvrage *Faim Zéro, en finir avec la faim dans le monde* (La Découverte, 2014), Bruno Parmentier y rappelle que toutes les dix secondes un enfant continue à mourir de la faim, et s'interroge sur l'incapacité à éradiquer celle-ci. Dans son analyse, il rejoint Jean Ziegler en affirmant que la faim aujourd'hui s'explique avant tout par « la cupidité, l'incurie et l'indifférence ».

Caroline Delbecque

TECTONIQUE DES ÉTATS, DÉRIVE DES CONTINENTS ET LIGNES DE FAILLE RELIGIEUSES

« *Une certaine idée de la France* »

Charles de Gaulle

FICHE 40

Patrick Boucheron (dir.), *Histoire mondiale de la France*

« Ce ne serait pas trop de l'histoire du monde pour expliquer la France »
Jules Michelet, *Introduction à l'histoire universelle* (1831),
cité par Patrick Boucheron (dir.), *Histoire mondiale de la France*, Le Seuil, 2018

Auteurs

Ouvrage collectif dirigé par Patrick Boucheron, professeur au Collège de France, il a mobilisé quatre coordinateurs et plus de 120 contributeurs, tous enseignants ou archivistes, dans cette édition de poche augmentée d'une quinzaine de notices par rapport à l'édition originale. Il est organisé autour de dix parties chronologiques et de 150 dates qui couvrent la période de la préhistoire à nos jours : « Aux prémices d'un bout du monde », « L'ordre féodal conquérant », « Croissance de la France », « La grande monarchie d'Occident », « La puissance absolue », « La nation des Lumières », « Une patrie pour la révolution universelle », « Modernités dans la tourmente », « Après l'Empire », « Dans l'Europe », « Aujourd'hui en France ».

Intérêt

« Sans notes et sans remords », il s'agit de présenter une histoire de la France vivante et savante à la fois « qui ne s'embarrasse pas plus de la question des origines que celle de l'identité mais prend au large le destin d'un pays qui n'existe pas séparément du monde qu'il prétend même parfois incarner tout entier », illustrant ainsi la citation de Jules Michelet mise en exergue. L'ouvrage se situe de la sorte dans un contexte électoral marqué par un Rassemblement national (ex-FN) « qui manipulerait à sa façon le roman national » (Yves Lacoste).

Arguments

La France est une construction très tardive qui s'inscrit d'abord dans un lent processus d'humanisation de la terre et d'une révolution néolithique, venue du Moyen-Orient, qui a nécessité près de 3 000 ans pour atteindre « le Finistère de l'Europe ». Siège d'une « Europe du jade » et commercialement ouverte sur l'extérieur dès 1 550 av. J.-C., elle connaît, en particulier à l'époque celte, une extraordinaire circulation de biens.

Nombre de figures tutélaires de notre histoire n'ont ensuite rien de Français. Vercingétorix est un mythe et un « précipité mémoriel » dans une Gaule précocement romanisée dans laquelle « les Gaulois sont des Romains comme les autres » à partir de l'édit de Caracalla en 212. Saint Martin, le saint patron de la Gaule, était un Hongrois, et quatre siècles plus tard Charlemagne et les Carolingiens s'inscrivent dans un horizon impérial qui ne s'interrompt ni avec le Serment de Strasbourg de 842, ni avec l'élection d'Hugues Capet en 987, un roi bien faible. *A contrario*, en ce haut Moyen Âge, la France connaît un rayonnement européen (accueil de Vikings dès le IXe siècle avant les invasions du XIe siècle, rayonnement du monachisme avec Cluny, existence d'une internationale des troubadours, mariage d'Henri Ier avec Anne de Kiev en 1051). Dans l'ordre féodal qui s'élabore alors, la conscience identitaire, bâtie dans sa confrontation avec l'islam lors des croisades ou dans la lutte contre les hérésies, est surtout catholique. Ensuite, si les Capétiens sont les premiers rois d'Occident, leur vision, celle de Louis IX ou de Philippe le Bel, continue de s'inscrire dans un cadre plus impérial que national (Bouvines en 1214 ne dessine en réalité qu'« une Europe à plusieurs vitesses ») dans un contexte continental particulièrement dynamique, illustré par les foires de Champagne, le rayonnement de l'université de Paris ou de l'art gothique…

Plus que la France, c'est ensuite l'État, « construction politique de l'État royal » qui s'élabore en France à partir de la seconde moitié du XIVe siècle dans un contexte qui reste européen (l'atlas catalan de 1380 « dessine la France non pas comme une réalité géographique, mais comme le domaine des rois ») que ce soit avec la grande peste de 1347, la guerre de Cent Ans, ou la première guerre d'Espagne après 1369. Durant cette période, le rêve de nos rois dépassa toujours le cadre de l'Hexagone avec les guerres d'Italie entreprises par Charles VIII à partir de 1494, les voyages de Jacques Cartier, les visées sur le Brésil, la politique navale de la France au XVIIe siècle et la colonisation entamée par Colbert à partir de 1664… Même le rayonnement au XVIIe et XVIIIe siècles de la monarchie absolue se conçoit comme l'avènement d'une Europe française avec Versailles pour capitale et qui ne néglige pas d'entretenir des relations avec la Perse ou le Siam.

La défaite, à l'issue de la guerre de Sept Ans, et le traité de Paris de 1763 mettent certes fin aux prétentions françaises à la domination universelle en raison de l'émergence de l'Angleterre et de la perte de notre premier empire colonial. Elles sont néanmoins prolongées par une emprise française sur la culture savante à l'époque des Lumières et dans le domaine des idées (rôle de la Grande loge de France qui révolutionne la maçonnerie et surtout d'une Révolution française qui change le cours de l'histoire de France, de l'Europe et du monde en enfantant partout des républiques jusqu'en Amérique latine, en inventant le Code civil et en le diffusant lors de l'Empire). Plus tard, cette influence continue de se faire sentir par l'invention d'une nouvelle forme d'intervention humanitaire en 1825 lors de la révolte des Grecs de l'Empire ottoman, l'invention de nouvelles utopies sociales depuis la révolution de 1848 jusqu'à la commune de Paris en 1870… ou encore par l'invention du daguerréotype ou, surtout, par la diffusion d'une littérature qui devient mondiale avec Balzac et Hugo.

De même, la première mondialisation après 1860 (le terme apparaît pour la première fois chez Pierre de Coubertin en 1904), commerciale et impériale, serait française par son libéralisme ambiant, le rayonnement des exportations de ses services, notamment d'infrastructures comme l'ouverture du canal de Suez inauguré en 1869, de vin, d'articles de Paris. Elle le serait aussi en raison de sa politique coloniale, de son attraction sur l'immigration dès 1851, de son rôle dans l'adoption du système métrique, de la diffusion de sa langue française par les Alliances françaises, du rayonnement de sa science… Avec pour résultat l'avènement d'une France cosmopolite, magnifiée lors des expositions universelles (1855, 1867, 1878, 1889, 1900).

Les aléas de la fin du XIXe siècle et du XXe siècle (guerres, persécution des Juifs qui est une « affaire européenne », perte de l'empire et décolonisation) ne marquent pas pour autant la fin de l'insertion française dans l'histoire mondiale : la France joue un rôle majeur dans la naissance de la Société des Nations et au Bureau international du travail, aspire toujours à jouer un rôle dans la conscience universelle en participant à l'universalisation des droits de l'Homme (1948) ou par le développement d'un nouvel humanitaire, réinvente le féminisme et continue d'attirer les artistes et des migrants toujours plus nombreux qui sont rapidement naturalisés après la loi de 1927. De même, la perte de l'empire, en complément de la volonté de redressement du général de Gaulle, se traduit par une réorientation en faveur de la construction européenne.

Où se situe la France dans la crise mondiale d'aujourd'hui, alors que la fin de l'histoire annoncée par Francis Fukuyama a fait long feu ? Elle semble hésiter : « S'interrogeant constamment sur leur place dans le monde, certains Français se (font) les champions désinvoltes et décomplexés de la mondialisation, d'autres ses adversaires les plus résolus ou les plus angoissés. » Ainsi, si en 1989 (bicentenaire de la Révolution), 1998 (victoire en Coupe du monde de football), 2015 (attentats de novembre), le drapeau français (a été) brandi par les foules, est-ce toujours de la même France dont il est l'emblème ?

Sujet

- La France dans la mondialisation, entre insertion et recherche de la préservation de ses spécificités.

Mise en perspective

L'ouvrage qui a été un gros succès de librairie se veut « une promenade » qui fourmille d'anecdotes et surtout démonte, à la lumière de l'historiographie, nombre d'idées reçues. Il tend aussi à montrer une France – finistère ouvert à toutes les influences mondiales, les assimilant en les enrichissant, avant de les restituer à l'Europe et au monde... Une image éloignée de celle du génie national qui constituerait son identité. Si la question de la construction de la nation française n'est pas occultée pour autant par l'ouvrage, qui pointe le rôle en la matière du XIXe siècle en général et de la IIIe République en particulier, Yves Lacoste, indulgent, souligne cependant que l'ouvrage privilégie le pays à la nation.

Nombre d'intellectuels se sont montrés néanmoins plus sévères en alimentant une véritable polémique. Alain Finkielkraut, inquiet par la vision portée par *L'histoire mondiale de la France*, a accusé l'ouvrage d'être une « entreprise idéologique » et ses auteurs d'être « les fossoyeurs du grand héritage français », faisant du pays le résultat d'une succession d'aléas. Pierre Nora lui a reproché de vouloir faire l'apologie d'une « France métissée » et Jean-Christian Petitfils (*Histoire de la France. Le vrai roman national*, Fayard, 2018) d'être « l'instrumentalisation de petits récits éclatés, mise au service d'une vision communautariste et multiculturelle ».

Michel Nazet

FICHE 41

Béatrice Giblin, *Le paradoxe français. Entre fierté nationale et hantise du déclin*

« Le récit national ne doit pas ignorer ces épisodes douloureux, mais aider à mieux les comprendre, ce qui ne veut pas dire les excuser, afin que dans toute leur diversité les Français et leurs enfants puissent admettre qu'ils les ont en commun et qu'il faut bien "faire avec", pour réussir à "faire Nation" »

Béatrice Giblin, *Le paradoxe français. Entre fierté nationale et hantise du déclin*, Armand Colin, 2017

Auteure

Géographe et fondatrice de l'Institut français de géopolitique en 2002 aux côtés d'Yves Lacoste, Béatrice Giblin dirige la revue *Hérodote* depuis 2006. Sa thèse sur *La région, territoires politiques : le Nord Pas-de-Calais* (1988), en fait une spécialiste de la géographie locale. C'est dire que son approche de l'exception française se situe délibérément dans le cadre original d'une approche des facteurs géographiques et des facteurs humains, c'est-à-dire la géopolitique interne qu'elle définit comme « l'étude des rivalités de pouvoir sur des territoires entre diverses forces politiques ». Ce raisonnement géographique d'avant-garde, qu'elle a souvent appliqué aux élections, lui permet de partir à la quête d'une identité nationale que les Français arborent avec fierté et autodénigrement, avec nostalgie et empressement. On pourra trouver trace de ses engagements théoriques dans la « géopolitique des géopolitiques », *check point* de l'école géopolitique française publié en 2012 dans le n° 146 d'*Hérodote*.

Intérêt

L'ouvrage n'est pas un énième catéchisme de la grandeur française, d'un modèle français hérité de la Seconde Guerre mondiale. Il est plutôt à l'écoute des représentations d'une France entre fierté nationale et hantise du déclin, ces deux extrêmes que Jacques Marseille évoquait déjà dans son provocateur *C'est beau la France ! Pour en finir avec le masochisme français* (Plon, 1993). Évitant les pièges du réquisitoire (la France qui tombe), le recours à des poncifs sur la perte d'influence (la France pourtant leader d'un soft power mondial), l'essai de Béatrice Giblin permet de mieux comprendre une grande puissance moyenne, fracturée à l'heure des gilets jaunes et d'une relégation de certains territoires, un pays d'immigration qui revisite ses capacités d'accueil et de solidarité (Syriens), un pays européen qui rêve à tort d'être l'unique modèle ou référence de cette construction.

Arguments

En sept chapitres, les oxymores français sont déclinés : une nation de culture chrétienne engagée dans un militantisme laïque ; une volonté de puissance avec des territoires bénéficiaires de la centralisation mais une hantise du déclin quotidien des territoires périphériques et une décentralisation qui ne sait sur quel étalon régional se bâtir ;

une France terre d'accueil au XIXe siècle, deuxième pays d'immigration après les États-Unis ; une France frileuse avec pour enjeu l'idée de nation qu'une partie de la gauche feint de minorer ; une France capable d'inventer la diplomatie et d'ouvrir depuis le XVIIIe siècle des ambassades (hommage vibrant d'Henri Kissinger, selon lequel la France de Richelieu introduisit la conception moderne des relations internationales fondée sur l'État nation déterminé par la recherche de l'intérêt national comme but même) ; une France ombre de son passé qui n'a peut être plus les moyens d'affirmer le génie français, cette fameuse « grande puissance moyenne à vocation mondiale » (Régis Debray) ; une France « qui fera l'Europe » (Victor Hugo) écartelée par son mot d'ordre « faire l'Europe sans défaire la France » (Lionel Jospin) ; enfin une France de Rivarol capable de porter une langue française à l'échelle universelle, mais respectueuse de ses langues régionales, ou du moins le croit-elle tant l'Europe est plus soucieuse de leur préservation que le jacobinisme français.

Bref, une France qui aurait intérêt à se rappeler le message braudélien : « La seule solution d'une certaine grandeur de la France, c'est de faire l'Europe... La France a devant elle des tâches qu'elle devrait considérer avec attention et enthousiasme. Elle est devenue toute petite, non parce que son génie s'est restreint, mais en raison de la vitesse des transports d'aujourd'hui. Dans la mesure où, devenue toute petite, elle cherche à s'étendre, à agripper d'autres régions, elle a un devoir, faire l'Europe » (*L'identité de la France*, Arthaud-Flammarion, 1986)... lequel avouait : « J'aime la France sans distinguer entre ses vertus et ses défauts ». Mais pourra-t-il s'agir d'une Europe libérale et à l'heure allemande ? Les doutes demeurent.

Sujet

- La France en Europe et l'Europe en France.

Mise en perspective

L'idée de paradoxe est au cœur de l'actualité récente et la notion de *french paradox* hante désormais toutes les sphères culturelles. Le *french paradox* médical qui fait des Français carnassiers un peuple en bonne santé autrement dit : « Les Français mangent du foie gras, boivent du vin et pourtant leurs coronaires se portent bien mieux que celles de leurs cousins anglo-saxons ». Mais les pays d'Europe du Sud avec leur régime méditerranéen font mieux que les Français. On parlera de *french paradox* dans les politiques économiques. Mais c'est un terrain miné sur lequel ne s'aventure pas Béatrice Giblin et son passé explique sa prudence.

Pour certains économistes, dont Patrick Artus, « les politiques utiles » (réformes du marché du travail, baisse des impôts des entreprises, réduction du salaire minimum pour les jeunes peu qualifiés, hausse de la concurrence dans les services) sont rejetées par l'opinion ou par les lobbies. Les politiques acceptées par l'opinion (soutien de la demande, hausse des salaires, peut-être même sortie de l'euro) sont, sinon inutiles ou même dangereuses, du moins risquées. Un exemple parmi d'autres : l'économie française serait aussi bénéficiaire de la réduction de la pression fiscale, très élevée, sur les entreprises (elle représente 18 % du PIB, contre 14 % en Italie, 12 % en Espagne, 10 % en Allemagne), mais « l'opinion pense que c'est une mesure inutile, qui ne conduit pas à un supplément d'investissement et d'emploi, et qu'il vaudrait mieux baisser la pression fiscale sur les ménages ».

Avec cet essai, peu prolixe sur les choix économiques et paradoxalement les choix géopolitiques actuels – au-delà des représentations passées bien décrites -, on échappe au déclinisme de bon ton, au catastrophisme qui a souvent entouré les mises en perspective de la France dans un monde de pays ré-émergents hostiles. L'ouvrage s'inscrit par anticipation au cœur des débats de la France de janvier 2019, destinés à remailler une cohésion française : sur la fiscalité, l'Europe, l'immigration, l'évolution démographique, l'État. Pour Béatrice Giblin, c'est d'ailleurs en luttant efficacement contre la ségrégation spatiale qui touche surtout les familles défavorisées et plus fortement encore les familles immigrées que la France pourra espérer « faire nation ». Et gageons que si « la France ne retrouvera jamais son statut de grande puissance, elle pourra espérer celui de grande nation, statut aussi important et valorisant ».

Alain Nonjon

FICHE 42

Michel Foucher (dir.), *Atlas de l'influence française au XXIe siècle*

« Quel est ce moi qui parle en français, qui écrit en français, qui aime en français. [...] Est-il d'expression française ? Oui, sans nul doute. Le français ne le quitte jamais. Il habite profondément le français, selon l'expression chère à Cioran »

Akira Mitzubayashi, cité par Raymond Gevaert dans Michel Foucher (dir.), *Atlas de l'influence française au XXIe siècle*, Robert Laffont, 2013

Auteurs

Cet atlas est dirigé par Michel Foucher, géographe, diplomate et titulaire de la chaire de géopolitique appliquée au Collège d'études mondiales (FMSH-ENS Ulm), aidé de Pascal Orcier, cartographe, agrégé et docteur en géographie. Initié par le ministère des Affaires étrangères et l'Institut français dans le cadre du colloque « Diplomatie française – un atout pour la France dans un monde en mouvement », organisé en 2011 au Collège de France, la réalisation de l'ouvrage a mobilisé un réseau de 55 personnalités du monde diplomatique, de la recherche ou de la culture, conviées à recueillir de nombreuses données et à contribuer directement à sa rédaction.

Intérêt

Le déclin de la France, voire son déclassement, est un objet récurrent de débat en France. Or, à l'idée reçue selon laquelle la France serait en forte perte de vitesse dans le monde, l'équipe réunie par Michel Foucher répond à sa manière, à la fois documentée et optimiste – textes et cartes à l'appui – pour montrer, au contraire, les atouts de la France, la confusion se faisant selon eux entre présence française et influence française.

Arguments

Cet ouvrage de géopolitique, qui ne peut en aucun cas être réduit à une simple dimension culturelle et dont les bonnes feuilles avaient été présentées à la XXIe conférence des ambassadeurs, en août 2013, a pour ambition de montrer que la France continue de peser dans une histoire en train de s'écrire, qu'elle dispose des idées pour répondre aux attentes des nations qui s'émancipent et que son avenir dépend de sa volonté collective d'en tirer parti.

À cet égard, l'expérience française nous apprend que c'est dans les périodes critiques qu'ont été formulées et conduites les politiques publiques d'influence, pour compenser ce que le jeu classique de la puissance ne suffisait plus à obtenir et pour restaurer une position dans un monde en changement. Ainsi, la France, décrite dans la pratique diplomatique comme une puissance européenne d'influence mondiale, serait-elle aujourd'hui dans une phase de transition de la puissance à l'influence, dans un monde où la compétition ne porte plus sur des territoires et des idéologies mais sur des parts de marché, des innovations et des capacités d'attraction, tandis que l'interdépendance accrue des économies, la diversification des relations entre les États et l'abaissement du coût des télécommunications offrent une part croissante au jeu des représentations et exacerbent la mise en concurrence des images des acteurs et de leurs réputations. La diplomatie d'influence est donc devenue l'axe principal de la politique étrangère en France. La notion d'influence figurait pourtant déjà dans le premier paragraphe du bulletin portant sur la création de l'Alliance française en 1883, après la défaite de Sedan, dans le discours de De Gaulle en octobre 1963, à Alger, où la culture est définie comme l'un des deux môles de la résistance, avec la lutte armée, en 1962, encore, pour assumer la bifurcation post-coloniale, dans le choix mitterrandien de l'engagement européen aussi et dans la réaffirmation de la capacité française d'intervention, plus récemment.

En comprenant l'influence, non pas comme un rayonnement, mais comme une interaction, c'est par la carte que le lecteur avisé peut comprendre les « profils » de la France, l'entrée des Français dans un nouveau monde impliquant un recours plus affirmé à la géographie, description subjective autant qu'objective des réalités localisées.

Par conséquent, les auteurs définissent, tout d'abord, l'influence française au XXIe siècle à partir de trois axes fondamentaux : une langue de référence, un poids économique maintenu et des initiatives continues dans le système international. Ensuite, c'est en partant de la perception unanimement reconnue d'un style « à la française », que sont abordés les domaines de la gastronomie, de la mode et du luxe, en rappelant qu'ils sont historiquement liés à la construction d'un État centralisé et monarchique qui imposa ses codes pour asseoir son pouvoir par le rayonnement et l'autorité. À ces images classiques d'influence s'ajoutent celles, plus contemporaines, de l'humanitaire, de la coopération scientifique et de l'expertise. Enfin, la création culturelle française offre une voie alternative dans le monde, avec ce goût si particulier des Français pour le débat d'idées, la diplomatie culturelle pouvant être définie comme une « communication universelle et publique, consacrée à la question pratique de savoir comment les hommes peuvent et veulent vivre ensemble » (Jürgen Habermas). De cette façon, l'atlas compose le portrait éminemment sensible d'une France perçue d'une nation à l'autre, en comparaison avec d'autres puissances, d'autres pays. On y découvre que la France peut aussi bien représenter le romantisme pour un Chinois que le positivisme pour un Brésilien.

Au-delà d'un simple état des lieux, cet atlas affirme et montre, cartes à l'appui, l'ampleur du pouvoir d'influence « à la française ». Il trace aussi les contours futurs de ce pouvoir et les moyens de le redéployer le plus efficacement possible pour lui donner un nouveau souffle. Il ne s'agit plus, comme cela a été fait trop longtemps, de dispenser des leçons aux autres pays, mais bien plutôt de devenir une référence, une nation créative, un lieu d'initiatives qui inspire et entraîne nos partenaires mondiaux. Autrement dit, d'être contemporain au sens où le philosophe Giorgio Agemben l'entend : « Est contemporain celui qui reçoit en plein visage le faisceau de ténèbres qui provient de son temps. La contemporanéité entretient une singulière relation avec son propre temps auquel on adhère en prenant des distances ».

Sujet

- La France peut-elle demeurer une puissance moyenne à vocation mondiale ?

Mise en perspective

Conduire dans un monde multipolaire une politique d'influence ambitieuse et cohérente suppose de comprendre les ressorts et les voies de la circulation des idées, des œuvres et des hommes. En faisant la distinction entre la présence française dans le monde, ancienne, multiforme et évolutive, et l'influence française, c'est-à-dire la transformation de certains éléments de la présence en véritables références universelles ou nationales pour les pays étrangers, l'atlas de l'équipe réunie par Michel Foucher a montré que la France dans le monde a l'image d'un lieu où l'on pense. Autrement dit, l'influence « à la française » désigne une capacité à produire des idées qui intéressent les autres et à les mettre en application. C'est aussi, comme les attentes de bien des États l'indiquent, une aptitude à mobiliser un esprit critique au service de l'intérêt général et de se déployer contre le cours des choses lorsque celui-ci se dévoie.

Sophie Lemaitre

Thierry de Montbrial et Thomas Gomart (dir.), *Notre intérêt national. Quelle politique étrangère pour la France ?*

« Il y a des pays qui sont d'autant plus grands qu'ils le sont pour le reste du monde, la France des croisades et de la Révolution »

André Malraux, cité dans Thierry de Montbrial et Thomas Gomart, *Notre intérêt national. Quelle politique étrangère pour la France ?*, Odile Jacob, 2017

Auteurs

En réunissant différents responsables politiques (Sylvie Goulard, Jean-Pierre Chevènement, Hubert Védrine, Jean-Pierre Raffarin, Hervé Gaymard), dont les contributions précèdent les analyses de spécialistes des relations internationales et des questions de défense, Thierry de Montbrial et Thomas Gomart, de l'IFRI, voulaient interpeller les politiques avant l'élection présidentielle de 2017, avec l'intention d'orienter le débat sur la politique extérieure.

Intérêt

La politique étrangère récente de la France est analysée en fonction des caractéristiques d'une puissance moyenne qui conserve des ambitions mondiales. Différents thèmes sont abordés : la puissance militaire, les relations avec l'UE et l'OTAN, les aspects économiques, l'impact du terrorisme.

Arguments

Il semble primordial de réfléchir à l'« intérêt national » alors que les présidents français, depuis Nicolas Sarkozy, fondent leur politique extérieure sur la morale et les droits de l'Homme. Une puissance comme la France peut-elle fonder sa politique étrangère sur les seules valeurs ? Et y a-t-il contradiction entre les valeurs et l'intérêt national ?

Prendre en compte l'intérêt national signifie d'abord assurer la sécurité de la nation. Depuis les années 1960, celle-ci s'appuie sur la dissuasion nucléaire. L'atteinte à l'intérêt national, qui nécessiterait l'emploi de cette arme, n'est pas définie précisément : tout agresseur potentiel est donc confronté au risque d'une riposte atomique, et la France est en mesure d'adapter la graduation de sa réplique. L'intérêt national est aussi défini par l'identité de la nation qui, pour la France, englobe des valeurs à vocation universelle. C'est la grande particularité de la France, même si d'autres pays revendiquent aussi une mission propre, les États-Unis en premier. La France se veut ainsi championne des droits de l'Homme et de la démocratie.

La politique extérieure de De Gaulle défendait avant tout le « rang » de la nation qui comprenait à la fois ses intérêts supérieurs et sa vocation universaliste. Une tradition gaullo-mitterrandienne a dominé la politique extérieure française jusqu'au discours de Dominique de Villepin à l'ONU en 2003 s'opposant à la volonté américaine d'envahir l'Irak pour y imposer la démocratie. Mais depuis Nicolas Sarkozy, les valeurs l'emportent, alors que les autres puissances n'ont pas suivi cette tendance. La France peine à établir un équilibre entre la défense de ses intérêts, le discours sur les valeurs et le respect de ses alliances. Par exemple, les relations étroites avec l'Arabie saoudite ont bien un intérêt stratégique, mais il heurte de plein fouet le discours sur les droits de l'Homme. La réaction face aux attaques terroristes depuis 2012 rencontre la même contradiction : François Hollande a déclaré que la France est en « état de guerre », ce qui s'est traduit par des opérations extérieures (OPEX) en Irak, en Syrie et au Sahel, et par l'état d'urgence appliqué sur le territoire national. Cela revient à s'inscrire dans l'idéologie des néo-conservateurs américains : les valeurs occidentales guident la politique extérieure et le combat contre le terrorisme. Le renseignement et la police auraient été bien plus efficaces pour démanteler les réseaux terroristes ; encore eût-il fallu se soustraire à la logique des médias.

L'intervention au Mali depuis 2011 a clairement marqué les limites de l'UE en terme de politique extérieure. La France se retrouve seule à faire face à la menace djihadiste dans le Sahel. L'exécutif français a renoncé au discours de l'Europe-puissance qu'aucun État européen n'a jamais relayé. Après le Brexit, la possibilité de construire une force européenne est encore plus réduite. Désormais, comme avec l'OTAN, la France coopère au coup par coup avec d'autres États européens. Mais cette politique extérieure ambitieuse et volontariste a un coût et les règles européennes en matière de budget imposent une contrainte supplémentaire à la France. Alors faut-il se résigner au déclin ? Sans puissance économique, pas de politique extérieure à l'échelle du monde. Des réformes sur le modèle allemand peuvent renforcer la puissance économique, mais à court terme cela implique une austérité budgétaire rigoureuse qui est difficilement compatible avec la sanctuarisation des dépenses de la Défense.

Le choix de revendiquer l'appartenance à la « famille occidentale » favorise la rhétorique des valeurs, à rebours de la position traditionnelle de la France qui servait de pont entre les différentes civilisations grâce à son identité républicaine. Ce changement, en renforçant le désarroi identitaire de la France, rend peu lisible la politique extérieure de cette puissance moyenne dont l'héritage maintient encore son rayonnement mondial.

Sujet

- La France a-t-elle les moyens d'une politique extérieure autonome ?

Mise en perspective

Cet ouvrage critique le discours « occidentaliste » de l'exécutif français depuis 2007 et cherche à ancrer la politique française dans la prise en compte lucide de ses intérêts. François Heisbourg, dans *Comment perdre la guerre contre le terrorisme* (Stock, 2016), dénonce aussi la politique française adoptée à la suite des attaques terroristes de 2015 qui reproduit les erreurs de l'Amérique de George W. Bush : l'invasion d'un pays étranger et les bombardements même ciblés renforcent l'hostilité qui nourrit le terrorisme, contre lequel le renseignement et les actions de police sont bien plus efficaces.

Yannick Le Gruiec

« *La géopolitique de l'Europe a grand besoin* [...] *d'une théorie des ensembles. Le temps des empires s'éloigne. Commence celui des contrats.* »

François Mitterrand

FICHE 44

Tatiana Kastouéva-Jean, *La Russie de Poutine en 100 questions*

« La Russie est un espace et un système de relations extérieures qui ne peuvent se comprendre sans l'héritage impérial. C'est aussi un peuple, brûlé par l'histoire, qui ne peut se comprendre sans l'héritage totalitaire… Les Russes, en raison des épreuves traversées, en ont toujours une conscience aiguë »

Thomas Gomart, préface à Tatiana Kastouéva-Jean, *La Russie de Poutine en 100 questions*, Tallandier, 2018

Auteure

Tatiana Kastouéva-Jean, spécialiste de la Russie, dirige le Centre Russie/Nouveaux États indépendants (NEI) de l'Institut français des relations internationales (IFRI). L'ouvrage, structuré en sept parties, répond en deux ou trois pages à des problématiques historiques (« Y a-t-il une instrumentalisation de l'histoire en Russie ? »), économiques (« La Russie peut-elle moderniser son économie ? »), sociales et politiques (« La Russie est-elle une démocratie ? »), géopolitiques (« Peut-on parler d'une nouvelle guerre froide avec l'Occident ? » ou encore « La Russie cèdera-t-elle un jour les Kouriles au Japon ? »).

Intérêt

Publié à la veille du quatrième mandat de Vladimir Poutine (2018-2024), l'ouvrage, s'il donne des grilles de lecture de « l'énigme russe » (« La Russie est un rébus enveloppé de mystère au sein d'une énigme » disait Winston Churchill), fait une large place au président russe qui, pour être souvent décrié en Occident, est considéré comme l'un des dirigeants les plus influents de la planète.

Arguments

Après les épisodes de la *perestroïka* qui aurait bradé les acquis de la période antérieure et de la transition eltsinienne qui a été un traumatisme, les Russes restent davantage nostalgiques de l'époque soviétique que de l'époque tsariste. Ils adhèrent ainsi à la personnalité de Vladimir Poutine qui a su à la fois valoriser le passé russe, renouer avec une croissance dopée par les exportations d'hydrocarbures, et rétablir la grandeur nationale sur le plan extérieur.

Vladimir Poutine, qui est loin de bénéficier d'un culte de la personnalité comparable à celui de Staline, tend à se présenter comme un leader sans alternative dont la sécurité personnelle se confond avec celle de son régime. En réalité, en tant que chef de l'État dont le pouvoir constitutionnel est prépondérant, il dirige la Russie en s'appuyant sur des cercles concentriques (« siloviki » ou « structures de forces » pour la défense, libéraux pour l'économie, technocrates pour l'administration…) qui se livrent entre eux à des luttes d'influence. Dans ce contexte politique, le Parlement reste une institution démocratique de façade où l'opposition partisane est absente en raison du filtrage d'élections « orientées », où la justice est contrôlée, où les médias indépendants sont marginalisés et l'internet sous surveillance, alors que l'orthodoxie associée au pouvoir (influence sur l'école, l'université, l'armée) « semble plus proche du Kremlin que du peuple russe ».

Sur le plan économique, la situation est loin d'être brillante, faute de réformes structurelles qui passeraient par la mise en place de tribunaux indépendants, le respect de la propriété privée, une lutte contre la corruption et la monopolisation de l'économie. Elle justifie l'étiquette de « grande puissance pauvre » qui lui est souvent accolée. La Russie, qui n'est pas un véritable émergent, reste très dépendante des exportations d'hydrocarbures. La part de l'État, qui a doublé dans l'économie depuis l'avènement de Vladimir Poutine, représente aujourd'hui 70 % du PIB, l'entrepreneuriat y est marginalisé alors que l'économie informelle continue d'y occuper une place importante. Les IDE, dont les flux sont opaques, sont essentiellement le fait de grandes entreprises qui négocient directement avec le pouvoir. Dans ce contexte, les discours volontaristes sur la modernisation d'un pays dont l'équipement est très inégal (un effort a été consenti sur les infrastructures de prestige comme les équipements sportifs, mais les transports sont souvent déficients) semblent ainsi relever du vœu pieux.

Sur le plan social et sociétal, la population russe est loin d'être conservatrice, sauf sur la question de l'homosexualité. Les consommations d'alcool et de drogues restent fortes dans un pays particulièrement touché par le sida et où l'offre médicale est à deux vitesses. La population continue de vieillir en dépit d'une amélioration de l'indice de fécondité (1,76 en 2016) alors que l'immigration, mal perçue, provient essentiellement des pays post-soviétiques et fournit une main-d'œuvre dont la formation est généralement moins élevée que celle des candidats au départ vers les pays occidentaux (plus de 300 000 par an depuis 2015). Les inégalités, sociales et régionales, sont fortes et le taux de pauvreté de l'ordre de 13,5 %. Il s'agit de l'une des fragilités du pays même si la société russe, attachée à son mode de développement spécifique (le rôle de l'État), les valeurs conservatrices et la grandeur nationale, adhère au discours poutinien de distance, sinon de confrontation, avec l'Occident.

Sur le plan des relations internationales et de sa perception géopolitique, la Russie « qui n'a pas bénéficié des dividendes de la paix » depuis le début des années 1990 (opérations en Tchétchénie, Daghestan, Géorgie et Ukraine) se sent menacée par les élargissements successifs de l'OTAN et par un Occident qui lui paraît agressif (rôle dans les révolutions de couleur, interventions en Afghanistan, Irak, Libye...) ainsi que par les évolutions du Moyen-Orient (islamisme, terrorisme) qui menacent ses frontières sud. Pourtant la Russie, membre permanent du Conseil de sécurité et qui dispose non seulement d'alliés nombreux quoique « non permanents », d'un outil militaire rénové et s'est dotée d'une doctrine stratégique (Monde russe, Union eurasienne), entretient, outre une guerre avec l'Ukraine, nombre de conflits gelés sur ses frontières occidentales et est intervenue en Syrie. Toutefois, si son « pivot à l'Est » est aujourd'hui une réalité, l'expression de « nouvelle guerre froide » avec l'Occident est excessive : Moscou n'est plus à la tête d'un bloc militaire politique et militaire comparable au Pacte de Varsovie, le rideau de fer est définitivement tombé, il n'y a plus de véritable opposition idéologique comme par le passé, les données géopolitiques sont enfin nouvelles avec « la montée de menaces transversales comme le terrorisme, l'extrémisme ou le radicalisme, qui n'obéissent à aucune règle bipolaire ».

Sujet

- Quelle place pour la Russie entre Europe et Asie dans le monde multipolaire d'aujourd'hui ?

Mise en perspective

Ce livre, ni hypercritique ni hagiographique, constitue une utile synthèse sur un pays qui a fait un retour spectaculaire sur la scène internationale : interventions en Ukraine et Syrie, lutte antiterroriste active, ingérence supposée dans le cyberespace, dans les élections américaines ou les affaires européennes.

Il éclaire aussi l'attrait que Vladimir Poutine exerce sur une partie des élites politiques et des sociétés occidentales en raison d'un leadership fort, d'un conservatisme assumé au nom de valeurs morales traditionnelles, d'un souci de l'intérêt national, d'un antiaméricanisme persistant en Europe. Il souligne également (« une chose est certaine, aucun retour des quatre îles [Kouriles] au Japon n'est envisageable à un horizon prévisible »), le énième échec de la signature d'un traité de paix entre la Russie et le Japon, jamais conclu depuis 1945, que nombre d'organes de presse annonçaient comme quasiment finalisé lors de l'hiver 2018-2019 grâce à un partage des îles de l'archipel.

Sur le sujet, on peut également citer Michel Eltchaninoff, *Dans la tête de Vladimir Poutine*, Actes Sud, 2015 ; Ivan Blot, *La Russie de Poutine*, Bernard Giovanangeli Éditeur, 2016 ; Jean-Jacques Marie, *La Russie sous Poutine*, Payot, 2016.

Michel Nazet

Ivan Krastev, *Le destin de l'Europe. Une sensation de déjà vu*

« Les gens pensent que l'histoire est une affaire de long terme, mais l'histoire, en vérité, est une chose qui fait irruption de façon très soudaine »

Philip Roth, *Pastorale américaine* (1997), cité dans Ivan Krastev, *Le destin de l'Europe. Une sensation de déjà vu*, Premier Parallèle, 2017

Auteur

Universitaire bulgare, qui a enseigné en Angleterre et en Autriche, Ivan Krastev a publié des essais de sciences politiques sur l'Europe et des articles dans le *New York Times*.

Intérêt

Cet ouvrage s'interroge sur une possible désintégration de l'Union européenne face à la montée des mouvements populistes. Le succès de ces derniers en Europe centrale et orientale est l'objet d'une analyse particulièrement intéressante. L'auteur développe une réflexion sur la construction européenne, tentant d'unifier démocratiquement des États souverains dans le monde instable de l'après-Guerre froide.

Arguments

Après une succession de crises économiques et politiques, l'Union européenne connaît une vague migratoire qui renforce la progression des mouvements populistes. Face à la virulence de cette opposition, l'Union européenne est-elle condamnée à se désagréger ?

Au lendemain de la chute du Mur de Berlin, la démocratie libérale avait vocation à s'étendre au monde entier, l'Europe étant le pôle précurseur qui annonçait la « fin de l'histoire ». Mais la disparition du bloc soviétique a engendré un désordre international et la démocratie libérale s'est retrouvée sur la défensive face au retour de valeurs identitaires. Fondamentalement démocratique et libérale, l'Union européenne a établi la libre circulation des personnes mais, sous la pression des mouvements populistes, elle a fermé ses frontières extérieures aux migrants non-européens, à l'exception notable des touristes. Cette réaction montre que l'Europe est démunie face aux migrants qui fuient leur pays. Si les révolutions du Tiers-Monde sont bien finies, la migration est devenue aujourd'hui la nouvelle révolution pour les déshérités. Cette migration est perçue par les mouvements populistes comme une invasion qui submerge les Européens en déclin démographique, dégrade leurs mode de vie et niveau de vie. Face à cette peur, l'Europe a renoncé à être un modèle pour le monde et s'est transformée en forteresse.

La crise migratoire a accentué la fracture entre l'Ouest et l'Est de l'Europe. L'Ouest stigmatise l'égoïsme de l'Est qui refuse l'accueil des migrants. Pourtant, ces pays se sentent incompris. Après 1989, la liberté de circulation a entraîné une émigration massive hors de l'ancien bloc soviétique : la révolution démocratique s'est transformée en contre-révolution démographique. Les habitants des pays d'Europe centrale et orientale ressemblent aux « perdants » oubliés par la mondialisation qui ont voté Trump : face aux migrants, ils craignent une « disparition ethnique ». L'appartenance à l'Europe a déçu : le niveau de vie a peu progressé et la corruption a fait des ravages. L'Europe centrale a donc basculé dans des démocraties illibérales qui affaiblissent les contre-pouvoirs et s'opposent à Bruxelles. Mais l'Europe de l'Ouest est touchée à son tour par une réaction anti-migrants, au détriment des migrants de l'Europe de l'Est !

Si l'Europe occidentale n'est pas épargnée par le populisme, la démocratie est encore soutenue par une jeunesse éduquée et ouverte sur le monde. Mais l'identité démocratique de l'Union européenne est fragilisée par la crise économique et les politiques d'austérité. La crise grecque a montré que les nations débitrices ne peuvent pas changer de politique économique démocratiquement. Bruxelles est devenu le symbole du pouvoir des marchés. L'Union européenne ne donnant plus l'espoir d'une vie meilleure, l'euroscepticime conduit à un rejet des élites méritocratiques, soupçonnées de déloyauté à l'égard de leur propre peuple. Ce sentiment explique en grande partie le succès des populistes qui affirment qu'ils resteront fidèles, eux, à leur peuple…

La construction européenne se heurte donc à un paradoxe destructeur : sa valeur fondamentale est la démocratie libérale, mais son approfondissement mine la gouvernance démocratique. L'Union européenne menace de s'effondrer, mais cette issue n'est pas certaine, les processus d'intégration ont même été renforcés à la suite des crises. Afin d'éviter un destin fatal, les politiques européennes devront être amendées et prendre en considération les critiques qui leur sont adressées.

Sujet

- L'Union européenne peut-elle survivre à la succession de crises ?

Mise en perspective

Ivan Krastev s'interroge sur la fin de l'UE en précisant que la désintégration d'un agrégat d'États est un événement familier en Europe centrale qui a déjà connu la fin de l'Empire des Habsbourg et, plus récemment, celle de l'URSS. Sa réflexion a cependant délaissé les dysfonctionnements économiques de ce projet européen que Joseph Stiglitz dans *L'euro. Comment la monnaie unique menace l'avenir de l'Europe* (2016) met au cœur du mécanisme d'autodestruction de l'Europe.

Yannick Le Gruiec

FICHE 46 Jean Radvanyi et Marlène Laruelle, *La Russie entre peurs et défis*

« Un élément important d'une région est sa cohérence, les liaisons de son territoire. La Fédération de Russie est beaucoup moins bien « liée » que chacune de ses parties. Sur son territoire se croisent de nombreuses régions nodales mais aucune ne correspond à la Fédération dans sa totalité. La préservation de la Russie en tant qu'unité étatique exige de grands efforts permanents. L'ouverture du pays a rendu évidente l'attraction d'une grande partie de son territoire vers l'extérieur »

Vladimir Kaganskii, *Le paysage culturel et l'espace soviétique habité*, cité dans Jean Radvanyi et Marlène Laruelle, *La Russie, entre peurs et défis*, Armand Colin, 2016

Auteurs

Jean Radvanyi est professeur des universités à l'INALCO où il co-dirige le CREE (Centre de recherches Europes-Eurasie) ; Marlène Laruelle est professeure à l'Institut des études européennes, russes et eurasiennes de l'université George Washington (Washington DC).

Intérêt

La Russie a vécu une crise entre 1990 et 2000 décrite comme encore plus dramatique que la crise de 1929 en Occident. Elle a laissé des séquelles très profondes dans la société russe et continue d'animer toute une série de hantises aux contours multiples, de l'appréhension du déclin démographique et économique à celle d'une menace d'intervention extérieure. En effet, dans la perception russe, les avancées spectaculaires de l'Occident dans son « étranger proche » : l'adhésion des trois États baltes à l'OTAN et à l'UE en 2004, les révolutions de couleurs en Géorgie, en Ukraine, le glacis soviétique qui se transforme en glacis anti-russe, notamment avec la campagne de la Pologne contre le « danger russe », sont ressenties comme autant d'humiliations rendues possibles par la faiblesse passagère de la Russie pendant les années de transition. Ce réflexe de « forteresse assiégée » trouve ainsi des échos dans la thèse du complot occidental contre la Russie, à laquelle elle répond par l'activation des séparatismes en Géorgie, en Moldavie (Transnistrie) et en Ukraine.

Arguments

À l'affirmation récurrente, selon laquelle la Russie, autrefois l'URSS, ferait peur, les auteurs répondent qu'en réalité c'est surtout la Russie qui a peur. Car, le moins qu'on puisse dire c'est que le temps de l'effroi est revenu. Un bulletin de l'étranger du journal *Le Monde* du 20 octobre 1994 dressait un tableau chaotique de la situation d'alors : « Les régions n'obéissent plus, les dirigeants d'entreprises continuent à vider le pays de ses ressources, en bradant celles-ci au seul profit de leur compte bancaire à l'étranger, les assassins frappent où ils veulent et quand ils veulent, et les dirigeants politiques, toute tendances confondues, se livrent à de sombres intrigues et règlent leurs comptes en dehors de toute logique ». Aujourd'hui, malgré la crise, si la situation intérieure paraît moins tendue, la situation aux frontières, en particulier occidentales, traduit le durcissement du régime. La Russie, qui doit faire face aux convoitises croisées d'un Occident sorti vainqueur de la Guerre froide et d'une Chine trop dynamique, n'en finit pas de débattre de son identité européenne, asiatique ou pont séculaire, « troisième Rome » entre Orient et Occident. Les auteurs nous rappellent que l'image négative de la Russie est une vieille histoire et que la Russie a presque toujours inquiété l'Occident parce qu'elle se pense comme une puissance impériale ; or, qu'est-ce qu'un empire sans la domination de territoires aux marges d'une métropole nationale ? La Russie, qui a retrouvé une partie de sa force après vingt ans de fragilisation, utilise des pratiques qui rappellent les théories de souveraineté limitée par les interférences politiques et militaires de Moscou dans son étranger proche, version russe de la doctrine Monroe, définissant une sphère d' « intérêt vital » correspondant à l'ex-URSS.

À l'inverse, des pans entiers de son propre espace sont abandonnés, constituant l'une des principales angoisses de l'opinion publique russe. En effet, on constate qu'en dessous du seuil de densité de 7 habitants au km^2, un processus de désertification s'installe, y compris dans les régions riches en hydrocarbures (la région de Tchoukotka en Extrême-Orient a perdu, par exemple, 70 % de sa population depuis 1990), renforçant les vieilles peurs ancestrales de l'invasion chinoise. Les régions frontalières sont souvent dépressives, « l'effet frontière » ne jouant pas son rôle dynamique habituel mais impliquant toute une série de contraintes administratives qui en freinent le développement.

La peur explique en grande partie la capacité du régime russe à maintenir le consensus et à éviter de graves remises en question de ses méthodes de pouvoir, mais elle ne peut cacher les résistances nombreuses qui se font jour. Le premier mandat poutinien (2000-2004) s'est organisé autour des idées de stabilisation et de restauration, avec des thèmes comme l'ordre, l'autorité, l'effectivité de l'État, et deux slogans, la « verticale du pouvoir » et la « dictature de la loi ». En mars 2004, Vladimir Poutine a été réélu dès le premier tour avec 71 % des suffrages. Ce deuxième mandat s'est voulu plus offensif : recentralisation administrative et construction d'une nouvelle image du régime, une « démocratie souveraine », pour définir le droit de la Russie à construire sa voie de développement sans interférence de l'Occident. En 2008, avec l'élection de Dmitri Medvedev en tant que Président de la Fédération russe, V. Poutine est devenu Premier ministre. Le mandat Medvedev a été marqué par le thème de la « modernisation » principalement économique, mais aussi sociale et politique. Si une plus grande diversité idéologique a pu apparaître, ce fut aussi le moment où certains éléments du futur « tournant conservateur » ont pris forme (le Patriarcat de Moscou a gagné du pouvoir). En 2012, le troisième mandat de Poutine s'est avéré plus difficile, les nouvelles classes moyennes ont manifesté contre la corruption du régime (Russie classée au 136e rang mondial entre le Nigeria et l'Ouganda) et pour la tenue d'élections libres. Le Kremlin s'est alors tourné vers la masse silencieuse et plus conservatrice de la population, qui constitue encore aujourd'hui le fer de lance du soutien électoral au régime. Toutefois, la rapide dégradation de l'économie russe et la peur d'un conflit généralisé avec l'Ouest ont repris le dessus, l'avenir du régime est donc intrinsèquement lié à sa gestion des défis économiques.

Si les perspectives de la Russie en tant que grande puissance transformatrice du monde sont médiocres, sa capacité à rester sur la scène internationale comme puissance de *statu quo* sont plus sérieuses. Elle restera aussi une puissance clef pour l'Europe : que ce soit sous forme de partenaire ou d'adversaire, plus probablement une combinaison des deux, Moscou continuera à imprimer sa marque sur de nombreux enjeux européens internes et externes.

Sujet

- La Russie : le retour de l'URSS ?

Mise en perspective

Peu de pays au monde ont connu autant de changements que la Russie ces trente dernières années : les frontières, le régime politique, l'économie, la vision du monde, les valeurs culturelles ont été transformées brutalement. Bien que réduit en 1991, le territoire et les immenses ressources naturelles qu'il contient sont vus comme les bases principales de la puissance russe, le secteur des hydrocarbures assurant environ 50 % du budget fédéral et 25 % du PIB, et les industries extractives et de première transformation alimentant les deux tiers des exportations du pays. L'économie russe vit donc largement grâce au commerce extérieur excédentaire de ses ressources naturelles, ce qui la rend étroitement dépendante des cours mondiaux et de ses clients. Or, la baisse du cours des hydrocarbures et l'impact des sanctions prises par l'Occident après l'annexion de la Crimée en 2014 ont réintroduit la crise dans le pays. Aussi, la crispation actuelle sur les frontières, en particulier occidentales, peut-elle être comprise comme s'inscrivant dans les nouvelles stratégies de puissance du Kremlin ? Néanmoins, si les perspectives de la Russie en tant que grande puissance transformatrice du monde sont médiocres, sa capacité à rester sur la scène internationale comme puissance de *statu quo* sont plus sérieuses, tandis que sa capacité à rester la puissance majeure de l'espace eurasien est également très crédible, même si cet espace n'a plus de réalité géopolitique.

Sophie Lemaitre

FICHE 47

Françoise Thom, *Comprendre le poutinisme*

« Pour les peuples plus encore que pour l'individu, le sentiment de la personnalité est une grande force, mais à la condition que le sentiment national surexcité ne dégénère pas en une sorte de chauvinisme intellectuel ou de protectionnisme moral. Quand il va jusqu'au dénigrement ou au mépris de l'étranger, le sentiment national devient pour les peuples quelques grands qu'ils soient le plus mauvais des conseillers : mais, dans aucun pays, cette admiration exclusive de soi-même, cette propre apothéose ne saurait être plus pernicieuse qu'en Russie »

Anatole Leroy Beaulieu (1842-1912), cité dans Françoise Thom, *Comprendre le poutinisme*, Desclée de Brouwer, 2018

Auteure

Enseignante à l'université Paris Sorbonne, Françoise Thom a étudié et publié *Les fins du communisme* (Critérion, 1994), analysé l'ambiguïté perverse de *Beria. Le Janus du Kremlin* (Cerf, 2013), et ce sans « langue de Bois ». Pour qui a lu *Le moment Gorbatchev* (Hachette, 1991), prophétie d'une rare pertinence au milieu de mandat de Gorbatchev, quand peu de chercheurs pronostiquaient un échec de la *perestroïka*, Françoise Thom apparaît comme une spécialiste du post communisme et une exégète des évolutions du système russe (*cf.* Jean-Sylvestre Mongrenier et Françoise Thom, *Géopolitique de la Russie*, PUF, 2016). Cet essai n'a pas été éclipsé par celui de Michel Eltchaninoff *Dans la tête de Vladimir Poutine* (Actes Sud, 2015), loin de là, car au lieu de se cantonner à des références théoriques de tous les conseillers de Poutine prétendus ou effectifs, réels ou prêtés, elle envisage tous les aspects de ce dirigeant hors norme qui tente de revêtir les habits d'un empereur. Le pessimisme est de rigueur en lisant cet essai qui n'envisage pas comme crédible l'après 2024 poutinien, et qui cerne le drame de la Russie d'aujourd'hui comme d'hier : « L'obsession de la menace ».

Intérêt

« Pour sortir du mensonge ». Ce sous-titre déverrouille l'ouvrage et offre l'opportunité de présenter un Poutine moins fréquentable qu'il n'y paraît, plus ennemi de l'Occident et de l'UE que l'on ne veut bien le reconnaître, et superposant les projets pour restaurer la « grande nation russe », projets bellicistes et coups de poker que la « communauté internationale » a du mal à décrypter.

Trois erreurs qui opacifient la compréhension du phénomène poutinien sont à éviter. D'abord penser le post-communisme en termes de transition : on se focalise sur le point d'aboutissement présumé (la démocratie libérale) sans se demander si le substrat social permet une telle révolution ; puis faire coïncider chronologiquement le phénomène avec l'arrivée au pouvoir de Poutine en 1990-2000 et présenter le système poutinien comme une antithèse du régime de Boris Eltsine, alors que les bases du système se mettent en place dès 1992-1993 et que ces racines sont plus anciennes ; enfin, envisager ce régime comme quelque chose de spécifiquement russe, alors qu'il est né de l'accouplement de la société post-communiste archaïque et des tendances les plus récentes et les moins bien comprises à l'œuvre dans nos sociétés occidentales.

Dans le même temps, il s'agit « de nous intéresser à la Russie pour comprendre ce que nous risquons ». Il apparaît donc anormal de se contenter de clichés, de caricatures, d'ignorances sur un pays qui a joué en Europe un rôle important et dont certains dirigeants ont affirmé qu'il était au cœur de la « maison Europe » depuis Gorbatchev. Il s'agit également de ne pas faire du poutinisme un accident de parcours, tant il y a de cohérence entre l'action de Poutine et des pans du passé de l'histoire russe et soviétique. La vigilance démocratique nous impose de nous méfier, et la meilleure façon de combattre reste la connaissance d'un acteur hors pair, d'un caméléon idéologique, d'un nostalgique de l'époque brejnévienne, d'un manipulateur opportuniste... L'indifférence à la liberté peut être un suicide collectif, ne l'oublions pas !

Arguments

Poutine n'est ni une excroissance anecdotique du post-communisme, ni une parenthèse dans l'histoire de la Russie, mais bel et bien un produit du clanisme de la société russe et de sa capacité à créer un maillage étroit « entre criminalité organisée, structures de force (police, services spéciaux, armée, Parquet) et bureaucratie ». Les Russes sont instinctivement portés vers les régimes autoritaires, comme le rappelait déjà Hélène Carrère d'Encausse et la formule de Mme de Staël n'est pas sans fondement : « En Russie, le gouvernement est un despotisme mitigé par la strangulation »... Les Russes ont toutes les fois dévoyé une démocratie « authentique » pour des potentats autocratiques. Représenter des intérêts est une démarche classique, représenter le peuple n'est pas une priorité. Aussi, en succédant à Eltsine en 1999, Poutine va méthodiquement « éliminer certains oligarques », les remplacer par ses collègues des services secrets et « installer sa propre kleptocratie, justifiée par une idéologie conservatrice, eurasiste et anti-occidentale ». Pour Michel Etchaninoff, reprenant les termes de Françoise Thom, le « messianisme national » et l'« internationale du ressentiment » que Poutine prétend cimenter sont d'abord les héritiers du nihilisme russe du XIXe siècle. Dans sa tentative idéologique de détacher les Européens de la démocratie occidentale, Poutine cherche plus la « destruction » que l'influence.

Au niveau international, Poutine a imposé un cadre plus qu'il n'a subi les aléas des circonstances. Il en reste à ce que disait George Kennan, au tout début de la Guerre froide, « la Russie ne connaît ses voisins que comme vassaux ou comme ennemis », Poutine a donc conduit une campagne obsédante « rendre sa grandeur à la Russie et à l'État russe », pays obsédé par la résolution de son traumatisme post impérial. Il s'est emparé du sentiment général selon lequel « le reste du monde ne nous apprécie pas à notre juste valeur alors que nous avons été une grande puissance ».

Poutine est un héritier de la « maison Europe » de Gorbatchev au début de son mandat et son but est de « rassembler autour de la Russie les nations qui lui sont liées par la géographie et l'histoire » Donc avant d'être un troisième continent dont le cœur serait la steppe (Alexandre Douguine), l'Eurasie est européenne et se conçoit comme réponse à la construction européenne (traité équivalent de Maastricht). Mais rapidement, elle se conçoit aussi comme réponse à l'atlantisme. Le grand dessein de Poutine dans son troisième mandat est de détruire le *soft power* occidental, principal obstacle à la réintégration de l'espace soviétique et à l'adhésion des pays européens à l'UE eurasienne. La conséquence s'impose d'elle-même. Tant que l'UE subsiste, la Communauté eurasienne sera fragilisée par le pôle d'attraction que représente l'UE.

Les moyens à utiliser sont clairement évoqués par Alexandre Bovdunov : « Nous devons donner la priorité à ceux qui vivent d'une manière ou d'une autre à la destruction civilisationnelle de l'Europe : « sectes totalitaires, mouvements séparatistes, néo-nazis et racistes, anarchistes, antiglobalistes, écologistes, radicaux, eurosceptiques, isolationnistes, migrants illégaux »… Il s'agit là d'une stratégie planifiée plus que de l'incantation et surtout pas de l'improvisation. Poutine se prend à rêver de réintégrer autour de Moscou l'espace soviétique, mais aussi de récupérer les États européens lorsque l'UE aura achevé de se défaire et lorsque les partis souverainistes pro-russes en plein essor auront pris le pouvoir en Europe. On espère que cette mainmise sur l'Europe occidentale dans le cadre du grand partenariat eurasien résoudra les éternels problèmes d'intendance de la Russie. « Grâce à une Europe passée dans sa sphère d'influence, la Russie pourra moderniser son complexe militaro-industriel sans en payer le prix par une libéralisation en politique intérieure ». Populariser l'échec de l'UE, symbole de décadence des mœurs, de libertés dévoyées par leurs excès devient une priorité. Désormais au ban de l'Europe avec les sanctions ourdies par les États-Unis mais appliquées par l'UE, Vladimir Poutine mène une véritable guerre psychologique contre l'Occident prolongement de « la stratégie de nuisance tous azimuts », développée du temps du communisme.

La pratique du pouvoir par Poutine sédimente plusieurs originalités. L'élection n'a pas un enjeu démocratique car « les élections pour le pouvoir sont un moyen de mesurer l'efficacité du contrôle sur la population ». C'est un point de convergence entre communisme et poutinisme. En premier lieu, le pouvoir poutinien est institutionnalisé. Il a certes une organisation légale, mais il existe des liens autres qui sont plus important. La forme est celle de la bande avec un chef de bande. « C'est une forme pré-étatique et c'est là l'obstacle de l'émergence d'un État moderne en Russie », « cette structure en bande déforme tout. La hiérarchie apparente ne correspond pas avec la hiérarchie réelle. De même, le pouvoir réel ne se trouve pas dans les organes formels ».

Le système poutinien est donc fragile. Son organisation entraîne deux choses contraires. La force et la faiblesse du pouvoir en place. « Il est forcément fragile car il est concentré entre les mains du chef. Lorsque le chef disparaîtra, il y aura une crise profonde. C'est aussi un pouvoir autoritaire donc Poutine décide de tout. C'est à la fois un pouvoir fort et un système fragile ».

Contrairement à une idée répandue, Poutine n'exerce pas le pouvoir seul, il s'appuie sur une bureaucratie structurée, véritable pyramide administrative dominée par le président forte de 1 million de plus de fonctionnaires que sous Brejnev. Le ciment est la corruption, tacitement encouragée et évaluée à 316 milliards de dollars en 2005, le *Bespredel* sans limite bureaucratique, mais Poutine est le chef de file de ce que Jean-Robert Raviot appelle un directoire. Le Président Poutine s'appuie sur une « garde prétorienne », c'est-à-dire des gens dont le but est de préserver l'intégrité de l'État. Elle est constituée d'hommes provenant des ministères de la Défense et de l'Intérieur depuis la fin des années 1990. Ces conseillers du prince sont arrivistes et comploteurs dans la grande tradition des révolutions de palais de la Russie d'ancien régime. L'évolution de ce prétorianisme russe en une technocratisation de l'élite politique est un risque pour le régime car la loyauté politique de la nouvelle classe dirigeante est peu considérée. On met davantage l'accent sur la méritocratie.

Mise en perspective

Un tel ouvrage conduit bien évidemment à se poser trois questions. La première : le poutinisme aura-t-il permis de restaurer la puissance russe et son économie permet elle de l'exercer ? Rien n'est moins sûr au regard de certaines performances, car la puissance est bridée par un agenda intérieur :

- Le désengagement de la dépendance au pétrole de cette « énergocratie » pour Françoise Thom. Les hydrocarbures constituent encore aujourd'hui 59 % des exportations russes et fournissent au moins 25 % des recettes du budget fédéral.
- La diversification de l'économie.
- La reconquête d'une masse critique pour influencer le monde ; en 1992, le PIB de la Russie était légèrement supérieur à celui de la Chine. Mais aujourd'hui, celui de la Chine est dix fois plus grand ! Plus encore, la Russie d'aujourd'hui a un PIB proche de celui de l'Italie et du Portugal.
- La réponse aux manques d'investissement, de main-d'œuvre et à la chute de la productivité et la remobilisation des jeunes souvent fort dépités par l'avenir promis (même l'armée a perdu son attractivité). Poutine est tenté par le lancement d'une campagne contre la cinquième colonne dans le pays (répression contre les jeunes militants, les réseaux sociaux, depuis 2018 surtout).
- La gestion des retraites, problème économique et social d'autant plus urgent que l'électorat des retraités est essentiel au parti du président, Russie Unie.
- A-t-on vraiment avec Poutine dépassé le stade de la « puissance pauvre » décrite par Georges Sokoloff ? La puissance russe n'est-elle pas confrontée à la prévention du risque d'une révolution de couleur tant les problèmes sont nombreux ? – problématique sanitaire (espérance de vie) et baisse des actifs (1,2 million entre 2015 et 2016) –, ce qui renvoie à un déficit démographique et de formation, car il ne suffit pas de dire, comme Poutine, « celui qui sera le leader dans l'IA dominera le monde » (septembre 2017).

Le poutinisme n'est-il qu'un système installé par la « com » ? « Quand on a la force, on n'a pas besoin d'être intelligent », affirme un proverbe russe.

Les hommes du FSB ont compris que « l'ère de la com est indissociable de celle du terrorisme, qui en est au fond la pratique extrême ». Poutine va plus loin que la communication sur sa virilité, lui le conducteur de canadair, le chasseur de tigre, le conducteur de camion sur le pont de Crimée, le joueur de hockey, le judoka ; bref tout sauf Eltsine alcoolique et gaffeur. Des chansons à sa gloire, des livres de citations de Poutine conduisent un quart des Russes à penser à un culte de la personnalité. Ce culte se résumerait à présenter le président russe comme leader sans alternative dont la sécurité personnelle se confond avec celle de son régime pour prévenir toute contestation. L'histoire de la Russie poutinienne s'écrit donc à travers une succession de nations désignées comme objets de détestation publique par le Kremlin (Tchétchènes, Géorgiens, Estoniens, Ukrainiens et... Européens) clouées au pilori par la « com » du Kremlin. « Le peuple russe ainsi conditionné est prêt à accepter n'importe quoi ». Mais Poutine n'est pas un Golem fabriqué par des communicants et des artifices médiatiques. Il y a eu un coup de foudre entre les Russes et Poutine. La preuve : l'infatuation durable, selon l'auteure.

Poutine *imperator* à vie ? « Tant qu'il y a Poutine, il y a la Russie. Sans Poutine, plus de Russie » (Viatcheslav Volodine, vice-président de l'administration présidentielle, en 2014).

Sa popularité repose sur trois piliers. Poutine le manager d'un décollage économique spectaculaire grâce au prix des hydrocarbures élevé ; Poutine le protecteur de l'autorité de l'État, rétablissant la grandeur nationale sur la scène internationale à partir de la deuxième guerre de Tchétchénie, image martiale renforcée par l'annexion de la Crimée ; Poutine le sauveur des valeurs, des spécificités de la Russie d'un nouvel ordre mondial libéré de la tutelle de l'Occident, posture d'autant plus populaire que l'Occident est traversé par une crise avec la montée de populismes qui ébranle le modèle démocratique libéral. Mais à l'issue du quatrième mandat qu'il semble assuré d'achever, Vladimir Poutine aura à 71 ans la possibilité de suivre l'exemple du président chinois qui a un mandat illimité. Mais sera-t-il, conformément à la constitution, encore Premier ministre pour se représenter en 2030 ? Ou se mettra-t-il en retrait, après choisi un dauphin de confiance capable de réaliser ce qu'il n'a pas pu faire ? Malgré la résilience de l'économie russe, les revenus réels ont chuté de 12,7 % entre 2014 et 2016 et plus de 20 millions de russes, soit 14 % de la population, sont au-dessous du seuil de pauvreté. Les réformes sont restées en plan. La Russie ne parvient pas à « démonopoliser » l'économie et la réduction de la part du secteur public, indispensable, ne peut s'opérer. Comment imaginer que Poutine soit l'homme de la situation en 2024 ?

Alain Nonjon

FICHE 48

Pierre Verluise, *Géopolitique des frontières européennes. Élargir, jusqu'où ?*

« Parce que la configuration géopolitique de l'Europe géographique n'est plus celle de la Guerre froide, l'UE élargie envisage de repousser encore ses frontières avec de nouvelles adhésions. Il importe de savoir lesquelles... Enfin, parce que le monde ne se limite pas au Nord, il faut se pencher sur les relations de l'UE avec son voisinage méridional »

Pierre Verluise, *Géopolitique des frontières européennes. Élargir, jusqu'où ?*, Argos, 2013

Auteur

Docteur en géopolitique de l'université de Paris Sorbonne, Pierre Verluise est le fondateur du premier site géopolitique francophone, *Diploweb.com*. Chercheur associé à la Fondation pour la recherche stratégique (FRS), il est enseignant en CPGE.

Intérêt

Parce que la configuration géopolitique de l'Europe géographique n'est plus celle de la Guerre froide, l'UE élargie envisage de repousser encore ses frontières avec de nouvelles adhésions. Il importe de savoir lesquelles. Après avoir intégré en 2004 et 2007 des pays précédemment sous domination de l'ex-URSS, il convient de comprendre comment l'UE conçoit ses relations avec son voisinage oriental. Enfin, parce que le monde ne se limite pas au Nord, il faut se pencher sur les relations de l'UE avec son voisinage méridional. Il est désormais évident que l'incertitude qui règne sur la délimitation des frontières de l'UE contribue à nourrir une inquiétude que les élites européennes sous-estiment volontiers. À l'image d'un boomerang, cette préoccupation alimente une prise de distance croissante à l'égard de l'UE.

Arguments

Après les trois élargissements post-Guerre froide (1995, 2004, 2007), Pierre Verluise évoque l'intégration de la Croatie qui a eu lieu le 1er juillet 2013, ce qui a porté l'UE à 28 membres. Pour l'auteur, l'impact de l'adhésion de la Croatie pourrait rester relativement mesuré, mais l'UE ne s'arrêtera probablement pas là. Instruite par l'expérience, la Commission européenne devient de plus en plus exigeante à l'égard des candidats : nécessaire renforcement de l'État de droit (car on assiste à l'omniprésence de la corruption), de la liberté d'expression dans les médias, de la coopération régionale et de la réconciliation dans les Balkans occidentaux (Bosnie-Herzégovine et Kosovo).

Pierre Verluise dresse une typologie des candidats officiels (République de Macédoine, Islande – qui n'est d'ailleurs plus candidate à ce jour –, Turquie, Serbie) et des principaux candidats potentiels (Albanie, Bosnie-Herzégovine, Kosovo). L'incertitude qui règne sur la délimitation des frontières de l'UE contribue à nourrir une inquiétude que les élites sous-estiment volontiers. Pourtant cette préoccupation alimente une prise de distance croissante des citoyens à l'égard de l'UE (euroscepticisme, incompréhension de plus en plus flagrante entre les élites et le peuple). La question de l'adhésion de la Turquie a le mérite de poser la question des valeurs de l'UE et donc de s'attarder sur la problématique fondamentale de l'identité européenne. Cet ouvrage propose des réponses claires et précises aux questions suivantes : jusqu'où l'UE compte-t-elle encore s'élargir (et donc la question sous-jacente des limites spatiales) ; quelles relations entretient-elle aujourd'hui avec des pays de l'Est qui étaient hier considérés comme des ennemis (« partenariat oriental ») ; comment s'organisent ses relations avec le sud (Union pour la Méditerranée [UPM]) ? L'ouvrage pose donc clairement la problématique de la gestion par l'Europe de ses périphéries et fait le bilan des initiatives telles que la politique européenne de voisinage ou l'UPM, qui restent mitigées et nécessitent inévitablement une redéfinition importante à la suite, par exemple, des « printemps arabes » et des événements syriens.

Aujourd'hui, encore plus que dans le passé, l'Union à 28 fait face à une question majeure, celle de ses frontières. « Marquée par la "fatigue des élargissements" précédents, affaiblie par la crise, perturbée par la dérive autoritaire de Viktor Orban en Hongrie et la violation de l'esprit des traités européens en Roumanie », l'Europe reste pourtant un pôle d'attraction important pour les pays de son voisinage et poursuit sa politique d'élargissement. Paradoxe ? Décision calculée ? La sécurité et la stabilité interne de l'UE ne peuvent être assurées qu'à travers la bonne gestion de ses frontières externes. Comment peut-on traiter le problème du chômage en Europe sans prendre en compte les multiples flux migratoires entre l'Union et ses pays voisins ? Comment peut-on évoquer la question environnementale sans considérer les caractéristiques des pays voisins dans ce domaine ? Comment peut-on discuter de la sécurité énergétique sans y inclure les pays proches par lesquels transitent les matières premières ? Toutes ces interrogations méritent une attention à la fois de la part des décideurs et des citoyens européens pour commencer à s'opposer à l'euroscepticisme ambiant.

Sujet

- Frontières de l'Europe, frontières en Europe.

Mise en perspective

Penser les frontières de l'Europe du XIXe au XXIe siècle, sous la direction de Gilles Pécout (Éd. de l'ENS, 2004) pose la problématique suivante : faut-il donner à l'Europe nouvelle des frontières précises ? L'actualité de l'élargissement de l'UE invite en effet à enrichir la réflexion en privilégiant la perspective historique pour dépasser le seul inventaire des atouts et des handicaps des pays candidats. Cela suppose que l'on s'interroge sur le rapport entre au moins trois définitions de l'Europe, comme continent géographique, comme construction politique cohérente et unitaire et comme incarnation de la civilisation occidentale. Depuis le XIXe siècle, le lien unissant ces trois acceptions de l'Europe a changé. L'ouvrage permet d'envisager les fondements historiques des débats actuels et l'existence de critères de définition d'une « européanité » à géométrie variable.

Lionel Pourty

Jean-Baptiste Vouilloux, *La démilitarisation de l'Europe. Un suicide stratégique*

« *La démilitarisation relève davantage de la conviction que de la contrainte* »
Jean-Baptiste Vouilloux, *La démilitarisation de l'Europe. Un suicide stratégique*, 2013

Auteur

Diplômé de Saint-Cyr, breveté de l'École de guerre et du Collège des forces canadiennes, Jean-Baptiste Vouilloux est officier d'infanterie.

Intérêt

L'étude s'intéresse aux questions de défense à l'échelle du continent européen, sachant que le projet d'une armée européenne reste encore actuellement utopique pour l'Union européenne par nature une union d'États souverains. Les questionnements peuvent être les suivants : que pourrait apporter de plus une armée européenne ? Comment rendre opérationnels et pleinement efficients les deux cadres de coopération que sont l'OTAN et la PSDC ?

Arguments

L'ouvrage se propose de revenir sur les répercussions de la démilitarisation de l'Europe. Dès l'introduction, l'auteur rappelle que la crise économique de 2008 n'est pas l'unique cause de ce phénomène. En effet, la crise, cause immédiate, n'empêche pourtant pas une dynamique inverse dans le reste du monde et tout particulièrement dans les pays émergents. En 2010, leurs dépenses militaires ont représenté 43 % des investissements de défense dans le monde, trois fois plus que pour les vingt-huit membres de l'UE. « Vénus » doit désormais accepter l'idée d'un monde qui est loin d'adopter le modèle normatif de la « puissance civile » européenne.

Plus inquiétant, l'écart entre l'Europe et les États-Unis ne cesse de se creuser en termes capacitaires ou technologiques : l'opération Harmattan en Libye en est une illustration dans les domaines du ravitaillement en vol et des drones. L'éloignement de la guerre, comme la démilitarisation des sociétés européennes, constituent les causes profondes du déclin militaire du continent. En effet, à la suite du traumatisme des deux guerres mondiales, la guerre est devenue immorale et illégitime pour de nombreux Européens rassurés par leur foi en une globalisation pacificatrice, mais aussi par la dissuasion nucléaire et la protection américaine (article 5 du traité de l'Atlantique Nord). L'Europe croit à la promesse kantienne d'une paix perpétuelle et se berce d'illusions face à un monde où les nouvelles dangers se sont considérablement multipliés : terrorisme, cybermenaces, conflits asymétriques, États faillis. L'UE veut croire à son « *soft power* » et n'hésite pas à confier la gestion des conflits à l'OTAN, alors que celle-ci se cantonne aux missions de Petersberg c'est-à-dire à la gestion civile des crises et aux opérations humanitaires.

Pour l'auteur, la démilitarisation est non seulement capacitaire, mais « sociétale », car une fois « la paix et la prospérité retrouvées, toute une génération s'est interrogée sur le bien-fondé des piliers traditionnels de la société », dont faisait partie l'institution militaire. La rupture entre l'armée et la nation est désormais prégnante, la culture militaire entrerait de plus en plus en contradiction avec les valeurs des sociétés postmodernes. La contrainte budgétaire est bien présente en ce début de XXIe siècle, mais Jean-Baptiste Vouilloux affirme, à juste titre, que c'est la volonté politique qui influence la contrainte budgétaire et non l'inverse. À l'évidence, cette démilitarisation de l'Europe s'avérera nuisible pour l'ensemble de ses partenaires dans le cadre de l'ONU ou encore de l'OTAN. Les Américains incitent désormais les Européens à partager le fardeau, à développer leur autonomie tout en continuant de se méfier d'une Europe forte militairement.

La dernière partie de l'ouvrage, intitulée « Conséquences et limites de la démilitarisation en Europe », se veut plus optimiste en considérant comme réversible celle-ci, notamment au regard de son industrie de défense et de son armement. Cependant, un sursaut est au travers de la mutualisation des ressources ; en effet, lorsqu'un grand nombre de pays se trouvent associés dans un programme, la multiplication croisée de leurs exigences respectives, loin de permettre les mutualisations attendues, entraîne de nombreux retards et des surcoûts. Autre point positif : les coopérations militaires telles que le partenariat franco-britannique, le triangle de Weimar ou le groupe de Višegrad constituent autant de premières étapes vers une défense européenne. Les Européens doivent cependant mieux appréhender leur environnement stratégique, repenser les principaux axes de la Stratégie européenne de sécurité de 2003, insuffler du dynamisme dans la politique de défense commune et clarifier définitivement leur position vis-à-vis de l'OTAN.

Sujet

- L'Europe a-t-elle encore une capacité militaire ?

Mise en perspective

La plupart des auteurs partagent les analyses de Jean-Baptiste Vouilloux, par exemple Nicole Gnesotto qui, dans *Faut-il enterrer la défense européenne ?* (La Documentation française, 2014), montre que l'UE semble frappée d'impuissance stratégique, alors que les sources de déstabilisation régionale se multiplient dans sa périphérie. Malgré l'instauration d'une PSDC, la désillusion quant à sa capacité d'intervenir sur la scène internationale prédomine. Dans le contexte actuel de crise économique, la tentation des Européens, qui ne partagent d'ailleurs pas tous les mêmes analyses en matière de défense, est grande de s'en remettre à l'OTAN, à l'ONU et aux nations pour assurer leur protection. Mais les progrès réalisés sont indéniables. Il faut que l'Union européenne permette désormais à certains États d'avancer plus vite que les autres.

Lionel Pourty

« C'est du Nord aujourd'hui que nous vient la lumière »

Voltaire

FICHE 50

Michel Foucher, *L'Arctique : la nouvelle frontière*

« Il y a deux types de problèmes en Arctique : l'imaginaire et le réel. Des deux, l'imaginaire est le plus réel »

Vilhjalmur Stefansson, explorateur canadien d'origine islandaise, cité dans Michel Foucher (dir.), *L'Arctique : la nouvelle frontière ?*, Biblis, 2014

Auteurs

Ouvrage collectif dirigé par celui qui est considéré souvent comme le spécialiste français des frontières, Michel Foucher, géographe, ancien ambassadeur et titulaire de la chaire de géopolitique appliquée au Collège d'études mondiales. L'ouvrage se divise en contributions de géographes, politologues, stratégistes et juristes traitant les points suivants : espaces et ressources en Arctique ; l'Arctique et la Scandinavie ; la navigation en Arctique ; la Chine et l'Arctique ; la coopération en Arctique ; la gouvernance en Arctique ; réchauffement climatique en Arctique ; Arctique, un nouveau défi.

Intérêt

L'ouvrage peut venir à l'appui de nombreuses réflexions, portant non seulement sur l'espace arctique en tant que tel, mais aussi sur la géopolitique mondiale en général et celle des pays frontaliers en particulier (principalement sur la puissance russe), sur les frontières, le réchauffement climatique, les ressources énergétiques, les routes maritimes mondiales, et cette liste est loin d'être exhaustive.

Arguments

Peuplé d'environ 4 millions d'habitants dont 10 % sont des autochtones aux revendications souvent de plus en plus affirmées et centré autour du plus petit océan du monde (entre 13 et 14 millions de km^2), l'espace Arctique est aujourd'hui au cœur d'extraordinaires bouleversements climatiques suscitant de nombreux fantasmes géopolitiques et économiques autour de ressources et d'opportunités à bien des égards encore bien plus espérées que réelles.

Tout d'abord, le réchauffement climatique conduit à l'apparition d'une frontière qui a toute l'apparence d'un nouveau front pionnier dont la limite, mouvante, se déplace au gré du recul de la banquise (en septembre 2015, la surface englacée était de 4,4 millions de km^2 contre 14,4 en mars 2015) et fait apparaître un potentiel à la fois immense et multiple. L'Arctique est ainsi la « nouvelle frontière de l'*offshore* », puisque selon les prévisions de l'*US Geological Survey*, l'océan disposerait de 13 % des réserves mondiales de pétrole et 30 % des réserves mondiales de gaz naturel. Ces ressources ne sont pas sans susciter des convoitises et entraînent la présence de nombreuses compagnies pétrolières aussi bien russes (Rosneft, Novatek) qu'occidentales (British Petroleum, Exxon Mobil, Total). Cependant, les forages en eaux profondes s'avèrent particulièrement complexes et font peser d'importants risques environnementaux sur l'espace, si bien que l'exploitation des hydrocarbures y demeure très faible.

L'Arctique est par ailleurs la nouvelle frontière du commerce maritime mondial : le recul de la banquise permet l'ouverture de deux nouvelles routes maritimes (et potentiellement, à terme, si la banquise venait à disparaître intégralement, d'une troisième route passant directement par le pôle). La première – et la plus empruntée à l'heure actuelle –, située au nord de la Russie et appelée Passage du Nord-Est, diminue le trajet Tokyo-Londres à 14 000 km contre 21 000 km pour le trajet actuel passant par le détroit de Malacca et le canal de Suez. La seconde ou Passage du Nord-Ouest, longe la côte nord du Canada, et diminue le trajet Hambourg-Vancouver à 14 000 km contre 17 000 km pour le trajet actuel passant par le canal de Panama. En 2013 cependant, seuls 296 navires ont emprunté le Passage du Nord-Est, soit environ l'équivalent du trafic hebdomadaire du canal de Suez. Le fait que les passages ne soient ouverts que quelques mois dans l'année, la complexité de la navigation (glaces dérivantes, hauts-fonds, etc.), ainsi que le très faible niveau d'infrastructures et l'absence de marché le long des routes, expliquent la faible intensité du trafic. Par ailleurs, l'hydrographie très incomplète de l'espace arctique, les prévisions météorologiques encore très inexactes et le caractère embryonnaire des opérations de secours et de sauvetage constituent également d'importants freins au développement de ces nouvelles routes maritimes et à l'exploitation des ressources de l'espace.

L'Arctique s'apparente également à une nouvelle frontière juridique, son potentiel suscitant la convoitise et l'intérêt des États riverains (États-Unis, Norvège, Danemark via le Groenland et surtout la Russie, seul État à avoir une vraie politique en Arctique intégrée à sa stratégie plus globale de reconstruction de son ancienne puissance) et non-riverains. Certaines incertitudes demeurent concernant le droit maritime applicable (les États-Unis n'ayant pas ratifié les accords de Montego Bay de 1982), et les États riverains ont ainsi entamé une véritable bataille juridique autour de l'extension de leurs Zones économiques exclusives (ZEE) respectives afin de tirer profit des ressources supposées immenses du plateau continental. Cette situation conduit ainsi Michel Foucher à reprendre à son compte l'expression de « westphalisation » en cours de l'Arctique, soit le processus de disparition des espaces terrestres et maritimes échappant à la souveraineté des États. Si de nombreux désaccords subsistent donc, une certaine forme de gouvernance de l'Arctique se met en place autour du Conseil de l'Arctique créé en 1996, promouvant la coopération entre États membres sur des sujets d'intérêt commun (développement durable, protection de l'environnement et des populations autochtones) et d'autres organismes, tels que le Forum de l'Arctique. La Chine n'est pas à l'écart de cette convoitise tant sa croissance actuelle est dépendante de ses approvisionnements en hydrocarbures : l'intérêt chinois s'illustre par l'ouverture d'une base scientifique à Svalbard (archipel norvégien), la visite de l'ancien président chinois Hu Jintao au Danemark en 2012, et son entrée comme membre observateur dans le Conseil de l'Arctique depuis 2013.

Sujet

- L'Arctique, nouvel espace de la géopolitique mondiale ?

Mise en perspective

Si les travaux considérant l'Arctique comme un objet géopolitique à part entière sont rares, leur multiplication ces dernières années rend compte de l'importance stratégique que tend à revêtir cet espace. Tous insistent aussi bien sur l'ouverture d'un théâtre attirant l'attention des acteurs principaux des relations internationales (Thierry Garcin, *Géopolitique de l'Arctique*, Economica, 2013) tout en rappelant l'extrême vulnérabilité de cet espace face à « l'appétit des nations » (Rémi Raher, Cyril Maré, *Géopolitique de l'Arctique : la terre des ours face à l'appétit des nations*, L'Harmattan, 2014). Une convoitise et une fragilité rappelées, dans un registre plus littéraire, par l'académicien Erik Orsenna et la navigatrice Isabelle Autissier, explorant en plusieurs voyages la route maritime du Nord-Est, celle longeant les côtes russes de la Sibérie (*Passer par le Nord. La nouvelle route maritime*, Éditions Paulsen, 2014).

Benoît Joulia

*« Un bon capitaine transforme l'Atlantique en Méditerranée ;
un mauvais capitaine transforme la Méditerranée
en Atlantique »*

Amin Maalouf

Gilles Kepel, *Sortir du chaos. Les crises en Méditerranée et au Moyen-Orient*

« Vous ne regrettez pas non plus d'avoir favorisé l'intégrisme islamiste, d'avoir donné des armes, des conseils à de futurs terroristes ? Qu'est-ce qui est le plus important au regard de l'histoire du monde ? Les talibans ou la chute de l'empire soviétique ? Quelques excités islamistes ou la libération de l'Europe centrale et la fin de la Guerre froide ? »

Interview de Zbigniew Brzezinski, conseiller à la Sécurité nationale de Jimmy Carter (1977-1981), dans *Le Nouvel Observateur* du 15 janvier 1998, cité par Gilles Kepel, *Sortir du chaos. Les crises en Méditerranée et au Moyen-Orient*, Gallimard, 2018

Auteur

Professeur à l'université Paris Sciences et Lettres, Gilles Kepel dirige la chaire Moyen-Orient méditerranée à l'École normale supérieure. Ce spécialiste du Moyen-Orient étudie notamment la place de l'« islamisme » dans les évolutions de l'islam contemporain.

Intérêt

Le Moyen-Orient et l'Afrique du Nord sont déchirés par des conflits très meurtriers. L'histoire des pays de cette région depuis 1973 permet de retracer la montée en puissance des régimes théocratiques, mais ennemis de l'Iran et de l'Arabie saoudite, et l'influence de différents courants islamistes.

Arguments

Les espoirs nés des révolutions du « printemps arabe » ont été étouffés par les guerres en Syrie et au Yémen, le rétablissement de la dictature en Égypte et la trajectoire sanguinaire de Daesh. Comment le Moyen-Orient nationaliste et tiers-mondiste du début des années 1970 a-t-il basculé dans une situation anomique propice aux dérives du fanatisme religieux ?

Au début des années 1970, l'influence politique de l'Égypte sur le monde arabe touche à sa fin. L'échec de la guerre des Six-Jours en 1967 a décrédibilisé la rhétorique panarabiste et laïque de Nasser. Sadate, son successeur, déclenche un nouveau conflit contre Israël en 1973. Son issue militaire est incertaine, mais les pays arabes de l'OPEP usent pour la première fois de l'arme du pétrole pour essayer de peser sur le conflit. Cette initiative provoque une flambée des prix du baril, ravivée en 1979 par la révolution en Iran. L'Arabie saoudite et l'Iran disposent désormais d'abondantes ressources financières pour répandre leur message religieux. Mais leur hostilité traditionnelle prend de plus en plus la forme d'un conflit interconfessionnel entre chiites et sunnites à l'échelle de tout le Moyen-Orient.

Alors que l'Iran est confronté à la guerre contre l'Irak entre 1980 et 1988, l'Arabie saoudite engage des moyens financiers considérables dans le financement du jihad contre l'URSS engluée en Afghanistan. Des combattants de tout le monde musulman affluent pour combattre l'Armée rouge. En 1989, la chute du communisme est perçue comme une récompense divine par ces combattants aguerris qui retournent dans leur pays d'origine déterminés à instaurer des régimes théocratiques. Pendant toutes les années 1990, cette première vague de djihadistes est à l'origine d'une longue guerre civile en Algérie et de violents attentats en Égypte, mais elle échoue à conquérir le pouvoir. Cet échec ne ralentit pas l'influence grandissante de l'islamisme qui atteint même l'Europe : des djihadistes s'engagent dans la guerre en Bosnie et des attentats sont perpétrés en France pour dénoncer le soutien au régime algérien. L'opposition palestinienne à Israël s'islamise à son tour. Mais autour d'Oussama Ben Laden et d'Al-Qaïda, une nouvelle stratégie djihadiste est pensée dont l'ambition est d'attaquer directement l'Occident. Les attentats contre New York et Washington le 11 septembre 2001 semblent couronner de succès cette stratégie.

En réaction, les États-Unis occupent l'Afghanistan et renversent Saddam Hussein selon le programme des néo-conservateurs qui assument à la fois le « choc des cultures » et l'ambition d'imposer la démocratie libérale au « Grand Moyen-Orient ». En 2011, des manifestations pour la démocratie font croire à un « printemps arabe ». En quelques semaines, les pouvoirs de Ben Ali et Moubarak, abandonnés par le protecteur américain, sont renversés. La démocratie s'enracine tant bien que mal en Tunisie mais, en Égypte, l'armée reprend le pouvoir. En Syrie et au Yémen, les manifestations tournent à la guerre civile. Au Bahreïn, l'Arabie saoudite écrase le mouvement populaire accusé d'être pro-iranien. Au même moment, Ben Laden est tué par un commando américain. Dans l'Irak déstabilisé par l'invasion américaine, les djihadistes récupèrent la colère des arabes sunnites mal traités par le nouveau régime. Ces djihadistes renoncent à la logique d'Al-Qaïda et veulent ancrer leur emprise dans un État territorial. Proclamé en Irak puis étendu en Syrie, il doit constituer l'ébauche d'un califat censé rassembler tous les musulmans du monde, à l'exclusion des chiites... L'expérience sanguinaire de Daesh est achevée dès 2017 sous les coups des interventions russe et iranienne en soutien au régime de Bachar Al-Assad.

Le Moyen-Orient est déstabilisé par une forme de guerre froide opposant l'Arabie saoudite wahhabite et l'Iran chiite. Face à l'expansionnisme iranien, le bloc sunnite est divisé entre les ambitions antagonistes de la Turquie, de l'Arabie saoudite, du Qatar. Dans ce chaos, l'Occident s'est effacé, laissant la place au retour de la Russie.

Sujet

- Le Moyen-Orient : une impossible sortie du chaos ?

Mise en perspective

Les désordres du monde arabe sont analysés par Gilles Kepel comme une conséquence des politiques de l'Arabie saoudite et de l'Iran. Georges Corm, dans *La nouvelle question d'Orient* (La Découverte, 2017), insiste de son côté sur les interventions des puissances occidentales dans cette région du monde depuis le XIXe siècle jusqu'à aujourd'hui, qui ont profondément déstabilisé les sociétés et empêché l'émergence d'États démocratiques.

Yannick Le Gruiec

Nadia Hamour, *La Méditerranée. Histoire et géopolitique*

« La Méditerranée se rattache à une période historique qui crée son sens. Il y a donc une part d'invention continue dans ce concept. Nous l'avons vu, à chaque époque correspond un discours, un nouveau méditerranéisme soutenant un projet politique donné et une certaine notion de la Méditerranée »

Nadia Hamour, *La Méditerranée. Histoire et géopolitique*, Ellipses, 2015

Auteure

Nadia Hamour est historienne et enseignante à Sciences Po Paris. Les thématiques de ses recherches portent sur les relations euro-méditerranéennes, le dialogue euro-arabe, l'histoire et les économies du monde arabe et musulman.

Intérêt

Au sein de la mondialisation, l'espace méditerranéen est-il plutôt marginalisé ou en voie d'intégration ? Une zone de coopération ou de confrontation ? Pourquoi doit-on constater que la Méditerranée d'aujourd'hui, loin d'être un espace de coopération, d'interface à toutes les échelles, se transforme progressivement en un objet de convoitise et de projection pour les différentes puissances ? Le cosmopolitisme l'emporte-t-il ou assiste-t-on au « choc des civilisations » ? Pourquoi le tropisme méditerranéen a toujours suscité des partenariats ? Que penser du partenariat euro-méditerranéen, de la conférence de Barcelone à l'UPM de Nicolas Sarkozy ? Comment expliquer que, dans cette Méditerranée, espace de rivalités planétaires entre les États-Unis et l'URSS lors de la Guerre froide, les États de l'UE aient perdu l'essentiel de leur emprise ? Comment les États-Unis agissent-ils pour réussir à maintenir leur prééminence dans la région face aux ambitions des BRICS qui partent actuellement à l'assaut de la Méditerranée (Chine, Inde) ? L'instabilité géopolitique actuelle (la question migratoire) condamne-t-elle par avance toute perspective d'unification et de démarche véritablement constructives à l'échelle du bassin ?

Arguments

Les trois premiers chapitres présentent l'objet géographique, la naissance d'une entité culturelle ainsi que les contraintes physiques et les fragilités du milieu méditerranéen. Plus qu'une mer, la Méditerranée est un territoire que les historiens comme les géographes ont longtemps présenté comme un ensemble cohérent, un « ensemble de montagnes presque partout autour de la mer » (Fernand Braudel). Cependant, force est de constater que l'unité politique réalisée par le monde romain est rompue à partir du ve siècle avec les invasions barbares. Commence alors le temps des grandes fractures qui se prolonge jusqu'au xve siècle. La Méditerranée perd alors progressivement sa fonction de centre de « l'économie-monde ». Pourtant, ce n'est qu'aux XVIIIe et XIXe siècles que l'on commence à véritablement penser cet ensemble comme un espace réellement homogène fondé sur des critères physiques ou culturels. Ce sont d'ailleurs les géographes qui, les premiers, ont pensé la Méditerranée comme un objet scientifique. En effet, la « mer au milieu de terres » présente l'originalité d'être un espace en interface avec trois continents (Afrique, Asie, Europe). La Méditerranée est un concept, une construction intellectuelle élaborée à partir d'un espace et d'un imaginaire. L'auteur souligne l'importance de l'expédition de Bonaparte en Égypte qui peut être considérée comme l'acte fondateur de la modernité dans le monde musulman.

Nadia Hamour commente aussi l'importance du facteur religieux pouvant être source de conflits, mais qui, paradoxalement, peut aussi donner naissance à des valeurs communes, une Méditerranée socio-culturelle, une « machine à faire de la civilisation » (Paul Valery).

Les chapitres 4 et 5 insistent sur les richesses de l'espace méditerranéen (fonction nourricière, importance de l'aquaculture, premier foyer touristique mondial et réservoir énergétique) et sur sa fonction d'interface (porteuse d'inégalités, ne favorisant pas assez l'intégration économique ou politique, mais générant une capacité à s'intégrer à la mondialisation par les phénomènes de métropolisation, de polarisation ou encore de littoralisation). La Méditerranée est une synapse, une interface, une « mer pour échanger » dont la traduction spatiale est la multiplicité des flux (espace migratoire majeur, transferts de fonds des migrants, mais ces flux essentiellement maritimes présentent un risque environnemental croissant).

Pourtant, en ce début de XXIe siècle, la Méditerranée apparaît également comme un espace de fractures humaines, économiques et sociales, un espace de tensions, une zone conflictuelle sous haute surveillance. L'auteure s'attarde sur les États riverains dépossédés de leur mer au profit de puissances exogènes dont celle-ci dresse la typologie. Dans cet espace belligène, l'UE et son flanc sud-méditerranéen n'ont eu de cesse de construire des coopérations et des partenariats pour en faire un lac de paix et de prospérité partagé sous haute surveillance des grandes puissances. Nadia Hamour présente ainsi les intérêts et les enjeux américains en Méditerranée, s'interroge sur l'influence stabilisatrice des pays du Golfe et commente les exemples chinois et brésilien qui, selon l'auteure, partent « à l'assaut de la Méditerranée ». L'analyse de la Turquie « puissance moyenne » en Méditerranée clôture l'ouvrage.

Sujet

- La Méditerranée, pont ou fracture entre deux rives ?

Mise en perspective

Fernand Braudel a approfondi cette perception unitaire de la Méditerranée en l'étudiant comme un objet à part entière. En écrivant, *La Méditerranée et le monde méditerranéen à l'époque de Philippe II* (1949), Fernand Braudel n'écrit pas une histoire centrée sur un homme d'État (Philippe II), mais souhaite appréhender la Méditerranée dans toutes ses dimensions. Il choisit d'inverser le sujet, de mettre la Méditerranée à la place du roi et donc de penser « la mer intérieure » comme un espace porteur de dynamiques économiques, sociales et politiques. L'auteur insiste sur les « trois étages du temps », sur la pluralité des durées. L'historien s'inscrit alors parfaitement dans le projet de l'école des Annales, en essayant moins d'écrire une histoire de la Méditerranée que d'analyser quand et pourquoi s'opère le déclin de cet espace au profit de l'Atlantique promu nouveau centre de l'« économie-monde ».

Lionel Pourty

« Je refuse de désespérer de l'Afrique.
Ce serait refuser d'espérer, tout simplement »

Aimé Césaire

Olivier Van Beemen, *Heineken en Afrique : une multinationale décomplexée*

« Les gens ne boivent pas de la bière, ils boivent du marketing »

Freddy Heineken, cité dans Olivier Van Beemen,
Heineken en Afrique : une multinationale décomplexée,
Rue de l'échiquier, 2018

Auteur

Olivier Van Beemen est l'ancien correspondant à Paris du quotidien économique néerlandais *Het Financieele Daghlad*. Il a fait une enquête de terrain de cinq ans dans les onze pays d'Afrique où le brasseur s'est implanté depuis 1930 ! Le point de départ est, dès 2011, la découverte de liens sulfureux entre un représentant du président Ben Ali et un courtier de la firme Heineken dans une période importante : la révolution du Jasmin de 2011. Loin d'être ce que Pierre Péan a été pour le pétrole africain et les réseaux Foccart, le journaliste d'investigation dresse un bilan « positif » de la géopolitique d'Heineken, de ses choix d'implantation, de ses capacités à créer un marché et à coller à la « moyennisation » des classes sociales africaines, voire à accompagner l'essor de cadres locaux dans la stratégie du groupe… Mais, très vite, l'ambiguïté de l'action d'Heineken apparaît ; c'est l'utilisation de tous les stigmates du sous-développement pour asseoir une rentabilité majorée, car « chaque bière vendue en Afrique rapporte 50 % de plus que la moyenne mondiale pour Heineken » et, tant dans sa fabrication que dans sa consommation, le groupe fleuron néerlandais est en contradiction avec ce qui pourrait être une véritable contribution au développement.

Intérêt

À l'heure où les *topics* inondent les écrans et où de grandes analyses transversales font le constat d'un « monde qui s'affole » (Thierry Gomart), du « choc des empires » (Jean-Michel Quatrepoint) « des temps qui changent » (Daniel Cohen), les monographies sur des entreprises en action(s), de terrain et de marché boursier sont un bon moyen :

- D'éviter des caricatures et des généralisations abusives : le continent africain n'y a pas échappé avec l'analyse de FMN prédatrices, avant que de se raviser ; le manque de FMN, voilà la clé du retard africain.
- De rentrer dans la complexité des jeux d'influence : tout investissement en Afrique subsaharienne comprend suffisamment de risques pour qu'il soit étayé de raisonnements précis, de simulations prospectives et d'analyses des rapports de force stabilisés.
- De donner vie à des phénomènes connus, un peu enfermés dans des stéréotypes commodes mais réducteurs ; l'Afrique ne comptabilise jamais aussi bien ses classes moyennes que lorsqu'on se plonge dans l'étude des chauffeurs de taxis du Niger, et

on ne prend conscience du rôle des NTIC en Afrique que lorsqu'on plonge dans la créativité des abonnements « familiaux » ou dans les mille et une façons d'animer des comptes bancaires par mobiles interposés.

C'est en ce sens que la plongée dans les aventures africaines du brasseur Heineken permet de bien saisir le sous titre retenu applicable à beaucoup d'autres FMN sur ce continent de l'espoir : une multinationale décomplexée et l'inventaire des distorsions entre choix éthiques et *realpolitik* dans un business rémunérateur.

Arguments

Ce que dit Heineken fait partie de tous les discours déculpabilisants des grandes multinationales qui, accusées d'être prédatrices, insistent sur leur caractère développeur : des contributions à l'enseignement local en « créant » des écoles ; des matières premières locales utilisées et valorisées plus que des importations ; des emplois créés par milliers, des cadres locaux recrutés et promus comme le directeur général d'Heineken à l'export pour les Amériques, un Rwandais, Eugène Ubalijoro, ou le directeur général des emplois en Hongrie, un Nigérian, Oladele Ajayi.

Bref une « mousse sacrée » qui apporte sa pierre au développement de PMA et de plus garantit la santé, comme l'exposent sans détour en 2014 à Lagos des universitaires bienveillants envers le brasseur organisateur du colloque : la bière préviendrait le diabète, l'hypertension artérielle, la fragilité des os, la goutte... et même certains cancers, qui dit mieux ! Le chansonnier comique troupier Gaston Ouvrard qui « souffre de tous les côtés » y trouverait son compte !

Ce que fait Heineken fait partie des moyens équivoques pour ne pas dire sournois mis en œuvre par la plupart des FMN pour maximiser leur profit et garantir leurs investissements :

- Les projets agricoles de productions locales sont cofinancés par des organismes internationaux d'aide au tiers-monde, par les gouvernements néerlandais et américain (USAID), ainsi par le Fonds commun pour les produits de base (Common Fund for Commodities – CFC) des Nations unies, seuls habilités à financer le non recours aux importations, comportement d'autant plus intolérable qu'il permet à Heineken de présenter les vertus d'une firme élue par la Banque mondiale.
- Les équipements prévus sont toujours revus à la baisse pour minimiser les coûts, même quand il s'agit de l'éducation au service de ce fameux slogan de Julius Nyerere, le patriarche tanzanien « education for self reliance » ; on cherchera vainement les créations de postes d'éducateurs ou des écoles remises aux normes.
- La quête de marchés nouveaux se fait au détriment de petits producteurs locaux.
- La quête d'une main d'œuvre flexible et bon marché n'interdit pas le recours à un travail des enfants pour la distribution.
- La quête d'une image conduit à faire des bières stars des signes extérieurs de richesse, des marques d'appartenance à une *middle class* détournant une partie de la richesse des investissements de base.
- Que dire enfin des consommations d'alcool accrues, des publicités incitatives dans des sociétés pas nécessairement préparées à d'inévitables excès et conséquences médicales.

Ce qu'elle mobilise comme moyens et énergie, l'entreprise Heineken étant peu regardante :

- Se porter sur un marché concurrentiel – Heineken n'est que le troisième brasseur sur le continent derrière AB InBev (40 % du marché) et Castel, mais devant le Britannique Diageo – et savoir racheter les brasseurs locaux ayant une taille critique opérationnelle par croissance externe.
- Identifier une forte croissance du produit (5 % par an avec bénéfices prévus en hausse de plus de 40 % en 10 ans des potentiels, puisque le niveau de consommation est bas, 9 litres contre 55 en Europe et 44 en moyenne dans le monde).
- Se démarquer en se rapprochant des élites et, si possible, être le plus prêt possible du pouvoir, comme au Nigéria où le président Obansanjo fut un bouclier contre un concurrent et un fluidifiant pour les démarches administratives ; corruption ? pourquoi pas ? concussion évidemment, avec des régimes autoritaires sinon criminels au Burundi, qui a fait d'Heineken le sponsor du 50e anniversaire de l'indépendance au Congo ou au Rwanda, pays où les génocidaires buvaient de la « Primus » entre deux meurtres.
- Ne pas hésiter à bâtir des réseaux de diffusion : face à Guinness, Heineken s'est appuyé au Nigeria sur un réseau de 2 500 prostituées ou, en Afrique du Sud, sur 150 000 clandestins assurant une promotion de sa marque Legend qui garantissait de meilleures performances sexuelles que la rustre *stout* irlando-écossaise.
- Faire le choix d'africaniser des produits en collant aux goûts des clients locaux et, comme en France, des HEC en mal d'authenticité (Armelle et Dominique Salelli) produisent de la Pietra, bière à la châtaigne corse, Heineken va se lancer dans le riz, le manioc, le fonio comme produits de substitution au houblon et à l'orge, quand ce n'est pas l'introduction d'un goût de banane. Garantir 60 % de produits locaux, c'est sécuriser la croissance du CA de la bière Heineken sur le marché africain.
- Mettre en place une mercantilophilanthropie qui va du sponsoring d'équipes sportives à la réalisation d'infrastructures de soins.

Mais de toute façon, c'est très compliqué d'être « une île de perfection dans un océan de misère [...] », selon un DRH de la firme.

Sujet

- L'Afrique contribue-t-elle à l'élaboration d'un nouvel ordre mondial ?

Mise en perspective

À l'heure où l'Afrique redevient une terre de convoitises et où se bousculent les puissances extérieures sur son marché (retour des États-Unis, Chine dans un nouveau *scramble for Africa*, Inde soucieuse de ne pas céder un pouce à la Chine et Russie qui n'oublie pas Brejnev l'Africain), il importe de voir comment ont pu évoluer les rapports de dépendance, les liens qui font de l'Afrique autant une banlieue pour l'Europe qu'une nouvelle frontière pour de nombreux pays. Le temps de l'Afrique est il vraiment celui des Africains ?

Analyser la vulnérabilité du capitalisme industriel africain face aux intérêts étrangers, c'est mesurer le chemin qui reste pour que l'Afrique soit responsable d'elle-même, seule voie pour que le continent reparte vraiment, lui qui est si mal parti...

À l'heure où la CNUCED fait un bilan de l'explosion des multinationales (plus de 104 000 avec plus de 892 000 filiales employant près de 70 millions de salariés) et où émerger inclut la promotion et le développement d'entreprises en quête de globalité, il est important de saisir comment l'Afrique réagit face aux FMN exogènes. Heineken est un exemple qui a le mérite de ne pas être caricatural, ni surmédiatisé, au même titre que Total ou Shell dont les comportements prédateurs pourraient expliquer les succès.

Enfin, le produit choisi peut ne pas être sans intérêt car, plus rare et plus chère, la bière victime du réchauffement climatique risque de devenir un produit de luxe avec la diminution brutale de la production d'orge très sensible ; or 17 % de la production est utilisée par les brasseurs. Les stocks devraient s'effondrer et les prix de la pinte augmenter sévèrement alors que la baisse de la qualité de l'amidon diminuerait celle de la bière. Déjà, la brasserie Cantillon connue pour sa Lambic n'a pas pu, pour cause de chaleur, mener à bien le processus de fermentation naturelle à l'air libre en novembre 2015.

L'ouvrage recensé n'est pas qu'à charge. La bière est à la mode, Heineken est un fleuron industriel néerlandais courtisé par le public et loué par l'establishment. Alors que la firme n'échappe pas à des pratiques douteuses relevant d'un néocolonialisme dominateur, Orano (ex-Areva) au Niger n'a peut-être rien à envier à Heineken.

Alain Nonjon

Sylvie Brunel, *L'Afrique est-elle si bien partie ?*

« Non, l'Afrique n'est pas si bien partie. Elle connaît certes une embellie, des succès, des redressements spectaculaires. Mais la vérité, c'est que de vraies réussites s'individualisent en taches de léopard sur une toile de fond qui reste celle du sous-développement et de la précarité. Il faut dire la vérité : l'Afrique, ce n'est toujours que 1,6 % du PIB mondial (4,5 % en parité du pouvoir d'achat) ! »

Sylvie Brunel, *L'Afrique est-elle si bien partie ?*,
Éd. sciences humaines, 2014

Auteure

Sylvie Brunel, géographe, économiste, professeur à Paris-Sorbonne, spécialiste des questions de développement, a également travaillé une quinzaine d'années dans l'humanitaire.

Intérêt

Avec cette paraphrase du titre du fameux livre de René Dumont paru il y a un demi-siècle (*L'Afrique noire est mal partie*, Le Seuil, 1962), Sylvie Brunel répond que le continent n'est pas aujourd'hui dans la situation aussi favorable qu'on le prétend trop hâtivement. Ce faisant, elle prend le contre-pied du discours dominant et simpliste sur l'« émergence africaine ». Loin des représentations afro-pessimistes d'hier ou de l'afro-optimiste ambiant qui prévaut depuis le début du XXIe siècle, l'auteur prouve en effet que jamais l'Afrique n'a été plus injuste et s'interroge sur l'excès d'optimisme actuel.

Arguments

Après avoir commenté les trois principales représentations qui dominent pour décrire l'Afrique (l'Afrique de la misère, l'Afrique de l'exotisme, l'Afrique émergente), Sylvie Brunel insiste sur l'ambiguïté à définir précisément les classes moyennes africaines, sur le défi de l'urbanisation, sur l'autoritarisme, la pauvreté, sur l'arc de crise sahélien, sur la permanence d'un terrorisme de basse intensité et sur la description des interventions armées qui échouent.

L'Afrique dispose cependant d'atouts pour appréhender ce XXIe siècle naissant : c'est un eldorado énergétique et foncier suscitant, pas toujours à son unique profit, l'intervention des puissances exogènes. Le continent est également une « fenêtre d'opportunité démographique » à une époque où l'Asie vieillit et où la Chine met fin à la politique de l'enfant unique. Finalement, Sylvie Brunel démontre que l'Afrique est fondamentalement plurielle car « parler de l'Afrique est aussi mensonger que réducteur : il existe bien des Afriques aux personnalités et aux trajectoires opposées ».

L'ouvrage, en s'attardant sur les territoires gagnants et perdants de l'Afrique actuelle, montre tout l'intérêt d'adopter une démarche multiscalaire. Écrire l'Afrique au singulier lui semble tout autant réducteur et mensonger car la croissance africaine reste largement extravertie avec des partenaires extérieurs toujours en quête de minerais, de pétrole, de terres et d'un marché. La réussite se fait surtout en « taches de léopard » sur une toile de fond qui reste toujours celle du sous-développement et de la précarité : l'Afrique, ce n'est toujours qu'1,6 % du PIB mondial, tandis que trois pays seulement, l'Afrique du Sud, le Nigeria et l'Égypte, représentent à eux seuls 50 % de ce PIB.

Pour l'instant, en effet, le retard ne se comble pas et l'Afrique sera développée lorsqu'elle réunira tous les critères suivants : quand la mortalité infantile passera en dessous de la barre des 50 ‰, quand elle ne cumulera plus les maladies de la tropicalité et de la pauvreté en milieu rural, quand Madagascar ne sera plus l'épicentre mondial d'une maladie d'un autre âge, la peste, quand le sida cessera d'être une maladie africaine affectant principalement les femmes, quand elle nourrira ses paysans au lieu de louer leurs terres pour que d'autres les mettent en valeur à leur place, quand les accidents de la circulation ne seront plus la principale cause de mortalité sur le continent, quand elle cessera d'accuser le reste du monde de ses malheurs et quand le reste du monde ne s'autorisera plus à la traiter comme un continent dans l'enfance.

Finalement, l'Afrique doit désormais trouver elle-même ses solutions – en améliorant par exemple l'efficacité des organisations économiques régionales – pour finir par transformer la croissance actuelle en « croissance inclusive » qui, seule, permettra un développement à toutes les échelles du continent africain.

Sujet

- L'Afrique, crise ou décollage ?

Mise en perspective

Philippe Hugon s'attache à dresser un portrait non pas de l'Afrique mais « des » Afriques (*Afriques : entre puissance et vulnérabilité*, Armand Colin, 2016). L'une des problématiques soulevées par l'ouvrage sont les suivantes : quel modèle de croissance pour ce continent ? L'auteur s'intéresse, en effet, surtout aux modes de développement différenciés du continent africain et pense que l'on est trop actuellement dans des modèles normatifs : « Si on prend simplement le mot "développement", celui-ci ne veut pas dire prendre comme exemple le modèle occidental ou le modèle des pays matures, car c'est un modèle carboné, énergivore, à cycle court de produits. C'est un modèle de gaspillage. De toute façon, la planète ne pourrait pas le supporter [...]. Ce n'est donc pas une question de rattrapage ou une question de décollage. La question majeure, c'est plutôt de savoir comment on utilise les potentialités, les opportunités et les capacités qui sont propres aux différentes sociétés. Et c'est là où on peut dire que "l'Afrique construit, de manières diverses, sa modernité par des trajectoires qui sont plurielles et, effectivement, il faut davantage du sur-mesure plutôt que du prêt-à-porter" ».

Lionel Pourty

FICHE 55

Géraud Magrin, Alain Dubresson et Olivier Ninot, *Atlas de L'Afrique, un continent émergent ?*

« Sur le continent des crises, des signes d'émergence semblent annoncer un tournant pour l'Afrique »

Géraud Magrin, Alain Dubresson et Olivier Ninot, *Atlas de L'Afrique, un continent émergent ?*, Autrement, 2016

Auteurs

Géraud Magrin, professeur de géographie à l'université Paris 1 Panthéon-Sorbonne, travaille sur les relations entre ressources naturelles et territoires en Afrique de l'Ouest et du Centre.

Alain Dubresson, professeur émérite de géographie à l'université Paris Nanterre, conduit des recherches sur l'urbanisation en Afrique subsaharienne, le développement local et la gouvernance urbaine en Afrique australe.

Olivier Ninot, géographe, ingénieur de recherches au CNRS, porte ses recherches sur les systèmes de transport et les circulations de personnes et des biens en Afrique de l'Ouest.

Intérêt

L'ouvrage passe en revue les profondes mutations du continent africain au début du XXIe siècle et présente les défis auxquels se trouve confronté le continent africain. Incontestablement, les analyses montrent un continent qui émerge ; pour autant, elles n'occultent pas les faiblesses qui marquent encore le continent. Une analyse multiscalaire nuancée et éclairée par le travail de la cartographe Aurélie Boissière.

Arguments

Selon les estimations, l'Afrique comptera 2,5 milliards d'habitants en 2050. La transition démographique est quasiment achevée en Afrique du Nord et en Afrique australe ; la croissance de la population reste forte en Afrique subsaharienne avec des indices de fécondité supérieurs à 6 enfants par femme. Par ailleurs, le taux d'activité (part des 15-65 ans) augmente sous l'inflexion de la fécondité, ce qui devrait permettre aux pays concernés de toucher leur « dividende démographique », c'est-à-dire plus de ressources disponibles pour l'investissement et la consommation, suivant en cela le modèle chinois. Face au défi du nombre, les systèmes scolaires et sanitaires devront répondre aux besoins.

En 2030, l'Afrique comptera 745 millions de citadins : le défi majeur pour le continent sera donc celui de repenser l'urbanisme, l'essor des mégapoles (Lagos, le Caire, Kinshasa, Johannesburg) ne devant pas occulter la croissance des autres villes. « Inventer la ville pour tous » est un défi colossal, 62 % des citadins d'Afrique subsaharienne vivent dans des bidonvilles.

Au-delà d'un aménagement des territoires, la gestion de l'eau apparaît essentielle. Là encore les inégalités sont importantes, six États bénéficient de 54 % du volume disponible, les vingt pays les plus pauvres n'en cumulent que 7 %. Permettre une eau potable et un assainissement pour tous, mais également éviter la pénurie et le stress hydrique sont les objectifs primordiaux.

Peut-on parler de tournant économique pour le continent ? L'agriculture et les activités extractives restent prépondérantes : 45 % du PIB en 2013. Les activités extractives ont été régulées notamment par l'initiative de transparence dans les industries extractives (ITIE), elles restent sources de revenus mais aussi de corruption, les rentes pétrolières ou minières étant encore trop souvent confisquées par les dirigeants et les acteurs étrangers. Les dynamiques actuelles montrent des économies plus diversifiées (Nigéria, Éthiopie) ; toutefois l'émergence n'est pas toujours assurée, et est encore à géométrie variable. Le continent manque par ailleurs d'infrastructures, et demeure « en chantier ». L'intégration régionale, défi nécessaire pour le développement, est l'un des principaux objectifs de l'Agenda 2063 proposé par l'Union africaine. Certains États sont engagés dans le développement mais, pour d'autres, les conflits n'offrent aucune perspective. L'Afrique reste ainsi le continent des conflits aux origines diverses (« guerre des ressources », conflits religieux, djihadisme) ; cependant, elle est engagée dans un « processus de décompression autoritaire ». Selon l'OCDE, en 2013, le continent comptait 24 régimes de type démocratique, 5 autocraties et 22 régimes « hybrides ». La marginalité du continent s'estompe peu à peu et l'Afrique apparaît comme « une nouvelle frontière » et constitue un espace d'opportunités pour de nombreux acteurs, parmi lesquels la Chine et ses *package deals* se distinguent par sa forte présence (2000 entreprises recensées en 2013). Des relations avec le monde profitables à son développement. Mais, à bien des égards, le continent subit les effets négatifs de la mondialisation, dont le *dumping* social et environnemental. Faute de stabilité ou de développement pérenne, le continent africain reste le point de départ de nombreux flux migratoires.

Sujet

- L'Afrique, un continent riche peuplé de pauvres ?

Mise en perspective

Dans l'édition 2018 de son rapport annuel, *Perspectives économiques en Afrique*, la Banque africaine de développement pèche-t-elle par excès d'optimisme ? Les économistes de l'institution panafricaine tablent sur une croissance économique de 4,1 % sur le continent. Les auteurs notent que « les fondamentaux économiques et la résilience se sont améliorés dans plusieurs pays africains » où « la mobilisation des ressources intérieures dépasse désormais celle de pays d'Asie et d'Amérique latine dont les niveaux de développement sont comparables ». Mais cette croissance ne permet pas de réduire la pauvreté ou de créer des emplois. La BAD regrette ce « décalage » et souligne que seuls l'Algérie, le Botswana, le Burundi, le Cameroun et le Maroc ont enregistré une croissance de l'emploi de plus de 4 % entre 2000 et 2008.

Caroline Delbecque

Serge Michaïlof, *Africanistan. L'Afrique en crise va-t-elle se retrouver dans nos banlieues ?*

« On a des raisons de craindre que surgisse d'abord un "Sahélistan" puis, par un jeu de dominos, un "Africanistan" : un Afghanistan africain, mais à la puissance 5 ou 10, dont l'une des conséquences inéluctables sera qu'une bonne partie de l'Afrique en crise se retrouvera dans nos banlieues »

Serge Michaïlof, *Africanistan. L'Afrique en crise va-t-elle se retrouver dans nos banlieues ?*, Fayard, 2015

Auteur

Chercheur à l'IRIS, enseignant à Sciences Po et conseiller de plusieurs gouvernements, Serge Michaïlof a été l'un des directeurs de la Banque mondiale et le directeur des opérations de l'Agence française de développement (AFD). Son dernier ouvrage, *Notre maison brûle au Sud* (Fayard, 2010), a reçu le prix Jean-Michel Gaillard.

Intérêt

L'ouvrage est un cri d'alarme sur l'ampleur des risques d'une poursuite de la dégradation sécuritaire au Sahel. L'auteur ne livre pas une vision très optimiste de l'avenir en Afrique. Pour autant, il ne cherche pas à minimiser les avancées réelles observées. Pour Serge Michaïlof, l'Afrique n'a pas véritablement « émergé » et le chemin pour y parvenir est encore long.

Arguments

Serge Michaïlof montre que si, dans les statistiques globales, l'Afrique va mieux et peut par conséquent nourrir un discours afro-optimiste, il rappelle que le continent est un véritable « baril de poudre ». En 2050, l'Afrique au sud du Sahara aura une fois et demie la population de la Chine et les jeunes en âge de travailler y seront trois fois plus nombreux mais les emplois insuffisants. Ce qui inquiète pour l'ensemble du continent apparaît plus dramatique pour le Sahel. Cette zone immense est le « maillon faible » du continent, étendue sur environ 7 millions de km^2, englobant une dizaine de pays.

Serge Michaïlof fait le choix de centrer son analyse sur le Sahel francophone (plus de 4 millions de km^2). Le Burkina Faso, le Mali, le Niger et le Tchad, États enclavés, cumulent tous les facteurs de fragilité. L'auteur observe des similitudes avec l'Afghanistan et nous alerte sur les conséquences dramatiques d'une déstabilisation de la région. La croissance démographique est similaire (3,5 %), la population du Sahel francophone est de 67 millions d'habitants ; pour 2050, elle est estimée entre 170 et 210 millions d'habitants. Une croissance démographique à laquelle ne pourra répondre le marché de l'emploi, une jeunesse désœuvrée risquant alors de basculer dans les activités illicites et criminelles. Tout comme certaines vallées en Afghanistan, le Niger, le nord du Mali et du Tchad connaissent des disettes récurrentes en raison d'une stagnation de l'agriculture et de l'économie rurale. Par conséquent, des migrations massives sont inévitables, accentuant la pression sur les zones dynamiques voisines, la Côte-d'Ivoire, le Cameroun et le Nigéria, renforcées par la grande faiblesse de l'État et des armées nationales.

Pour l'auteur, le Niger doit faire l'objet d'une attention particulière, car il fait face à de multiples menaces sur ses frontières, et l'armée nigérienne ne peut résister au nord face aux djihadistes du Mali, sources d'insécurité pour les mines d'uranium, et au sud-est face à Boko Haram. Le Tchad subit quant à lui la pression des bandes de la Seleka de Centrafrique.

Pour autant, l'Afrique ne se résume pas au Sahel et le Sahel n'est pas l'Afghanistan, s'il a démontré des points communs entre la zone sahélienne et l'Afghanistan, les pays du Sahel francophone ne sont pas des États « faillis ». L'aide financière internationale est réelle et constitue l'une des rares solutions pour réduire les difficultés. Mais il faut selon lui tirer pour le Sahel des leçons de l'échec occidental en Afghanistan. L'urgence est de créer des emplois en milieu rural, de relancer le développement agricole et de mettre en place des programmes pour agir sur les évolutions démographiques. Sur ce plan, la structure patriarcale des familles au Sahel et la pratique du mariage précoce des jeunes filles sont des obstacles majeurs. Aussi est-il encore possible de stabiliser le Sahel ? Oui, à condition « d'un minimum d'imagination et de courage politique ». Serge Michaïlof souligne l'importance d'une aide française, mais aussi d'un engagement de l'Europe pour ne pas abandonner la France face à une Afrique en crise. Il évoque l'idée « d'un plan Marshall » pour le Sahel, une solution pour éviter un Africanistan ? La question reste posée.

Sujet

- L'Afrique est-elle toujours « mal partie » ?

Mise en perspective

Jean-Fabien Steck, dans *La documentation photographique* (n° 8121, janvier 2018), apporte une analyse lucide et critique sur l'Afrique subsaharienne. Celle-ci est en pleine mutation et s'inscrit dans la mondialisation. Il souligne que, si les conflits, les crises et le développement des mouvements terroristes persistent, de nombreux investissements en Afrique sont réalisés par des pays tels que la Chine, l'Inde ou la Turquie. De même, une minorité active regroupant artistes, intellectuels et hommes d'affaires, contribue à l'émergence de cette région du monde. Un numéro qui s'attache à dépasser les clichés et qui propose une vision plus afro-optimiste.

Caroline Delbecque

FICHE 57 Jean-Michel Severino et Olivier Ray, *Le temps de l'Afrique*

« Le XXIe siècle sera celui de l'Afrique. On la croyait vide, rurale, animiste, pauvre, oubliée du monde. Or, cinquante ans après les indépendances, la voilà pleine à craquer, urbaine, monothéiste. Si la misère et la violence y sévissent encore, la croissance économique y a repris : les classes moyennes s'y développent. Elle est désormais au centre de nouveaux grands enjeux mondiaux. Bref, elle était « mal partie » ; la voilà de retour – à grande vitesse »

Jean-Michel Severino et Olivier Ray,
Le temps de l'Afrique, Poches Odile Jacob, 2011

Auteurs

Jean-Michel Severino a été conseiller technique au ministère de la Coopération puis directeur du développement au ministère français de la Coopération. Il a ensuite dirigé l'Agence française du développement (AFD), avant de devenir directeur de recherches à la Fondation pour les études et recherches sur le développement international (FERDI).

Avant de rejoindre l'AFD, Olivier Ray a travaillé pour le Département des opérations de maintien de la Paix de l'ONU dans le cadre d'interventions dans les pays en sortie de crise et pour le centre de recherche Security Council Report sur l'action du Conseil de sécurité des Nations unies en matière de développement, de prévention des conflits et de reconstruction post-conflit.

Intérêt

Comment écrire sur l'Afrique évolutive sans tomber dans les clichés, ni de l'afro-pessimisme d'un continent hors de l'histoire et de la modernité, ni de l'afro-centrisme attribuant les maux de l'Afrique à l'extérieur, ni de l'afro-optimisme mettant en exergue le modèle africain fondé sur la solidarité, l'ingéniosité et constituant un modèle alternatif ? Les auteurs défendent une thèse : le XXIe siècle sera le temps de l'Afrique désormais au centre des grands enjeux mondiaux, qui fait entendre sa voix et diversifie ses partenaires. Il importe donc à la fois de ne pas minimiser les risques et de saisir les dynamiques, les opportunités et les espoirs qu'elle suscite.

Arguments

L'ouvrage est construit en huit parties : « L'histoire d'un peuplement », « L'Afrique en marche », « L'Afrique contre la croissance », « Quand l'Afrique s'éveille », « Une marche : trois directions », « L'Afrique ou la verdeur du monde », « Le nouveau venu au banquet des nations ». Les grands enjeux de l'Afrique – démographiques, environnementaux, sécuritaires, sociaux et politiques – sont traités par des économistes dans une perspective transdisciplinaire. Il reflète le changement du rythme de croissance de l'Afrique subsaharienne. Les causes immédiates de cette expansion varient selon les auteurs et les rapports, mais les exportations de matières premières continuent d'être mises en exergue. *Le temps de l'Afrique* attribue ce mouvement surtout à la demande intérieure de classes moyennes grandissantes ainsi qu'aux investissements dans les secteurs *high tech* et financier. Cet ouvrage parcourt un ensemble de tendances lourdes en matières de démographique, d'environnement, de couverture des besoins énergétiques ou de production agricole, en essayant d'en mesurer les potentialités et les périls. Les auteurs estiment que l'Afrique est désormais en bonne santé économique et que son intégration dans l'économie mondialisée est sur la bonne voie.

Ceux-ci dressent par ailleurs une radiographie de l'économie en Afrique en identifiant trois grandes trajectoires : les pays qui s'adossent uniquement à la rente pétrolière pour croître et peuvent dès lors connaître la « malédiction des matières premières » (Mauritanie, Nigéria, Gabon, Congo) ; les pays qui tracent leur chemin hors du dénuement sans ces ressources naturelles et qui comptent donc avant tout sur l'expansion de leur marché intérieur, leur stabilité politique et une gestion macroéconomique saine (Ghana, Tanzanie, Mozambique, Burkina) ; un État proactif cherchant la diversification de l'économie. Au-delà, force est de constater qu'il existe encore des États précaires voire faillis comme le Tchad, le Zimbabwe ou la Somalie.

Les auteurs s'attardent également sur la place de l'Afrique dans la crise écologique planétaire. Les effets sur le continent seront triples : difficultés économiques liées à la dépendance de nombreux États à l'exploitation des matières premières et aux ressources naturelles, événements climatiques extrêmes dus au réchauffement de la planète, pollution urbaine croissante notamment dans les zones d'habitation informelle. Mais l'Afrique se transforme, la preuve de cette transformation réside en particulier dans l'évolution perceptible des comportements et des normes institutionnelles de la vie sociale.

Force est de constater également que l'Afrique redevient une pièce stratégique de l'échiquier mondial. Ses ressources sont l'objet de convoitises de la part des puissances exogènes, le pétrole africain couvrant désormais une partie importante des immenses besoins énergétiques chinois. D'autre part, de nouvelles classes moyennes en formation et un récent marché de consommateurs intéressent au plus haut point les acteurs du commerce international. Mais pour faire face au nouveau positionnement de l'Afrique, à ses nouveaux enjeux commerciaux, diplomatiques, géopolitiques, il est vital de se doter de capacités institutionnelles stables lui permettant d'exercer au mieux ses nouvelles responsabilités. Les multiples zones d'intégration régionales ou encore le NEPAD sont la preuve de cette volonté. Pourtant, les prédateurs restent nombreux, même si l'Afrique n'attend plus désormais « l'Europe avec sa charité et son complaisant dédain ». Le livre comporte en outre une réflexion sur ce que requiert le processus de développement. La véritable question posée est bien celle du modèle de développement à promouvoir et de la pérennité de celui-ci.

Sujet

- L'Afrique et la mondialisation.

Mise en perspective

L'ouvrage de Jean-Michel Severino et Jérémy Hajdenberg, *Entreprenante Afrique* (Odile Jacob, 2016) commente la dynamique entrepreneuriale africaine assez peu connue, celle des petites et moyennes entreprises. Il s'agit d'un regard de praticiens expérimentés, nourri d'une riche connaissance du monde africain. En effet, si l'entreprenariat africain n'est en rien un phénomène nouveau, le premier tissu de PME africaines n'apparaît qu'assez tardivement, dans les années 1980. Le lecteur est invité à suivre différentes aventures entrepreneuriales. Fait appréciable, les difficultés de parcours ne sont pas dissimulées (accès au capital complexe, problèmes liés à la corruption ou au manque d'infrastructures…). Les auteurs se confrontent ensuite à des problématiques plus globales sur les modèles de développement africain et leur avenir : une croissance tirée par une consommation intérieure de plus en plus importante, portée par l'émergence de classes moyennes de plus en plus nombreuses.

Lionel Pourty

« On affirme, en Orient, que le meilleur moyen pour traverser un carré est d'en parcourir trois côtés »

Lawrence d'Arabie

FICHE 58

Pierre Blanc et Jean-Paul Chagnollaud, *Atlas du Moyen-Orient. Aux racines de la violence*

« *Les évènements en cours depuis le début des années 2010 au Moyen-Orient ne sont pas une crise de plus mais certainement un basculement historique, une forme de rupture avec le passé* »
Pierre Blanc et Jean-Paul Chagnollaud, *Atlas du Moyen-Orient. Aux racines de la violence*, Autrement, 2015

Auteurs

Pierre Blanc, enseignant-chercheur en géopolitique à Sciences Po Bordeaux et Bordeaux Sciences agro, est rédacteur en chef de la revue *Confluences Méditerranée*. Jean-Paul Chagnollaud est professeur des universités et directeur de l'Institut de recherche et d'études Méditerranée/Moyen-Orient (iReMMO). Claire Levasseur est une cartographe indépendante.

Intérêt

Les deux auteurs reviennent sur des idées reçues sur cette région. Le Moyen-Orient des lendemains de la Première Guerre mondiale n'existe plus véritablement, dès lors que les « puissances dominantes, avec l'appui de certaines classes dominantes, ont créé des États sans nation, laissé des nations sans États, et instrumentalisé les appartenances communautaires plutôt que de construire les bases d'une citoyenneté ». Cet atlas nous aide donc à comprendre, à travers cartes, graphiques et documents, les problématiques actuelles d'un Moyen-Orient « compliqué » devenu « l'épicentre de toutes les violences ». Il propose ainsi une grille de lecture des « raisons du malheur », de même qu'il aborde de façon thématique tous les grands dossiers du moment.

Arguments

Le début de l'ouvrage dresse le tableau historique de la région. Plusieurs études de cas explorent ensuite les destins différents de pays comme l'Arabie saoudite, l'Égypte, l'Iran, Israël mais aussi ce que les auteurs nomment les « nations oubliées », à savoir la Palestine et un éventuel Kurdistan.

Il rappelle tout d'abord, dans une partie historique, comment cette violence « s'est largement dessinée il y a un siècle avec la dislocation de l'Empire ottoman », dont la responsabilité revient essentiellement à la Grande-Bretagne et à la France. Sur la base des accords Sykes-Picot et de la déclaration Balfour, un nouvel ordre a été imposé, provoquant contestations et frustrations. Une deuxième partie s'attarde sur les « dérives idéologiques et politiques » qui contribuent d'ailleurs à expliquer une partie des violences actuelles. La plupart des régimes politiques de la région ont été rarement démocratiques et portent en eux l'empreinte profonde d'idéologies comme le sionisme ou encore l'islamisme. Dans une troisième partie sont décrites les ressources, où l'abondance dans le domaine des hydrocarbures côtoie la pénurie dans d'autres, en particulier pour l'eau. Après avoir dressé une typologie de ces ressources (eau, hydrocarbures, richesses agricoles), la question du transport se pose avec l'étude des canaux et des détroits qui constituent autant de « verrous stratégiques ». La dernière partie sur « les figures de la guerre » dresse un tableau des guerres et des conflictualités qui ne cessent d'envenimer la région.

La pluralité du terme de guerre (question palestinienne, conflits asymétriques, Daech et les risques de disparition du patrimoine, asymétrie du nucléaire militaire régional) et le rôle des différents acteurs régionaux ou extérieurs sont abondamment commentés. En effet, les rapports de force évoluent au Moyen-Orient mais la zone reste au cœur des relations internationales avec un retour de la Russie, une impuissance de l'ONU, une omniprésence constante des États-Unis, une redistribution des rôles au sein des puissances régionales. La dérive islamiste est particulièrement commentée, avec, à partir de 1967, l'émergence d'un slogan simple et redoutablement efficace : « L'islam est la solution ». Certes, certains de ces mouvements sont relativement anciens, comme celui des Frères musulmans fondé en Égypte en 1928, mais leur idéologie connaît un essor en ce début de XXIe siècle. Le salafisme, largement financé par les pays du Golfe, est marqué dans l'ensemble de la zone par un spectaculaire essor. La naissance d'Al-Qaïda en 1988 puis de l'État islamique témoignent du passage d'une frange de ces mouvements vers davantage de radicalité.

Une étude de cas commente la guerre en Syrie. D'autres évoquent l'ampleur du nombre des réfugiés et des déplacés, et les destructions patrimoniales.

La conclusion des auteurs n'est guère optimiste car « on le voit, le chemin à parcourir est considérable pour construire un Moyen-Orient stable et en paix avec lui-même ». Dans un tel contexte les enjeux semblent très importants dès lors que « le spectacle des évènements en cours évoque sans doute une revanche des sociétés écrasées par des décennies d'autoritarisme et de totalitarisme ». Pourtant, quelques perspectives peuvent paraître réjouissantes comme l'accord sur le nucléaire iranien de juillet 2015 qui semble pour l'instant éviter un risque de confrontation supplémentaire.

Sujet

- Le Moyen-Orient peut-il reprendre son destin en main ?

Mise en perspective

Olivier Hanne, dans *Les seuils du Moyen-Orient, histoire des frontières et des territoires* (Éd. du Rocher, 2017), propose, à travers plus de 140 cartes et schémas de faire une étude historique et géopolitique de la construction des frontières de la région. L'auteur démontre que le Moyen-Orient est l'espace de naissance d'États et de systèmes politiques puissants, mais aussi un lieu de fractionnement, de frontières mouvantes, d'héritages séculaires toujours contestés. La frontière au Moyen-Orient est ici un « seuil », c'est-à-dire une faille historique et administrative surinvestie par les mémoires collectives, que celles-ci ne cessent de ruminer même après leur disparition. Les lignes des accords Sykes-Picot sont un seuil, tout comme les limites de guerre de l'État islamique.

Lionel Pourty

FICHE 59

Pierre Blanc et Jean-Paul Chagnollaud, *L'invention tragique du Moyen-Orient*

« À regarder l'histoire contemporaine du Moyen-Orient, on ne peut qu'être frappé par la permanence et la récurrence de tragédies qui brisent les vies de millions d'hommes et de femmes »

Pierre Blanc et Jean-Paul Chagnollaud, *L'invention* tragique *du Moyen-Orient*, Autrement, 2017

Auteurs

Pierre Blanc est enseignant-chercheur en géopolitique à Sciences Po Bordeaux et à Bordeaux Sciences agro. Il est rédacteur en chef de la revue *Confluences Méditerranée*. Jean-Paul Chagnollaud est professeur émérite des universités, directeur de l'Institut de recherche et d'études Méditerranée/Moyen-Orient (iReMMO).

Intérêt

L'ouvrage présente de manière accessible la création des États du Moyen-Orient et les dynamiques qui ont conduit à les déstabiliser. Une analyse qui cible les origines des crises de la « poudrière » qu'est devenu le Moyen-Orient.

Arguments

L'extrême complexité géopolitique du Moyen-Orient trouve ses origines dans son histoire. Pierre Blanc et Jean-Paul Chagnollaud développent ici l'idée que la reconfiguration territoriale et politique opérée dans les années 1920 explique pour une bonne part la tragédie du Moyen-Orient. Qu'il s'agisse de la guerre civile en Syrie et en Irak, de l'inextinguible problème israélo-palestinien, de l'instabilité du Liban, ou enfin de la guerre indirecte entre l'Arabie saoudite et l'Iran, toutes sont des tragédies qui trouvent leur origine dans les années 1920, celles de « l'invention » du Moyen-Orient par les puissances européennes (Royaume-Uni et France) qui tracent les frontières de la région. Les auteurs parlent « d'accouchement traumatique », pour une région où les frontières ont été imposées après la Première Guerre mondiale.

Que ce soit les accords de Sykes-Picot en 1916, ou du « bricolage juridique » des mandats français sur le Liban et la Syrie, et britannique sur la Palestine, tout est fait pour permettre aux puissances européennes de défendre leurs intérêts dans cette région stratégique. Et ce au mépris des peuples et de leurs représentants. La conférence de la paix en 1919 est à ce titre symptomatique. Les délégations arabe et kurde qui s'exprimaient au nom des peuples les plus importants du point de vue démographique sont restées marginalisées. Ni l'émir Faysal, représentant de la cause arabe, et ni le chérif Pacha, porte-parole de la cause kurde, ne sont entendus. Les Arméniens revendiquent un territoire qui est aussi pour partie revendiqué par les Kurdes, et espèrent obtenir une Arménie allant du Caucase à la Cilicie en passant par l'Anatolie, leurs espoirs sont déçus. À l'inverse, les délégations qui représentent des minorités, les Libanais et les sionistes ont le soutien des Français et des Britanniques et obtiennent en grande partie ce qu'ils souhaitent. Chaïm Weizmann, président de l'organisation sioniste mondiale, qui présente les revendications sionistes sur la Palestine de la Méditerranée jusqu'à l'est du Jourdain englobant une grande partie du Golan, obtient partiellement gain de cause. Les Français refusent que la frontière nord de la Palestine empiète sur le Liban et les Britanniques décident en 1922 de fixer la frontière de l'Est sur le Jourdain pour créer la Transjordanie.

À l'issue de cette conférence, nombre d'exigences ont été ignorées ; elles nourriront des révoltes qui seront écrasées. Palestiniens et Kurdes, « les oubliés de l'histoire » ont été les grands perdants du découpage territorial des années 1920. Les Kurdes subissent encore aujourd'hui les politiques anti-kurdes ; c'est le cas en Turquie où le parti des travailleurs du Kurdistan (PKK) est la cible du pouvoir, Recep Tayyip Erdogan ayant fermé « les portes de l'autonomie culturelle et politique ». Les Palestiniens subissent un « déni politique », et restent dépossédés de leur territoire par la politique de faits accomplis d'Israël, qui continue de contrôler 60 % de la Cisjordanie. Une situation d'impasse, « absence de souveraineté palestinienne, abus de la puissance israélienne ».

Il apparaît enfin que les ingérences étrangères sont dévastatrices dans la région. Si la France et le Royaume-Uni ont été des puissances déstabilisatrices, les États-Unis ont largement pris le relais depuis 1945, et ont fait du Moyen-Orient un « espace d'investissement sécuritaire et diplomatique majeur ». La protection de l'État d'Israël est voulue non seulement par le puissant American Israël Public Affairs Committee (AIPAC), mais aussi par un « lobby pro-israélien » animé par des évangéliques sionistes. En privilégiant de soutenir l'Arabie saoudite, les États-Unis s'attachaient le soutien d'un « *swing producer* ». Les agissements de l'administration néoconservatrice Bush père et fils dans la région ont largement nourri une détestation des États-Unis et une montée de l'islamisme. Le Moyen-Orient est aussi le terrain d'affrontement des puissances régionales que sont la Turquie, l'Arabie saoudite et l'Iran. Reste à savoir si l'ensemble des acteurs responsables de la déréliction de la région peuvent aussi être acteurs d'une reconfiguration du Moyen-Orient.

Sujet

- Le Moyen-Orient, terre d'ingérences extérieures.

Mise en perspective

Dans *Le siècle de Balfour, 1917-2017* (Éd. Pierre-Guillaume de Roux, 2018), Philippe Simonnot montre comment le mouvement sioniste, très minoritaire à ses débuts au sein des communautés juives européennes, obtient le soutien britannique à un foyer national juif en Palestine. Les autorités britanniques poursuivaient des objectifs sans grand rapport avec le sort des Juifs d'Europe : renforcer leur présence au Proche-Orient, sécuriser la route des Indes, diplomatie dévastatrice pour la région.

Caroline Delbecque

Pierre Conesa, *Dr. Saoud et Mr. Djihad. La diplomatie religieuse de l'Arabie saoudite*

« *La diplomatie religieuse de l'Arabie saoudite apparaît comme un curieux mélange entre le* soft power *à l'américaine et un système totalitaire à la soviétique* »

Pierre Conesa, *Dr. Saoud et Mr. Djihad. La diplomatie religieuse de l'Arabie saoudite*, Robert Laffont, 2016

Auteur

Pierre Conesa a été adjoint au directeur des Relations internationales de la Délégation générale à l'armement chargé de la politique d'exportations. Il a conçu le Campus de défense de l'École militaire. Il est par ailleurs maître de conférences à Sciences Po Paris et à l'ENA.

Intérêt

L'auteur a pour ambition d'analyser les rouages du « *soft power* » saoudien par le biais de l'aide humanitaire et à travers ses institutions islamiques. Il part d'un constat simple : l'absence d'analyse sur le rôle religieux international de l'Arabie saoudite. Il constate qu'elle dépense à peu près autant pour sa diplomatie religieuse que pour ses achats d'armement (entre 5 et 8 milliards de dollars par an) et qu'elle joue un rôle majeur dans la diffusion du salafisme à l'échelle mondiale. Le « *soft power* » saoudien est mis en œuvre par des grandes fondations qui distribuent de l'argent, par des universités qui invitent des étudiants étrangers, mais également par des médias faisant preuve de prosélytisme, l'ensemble mettant en place une idéologie complètement totalitaire. Cependant, l'auteur souligne que l'Arabie saoudite est aujourd'hui totalement cernée par les problèmes que sa diplomatie religieuse a suscités, des radicaux issus du système éducatif saoudien en arrivant à contester la légitimité des Saoud et la réintégration de l'Iran dans le jeu international depuis les accords de Vienne.

Arguments

Le livre de Pierre Conesa aborde le sujet, peu traité en France, de la diplomatie religieuse de l'Arabie saoudite. Sa thèse s'affiche sur la couverture du livre où, derrière le drapeau saoudien, apparaît en ombre portée celui de l'État islamique (EI) : l'Arabie saoudite, « régime théocratico-tribal », est responsable du développement des groupes djihadistes dont elle promeut l'idéologie. Elle contribue à la « salafisation du monde » à travers une diplomatie religieuse très active et bénéficiant d'une « manne illimitée ». Cette politique résulte du « pacte du Nedj » conclu en 1744 entre la famille des Saoud et celle d'Abd Al-Wahhab.

Pour l'auteur, la diplomatie saoudienne finance généreusement la propagation du salafisme à travers diverses institutions. La Ligue islamique mondiale est un de ces instruments, basée à La Mecque et présente dans de nombreux pays. Son action est multiforme : mise en place de tribunaux islamiques jugeant sur la base de la charia ou création d'écoles coraniques. Un autre vecteur d'influence est l'université de Médine qui a formé depuis son origine près de 45 000 imams étrangers.

Outre les parentés idéologiques avec les groupes djihadistes, l'auteur souligne la part qu'a prise l'Arabie saoudite à leur expansion en Afghanistan, en accord avec les États-Unis. Le fait que 15 des 19 djihadistes impliqués dans l'attaque du 11-Septembre aient été saoudiens a conduit le Congrès à s'interroger sur les liens entre ces terroristes et Riyad. Des documents internes du Département d'État ou du Trésor incrimineraient des filières de financement venant des pays du Golfe, et particulièrement d'Arabie saoudite.

Ce livre est clairement une mise en cause, souvent polémique, d'une Arabie saoudite qui aurait contribué au développement du terrorisme djihadiste. Si l'Arabie saoudite joue un rôle incontestable dans l'expansion du fondamentalisme islamique, il serait pourtant hasardeux d'amalgamer salafisme et terrorisme. De fait, les djihadistes ont des parcours très différenciés. Certains ont une idéologie salafiste, d'autres ont été Frères musulmans, mais la plupart n'ont qu'une connaissance sommaire de l'islam. Au sein de l'EI, les anciens cadres du Baas irakien laïque jouent un rôle important. Par ailleurs, des circuits de financements « privés » existent à partir des pays du Golfe ou d'ailleurs, notamment de la part de riches mécènes qui considèrent que l'EI défend efficacement les sunnites contre les persécutions dont ils sont l'objet.

Enfin, comme le note l'auteur, la politique saoudienne a évolué : menacé par l'EI, verbalement mais également à travers de nombreux attentats, le gouvernement saoudien s'est engagé dans la lutte contre le terrorisme, même si sa priorité reste la lutte par procuration contre l'Iran plutôt que contre l'État islamique ou Al-Qaïda.

Sujet

- L'Arabie saoudite, une puissance régionale ?

Mise en perspective

Laurent Bonnefoy, dans *Le Yémen. De l'Arabie heureuse à la guerre* (Fayard, 2017), souligne que la politique et la société saoudienne sont fréquemment analysées à l'aune du wahhabisme. Toutefois, l'auteur affirme que celui-ci reste trop souvent encore mal compris voire fantasmé. Plus largement, l'économie comme la politique étrangère ou les pratiques sociales restent encore aujourd'hui régies par des considérations qui dépassent le plus souvent une lecture supposément wahhabite de la religion. En effet, au-delà de l'islam officiel, force est de constater la grande diversité des pratiques religieuses qui ont cours en Arabie saoudite. Finalement, l'ouvrage souligne que pour comprendre le royaume des Saoud, sa diplomatie ou ses évolutions internes, le seul prisme du wahhabisme se révèle insuffisant. Celui-ci est davantage un filtre qui occulte plus qu'il n'explique, même s'il continue de s'incarner dans des institutions et des législations qui sont indiscutablement dépassées par une société très hétérogène et en plein bouillonnement. L'ouvrage récuse cependant l'idée que le wahhabisme n'existe pas ou qu'il a disparu.

Lionel Pourty

FICHE 61

Georges Corm, *La nouvelle question d'Orient*

« De l'ancienne question d'Orient à la nouvelle, nous sommes [...] tout autant, sinon plus, dans une ancienne question d'Occident qui s'est renouvelée. Car c'est bien la même dynamique qui demeure entre l'ancienne et la nouvelle question d'Occident au Moyen-Orient, celle des rivalités de ses puissances coloniales entre elles dans un appétit prométhéen d'extension impériale et un désir de contrôle de l'ensemble de la "communauté des nations" »

Georges Corm, *La nouvelle question d'Orient*, La Découverte, 2017

Auteur

Georges Corm est un historien et économiste libanais, spécialiste du Moyen-Orient. Cet ouvrage s'inscrit dans une série de travaux consacrés aux rapports ambivalents et dialectiques entre Orient et Occident (*L'Europe et l'Orient*, La Découverte, 1989 ; *Orient-Occident, la fracture imaginaire*, La Découverte, 2002).

Intérêt

Les thèses clairement affichées de l'auteur peuvent venir étayer des réflexions soulignant la perspective occidentale de nombreuses analyses du Moyen-Orient, ainsi que les dérives de certaines lectures de cet espace réduisant les tensions et les conflits au seul facteur anthropologique, ce qui est le cas, selon l'auteur, de l'analyse de Samuel Huntington.

Arguments

Reprenant une remarque de l'historien britannique Arnold Toynbee qui voyait dans la première question d'Orient une « question d'Occident », Georges Corm considère que la nouvelle question d'Orient – qu'il fait commencer à partir de 1945 – n'est jamais rien d'autre qu'une « nouvelle question d'Occident ». Elle s'inscrit ainsi directement dans un rapport de ruptures et de continuités avec la première.

L'ouvrage se fait volontiers très critique quant aux conséquences destructrices pour le Moyen-Orient des options stratégiques prises par les Occidentaux, au premier rang desquels les États-Unis, en qui il perçoit une force de déstabilisation profonde de la région. La volonté américaine – dont il dénonce aussi bien la « rage » que « l'*hybris* » – de remodeler le Moyen-Orient est une des explications principales des désastres qu'a connus la région depuis plusieurs décennies (destruction de l'Irak, impossibilité de trouver une solution au problème israélo-palestinien, guerres en Syrie ou au Yémen, isolement tragique de l'Iran, émergence de mouvements terroristes islamiques tels Al-Qaïda et l'État Islamique). Georges Corm propose même des « sanctions démocratiques » à l'encontre des pays occidentaux instrumentalisant les droits de l'Homme afin de servir leurs intérêts et justifier leurs interventions meurtrières.

Le chapitre 8, véritablement central dans la construction de l'ouvrage, s'oppose fermement à la thèse défendue par Samuel Huntington, dans le *Choc des civilisations* (1996). Il en dénonce la dimension performatrice et le caractère auto-réalisateur : ce n'est que parce que les acteurs lui donnent du crédit et agissent en prenant cette théorie comme une vérité, que les faits paraissent lui donner raison. Sa simplicité et sa lisibilité ont engendré selon l'auteur une paresse chez de nombreux spécialistes du Moyen-Orient et sont venues nourrir un « chaos mental » qui voit dans une altérité moyen-orientale irréductible l'explication des principaux conflits. Georges Corm se prononce avec fermeté contre la pertinence d'une telle analyse dont il rappelle le caractère essentialiste, voire d'après lui raciste. Les lignes de fractures actuelles, essentiellement religieuses (sunnites *versus* chiites, islam radical *versus* islam modéré, islam majoritaire *versus* religions minoritaires) seraient la résultante d'une construction de la part de puissances (en particulier les puissances occidentales, mais l'Arabie saoudite et l'Iran n'en sont aujourd'hui pas exempts) en quête de la domination régionale et n'auraient qu'une très faible pertinence historique. Cette instrumentalisation des monothéismes et surtout de l'islam a conduit à l'invention d'un *homo islamicus*, par essence réfractaire à la modernité, aux valeurs occidentales, et disposé naturellement à la violence, à la guerre et au terrorisme.

Georges Corm propose donc de repenser la complexité de la région afin de sortir de ce chaos. Le Moyen-Orient n'est pas régi par un principe d'altérité mais de diversité. Loin de réduire les relations internationales en général, et les rapports entre Occident et Orient en particulier à une analyse anthropologique (centrée sur une supposée opposition entre de grands systèmes religieux ou une confrontation entre des valeurs occidentales et arabes ou islamiques), Georges Corm souligne que ces relations ne peuvent être comprises et interprétés que dans une approche multifactorielle accordant toute leur place aux aspects socio-économiques, politiques, militaires ou encore historiques.

Le contraste entre les économies chinoises et d'Asie du Sud-Est et le mal-développement arabe rappelle ainsi l'urgence d'un traitement politique de ces facteurs, et principalement du mal-développement. Ce mal-développement, dans lequel l'auteur voit l'origine des révoltes de 2011, a de multiples racines : rôle dévastateur de la rente (principalement pétrolière) hypothéquant l'avenir du Moyen-Orient par l'absence d'investissements dans les infrastructures, la santé ou l'éducation et nourrissant une corruption endémique, « impotence technologique » des pays du Moyen-Orient et faiblesse des politiques publiques en matière de R&D pour pallier ce *knowledge gap*, misère des populations arabes rurales ou encore importance des taux de chômage et du manque de perspectives de la jeunesse. Aussi Georges Corm soumet-il l'idée d'un « moratoire sur les discussions religieuses » destructrices afin de permettre aux acteurs (tant arabes qu'occidentaux) de se concentrer sur les problématiques socio-économiques du Moyen-Orient.

Sujet

- Conflits et rivalités de puissance au Moyen-Orient.

Mise en perspective

Aux côtés de Georges Corm, d'autres auteurs ont tenu à (ré)affirmer récemment le rôle majeur de l'Occident dans les crises qui traversent le Moyen-Orient. Pierre Blanc et Jean-Paul Chagnollaud évoquent par exemple « l'invention » du Moyen-Orient lors des recompositions territoriales nées de la volonté des vainqueurs de la Première Guerre mondiale, invention « tragique » s'il en est puisque cent ans après la géopolitique régionale en est encore marquée (Pierre Blanc et Jean-Paul Chagnollaud, *L'invention tragique du Moyen-Orient*, Autrement, 2017). Dans cette logique, le chaos que connaît la région depuis le plus de cent ans ne serait ainsi en rien une fatalité.

Benoît Joulia

Mathieu Guidère, *Atlas du terrorisme islamiste. D'Al-Qaida à Daech*

« Le terrorisme islamiste apparaît plus que jamais au cœur des enjeux mondiaux »
Mathieu Guidère, *Atlas du terrorisme islamiste. D'Al-Qaida à Daech*, Autrement, 2017

Auteur

Mathieu Guidère est professeur des universités et directeur du Département d'études arabes à l'université Paris 8. Docteur en linguistique et agrégé d'arabe, il a été expert principal du Programme de prévention de la radicalisation et de l'extrémisme violent de l'Union européenne (PPREV-UE) en 2015. Il est notamment l'auteur de l'*Atlas des pays arabes* (Autrement, 2015) et de la *Guerre des islamistes* (Gallimard, 2017). Claire Levasseur a conçu et réalisé les cartes de l'atlas.

Intérêt

Plus de soixante cartes permettent de mieux analyser le terrorisme islamiste, mieux comprendre ses racines, sa logique et son mode opératoire. L'ouvrage propose une analyse claire et critique du terrorisme à l'échelle mondiale. Celui-ci débute par une mise en perspective historique en analysant depuis quand les groupes terroristes actuels se réclament de l'islam. Une problématique parcourt cet atlas : quels sont les modes d'action de financement et d'organisation des groupes terroristes ? L'auteur dresse ensuite une typologie bien utile des groupes terroristes et s'intéresse enfin aux attaques subies par les pays occidentaux et leurs méthodes de lutte contre la radicalisation.

Arguments

L'ouvrage débute sur l'idée qu'il n'existe pas de définition consensuelle du terrorisme et encore moins une acceptation partagée par la communauté scientifique de l'islamisme. En effet, si la plupart des groupes et des organisations terroristes se réclament actuellement de l'islam, cela n'a pas toujours été le cas à travers l'histoire. Leur attachement à la religion musulmane relève souvent de l'opportunisme même si, dans la perception commune, terrorisme et islamisme sont indiscutablement associés, nourrissant aussi bien l'islamophobie que la xénophobie. Mathieu Guidère commente ensuite les trois grands types idéologiques du terrorisme qui peuvent d'ailleurs s'associer étroitement entre eux : l'idéologie panislamiste qui donne lieu à un terrorisme à caractère global, l'idéologie takfiriste qui se manifeste à travers un terrorisme à dominante locale et enfin le califatisme qui se traduit par un terrorisme « glocal », c'est-à-dire des velléités hégémoniques à l'échelle internationale, tout en s'accompagnant également d'une volonté de territorialisation du jihad à l'échelle locale.

L'atlas présente ensuite un ensemble de cartes permettant de mieux localiser les principaux groupes et organisations terroristes, qui ne sont pas tous connus du grand public et qui ne présentent pas le même degré de dangerosité. L'auteur s'intéresse également aux relations, aux connexions et aux compétitions, voire aux affrontements armés, entre les principales organisations terroristes qui sont plus d'une centaine d'après l'ONU, l'Union européenne ou encore les États-Unis. Certaines utilisent des modes d'action terroriste, mais se présentent également comme des groupes de résistance nationale tels le Hamas ou encore le Hezbollah libanais. L'analyse se poursuit sur les territoires affectés par les multiples groupes terroristes. Force est de constater que si tous les continents sont touchés, ce sont les pays arabes et musulmans qui paient le plus lourd tribut. L'originalité de l'État islamique est d'avoir souhaité rétablir le califat en développant un « jihad territorialisé » assez éloigné du terrorisme global d'Al-Qaida.

Les nouveaux territoires virtuels comme les réseaux sociaux ou internet sont également analysés. L'économie grise ou informelle servant de base au financement du terrorisme est ensuite commentée. Si les principales ressources proviennent de la taxation des populations et de la prise de contrôle des territoires, ce financement s'avère d'autant plus possible si l'État est failli et qu'il n'assure donc plus ses missions régaliennes.

Enfin, l'ouvrage se termine sur le lien ténu entre terrorisme et radicalisation en montrant que celle-ci « se situe en amont et en aval, c'est-à-dire que l'une peut mener à l'autre mais pas nécessairement ». Mathieu Guidère montre très bien que le plus difficile est de déterminer des critères et des indicateurs de radicalité. L'atlas s'achève sur quelques propositions permettant la déradicalisation ou le désendoctrinement (approche comportementale et doctrinale).

Sujet

- Le terrorisme, un des enjeux majeurs de la géopolitique mondiale.

Mise en perspective

Nicolas Hénin, dans *Comprendre le terrorisme. Bâtissons une société résiliente* (Fayard, 2017), constate que le phénomène terroriste demeure en réalité mal connu. Qu'est-ce que le terrorisme ? Comment définir la radicalisation ? D'où viennent les djihadistes ? Les terroristes sont-ils des fous ou des bandits comme les autres ? Quel but poursuivent-ils et comment pouvons-nous les empêcher de l'atteindre ? Parce que la réponse au terrorisme n'est pas seulement l'affaire d'acteurs publics. Les sociétés ont aussi leur rôle à jouer, en contribuant à la prévention et en développant leur résilience. Battre le terrorisme, c'est vaincre la terreur qu'il nous inspire.

Lionel Pourty

Henry Laurens, *La question de Palestine*, t. 5 : *« 1982-2001, la paix impossible »*

« Netanyahou a su jouer la carte de la peur et du conflit des cultures. Il promet d'avoir la paix sans céder des territoires et d'assurer la sécurité. En animant une coalition composée de partis religieux et de la droite nationaliste, il oppose une identité juive fortement définie de façon ethno-religieuse à une identité israélienne plus vague, bien que posée comme plus moderne »

Henry Laurens, *La question de Palestine*, t. 5 : *« 1982-2001, la paix impossible »*, Fayard, 2015

Auteur

Après avoir été professeur à l'INALCO, Henry Laurens est, depuis 2003, titulaire de la chaire « Histoire contemporaine du monde arabe » au Collège de France. Il est membre du comité de rédaction de la revue *Maghreb-Machrek*.

Intérêt

L'ouvrage d'Henry Laurens décrit l'avènement du processus de paix et son déraillement. Son étude concerne également les pays voisins – Liban, Syrie, Jordanie, Égypte, Irak – ainsi que la puissance dominante, les États-Unis. La synthèse des événements et des causes – politiques, militaires, diplomatiques, terroristes – est neutre, Henry Laurens ne dressant pas d'acte d'accusation – ou alors sur des faits bien établis, comme le massacre de Sabra et Chatila au Liban en 1982. Mais il éclaire les responsabilités des principaux dirigeants dans les décisions qu'ils prirent au nom de leur peuple, en fonction de leurs convictions et des rapports politiques existants. Ce cadre rend possible une analyse de l'échec des accords d'Oslo, la conclusion étant très pessimiste quant à la perspective d'une résolution rapide de cette guerre de presque « cent ans ».

Arguments

Henry Laurens publie le cinquième volume de son histoire de la Palestine. Le premier, *L'invention de la Terre sainte*, portait sur la période 1799-1922 et commençait avec l'expédition de Bonaparte en Égypte. Celui-ci s'achève avec les dernières négociations de Bill Clinton en Égypte et par la victoire de la droite nationaliste emmenée par Ariel Sharon aux élections du 6 février 2001.

La photo de couverture illustre la fameuse poignée de main entre le premier ministre israélien Rabin et le chef de l'Organisation de libération de la Palestine Yasser Arafat. En arrière-plan se trouve Bill Clinton. Cette photographie, pleine d'espoir, illustre la reconnaissance mutuelle d'Israël et du peuple palestinien. On assiste bien évidemment au récit des nombreuses violences entre 1982 et 2001, mais aussi à la mise en place de ce que l'on nomme le processus de paix. Deux logiques s'affrontent : la situation sur le terrain et les initiatives diplomatiques. Henry Laurens se place au plus près des acteurs et montre aussi l'importance du facteur humain dans des négociations qui concernent les peuples et les territoires. Son étude commente les réactions des États voisins : Libye, Syrie, Jordanie, Égypte, Irak ainsi que la puissance dominante alliée d'Israël, les États-Unis.

L'auteur analyse les raisons de l'échec des accords d'Oslo, « des accords qui visaient à établir la confiance entre Israéliens et Palestiniens mais instauraient un processus qui allait en permanence la détruire ». Ces accords entérinent l'énorme déséquilibre de puissance qui existait entre Israël et l'OLP. Henry Laurens ne juge pas, l'émotion est peu mise en scène, seuls les faits sont analysés et commentés.

Par la suite, les initiatives multiples se soldent par des échecs du fait, entre autres, de l'obsession sécuritaire israélienne et de la poursuite de la politique de colonisation. Les États-Unis ont toujours échoué à résoudre ce conflit inextinguible, leur neutralité est d'ailleurs sujette à caution... la scène intérieure américaine étant marquée par la puissante influence d'Israël auprès des élus du Congrès.

L'auteur termine en rappelant qu'il aurait été plus judicieux d'organiser une coexistence pacifiée que de créer un nouvel État souverain. L'auteur reste pessimiste sur la possibilité d'un règlement du conflit en déplorant le manque de volonté des leaders de chaque camp et leur incapacité à rechercher une solution pacifique.

Sujet

- Israël/Palestine, une guerre de presque 100 ans ?

Mise en perspective

Alain Dieckhoff, dans *Le conflit israélo-palestinien. 20 questions pour vous faire votre opinion* (Armand Colin, 2017), rappelle tout d'abord que 2017 représente un triple anniversaire : celui de la déclaration Balfour, celui de la résolution des Nations unies du 29 novembre 1947 qui appelle à la création de deux États et enfin celui de la guerre des Six Jours de juin 1967 qui permit à Israël d'occuper la partie est de Jérusalem, la Cisjordanie et la bande de Gaza et d'augmenter ainsi considérablement sa superficie. Ce conflit s'inscrit ainsi dans la durée à l'heure de la décision américaine de déplacer l'ambassade de Tel Aviv à Jérusalem. Le libellé des 20 questions témoigne de cette volonté de décrypter tous les aspects de ce conflit polymorphe : pourquoi Juifs et Arabes s'affrontent-ils en Palestine depuis 100 ans ? Pourquoi un processus de paix est-il lancé depuis 1990 ? Les États-Unis sont-ils un acteur impartial ? Pourquoi l'Europe a-t-elle été marginalisée ? La solution des deux États qui, à un moment donné, a été reconnue seule solution possible est-elle menacée, voire morte ? Jérusalem peut-elle être la capitale des deux États ? Ce conflit aura-t-il une fin ? L'auteur juge à cet égard que la situation de « paix partielle/guerre intermittente » semble devoir encore perdurer.

Lionel Pourty

FICHE 64

Pierre-Jean Luizard, *Chiites et sunnites. La grande discorde en cent questions*

« *Si l'arabe est la langue du Coran, le persan est la langue du Paradis* »

Dicton iranien cité dans Pierre-Jean Luizard, *Chiites et sunnites. La grande discorde en cent questions*, Tallandier, 2017

Auteur

Pierre-Jean Luizard est historien de l'islam contemporain et directeur de recherches au CNRS.

Intérêt

Cet ouvrage étudie le conflit entre les deux principales branches de l'islam, le sunnisme et le chiisme, en répondant à cent questions problématisées.

Arguments

De nombreux acteurs du Moyen-Orient, étatiques (l'Iran chiite) ou non (des groupes djihadistes) mettent en avant leurs convictions religieuses dans leur engagement politique. Quelle est la part de l'antagonisme entre sunnites et chiites dans le chaos moyen-oriental ?

L'antagonisme entre sunnites et chiites remonte à la mort de Mahomet en 632 quand Ali, son gendre et cousin, est écarté de sa succession au profit d'un de ses proches compagnons qui devient le premier calife. Le chiisme rassemble les partisans d'Ali et voue un culte aux martyrs de sa lignée, en particulier à Karbala en Irak où la cérémonie Ashûra commémore Husayn, le fils d'Ali tué en 680. Les chiites sont divisés entre différentes branches, les plus nombreux sont les chiites duodécimains qui attendent le retour du Mahdi, le douzième et dernier des « imams » descendants du prophète, annonciateur du Jugement dernier. Dès l'origine, le chiisme a une vocation révolutionnaire alors que le sunnisme peut être défini comme l'orthodoxie islamique, qui impose un consensus autour du Coran et de la sunna et fait acte d'allégeance à l'égard des pouvoirs en place.

Les sunnites sont environ 85 % de la population musulmane et sont majoritaires dans les pays musulmans les plus peuplés : l'Indonésie, le Pakistan, l'Inde, l'Égypte, le Nigéria. Le centre de gravité du chiisme est situé en Iran et en Irak. L'antagonisme n'est pas seulement de nature confessionnelle. Dans le monde arabe, les paysans sédentarisés chiites ont longtemps subi la domination des tribus bédouines et des propriétaires terriens sunnites. Ces derniers ont fourni les élites qui administraient les territoires arabes au nom de l'Empire ottoman, puis des Britanniques. Lors des indépendances, ces élites sunnites ont gouverné des populations diversifiées et majoritairement chiites en Irak et à Bahreïn. Les paysans chiites se sont agglomérés dans des quartiers urbains pauvres et beaucoup ont été attirés par le communisme.

Au niveau géopolitique, l'antagonisme remonte au XVIe siècle, quand la dynastie séfévide impose en Perse le chiisme duodécimain comme religion officielle et affronte l'Empire ottoman. Après la disparition de l'Empire ottoman en 1920, l'Iran s'oppose à l'Arabie saoudite et au wahhabisme, un fondamentalisme sunnite hostile aux chiites. Si l'Iran chiite souffre d'un sentiment d'encerclement, la révolution islamique en 1979 est un choc pour les régimes arabes sunnites. La guerre entre l'Irak et l'Iran, qui a fait un million de morts entre 1980 et 1988, est en partie un conflit mené par un régime sunnite défenseur des monarchies pétrolières contre la menace de la République islamique.

Dans certains États affaiblis (Somalie, Afghanistan, Mali, Syrie et Irak), des groupes salafistes en profitent pour imposer leur modèle politico-religieux. En Irak, l'intervention américaine de 2003 a donné le pouvoir à la majorité chiite avide de revanche ; en réaction des sunnites ont rejoint les rangs salafistes. L'Irak est désormais profondément divisé sur une base communautaire et déchiré par une guerre civile. En 2004, l'État islamique s'attaque aux chiites qui ne sont pas des musulmans à ses yeux, et ressuscite le califat sur les territoires sunnites qu'il occupe en Irak et en Syrie en 2014.

Après avoir déstabilisé d'anciennes dictatures, les « printemps arabes » ont subi de violentes répressions. En Syrie, Hafez al-Assad, issu de la minorité alaouite que des sunnites assimilent à des chiites, a férocement combattu le mouvement contestataire, favorisant ainsi ses éléments les plus extrémistes. Il reçoit, à partir de 2012, le renfort du Hezbollah, mouvement chiite libanais et des Iraniens. Au Yémen, les houthistes, un mouvement insurrectionnel fondé par les zaydites, des chiites modérés, s'opposent au régime en place. Dans la guerre civile qui sévit depuis 2011 s'affrontent une coalition sunnite sous direction saoudienne qui soutient le gouvernement, les houthistes aidés par l'Iran et des groupes salafistes. À Bahreïn, l'Arabie saoudite a écrasé l'opposition au dynaste sunnite sous le prétexte d'un complot chiite. Les logiques confessionnelles l'ont emporté sur les revendications politiques et sociales.

L'Iran et l'Arabie saoudite ont engagé une guerre par procuration qui oppose sunnites et chiites en Irak, en Syrie, au Liban, à Bahreïn et au Yémen. L'Arabie saoudite est obsédée par un « croissant chiite » qui concrétise l'union des chiites sous la direction de l'Iran. Après avoir concentré leurs efforts contre l'Iran, les puissances occidentales se sont mobilisées contre l'extrémisme sunnite. Mais Trump revient à l'alliance avec les Saoudiens. Visiblement, en Occident, l'antagonisme entre sunnites et chiites reste peu maîtrisé...

Sujet

- L'islam, un enjeu géopolitique mondial.

Mise en perspective

Pierre-Jean Luizard aborde toutes les facettes de ce conflit ancien. Il est possible de compléter l'étude du chaos moyen-oriental par une approche historique centrée sur l'intervention des puissances européennes avec James Barr, *Une ligne dans le désert. Le conflit franco-britannique qui façonna le Moyen-Orient* (Perrin, 2017), qui évoque la rivalité de la Grande-Bretagne et de la France à l'origine du tracé de la ligne Sykes-Picot.

Yannick Le Gruiec

Caroline Piquet, *Les pays du Golfe, de la perle à l'économie de la connaissance. Les nouvelles terres du libéralisme*

« L'image d'émirs du pétrole avachis dans la luxure a changé : désormais, ces hommes en tenue blanche et lunettes d'intellectuels parlent de compétitivité, de stratégies économiques et de visions d'avenir »

Caroline Piquet, *Les pays du Golfe, de la perle à l'économie de la connaissance. Les nouvelles terres du libéralisme*, Armand Colin, 2013

Auteure

Caroline Piquet est maîtresse de conférences à l'université Paris-Sorbonne. Spécialiste de l'histoire économique et sociale du Moyen-Orient, elle a dirigé le département d'Histoire, civilisations et enjeux internationaux à l'université Paris-Sorbonne Abu Dhabi, aux Émirats arabes unis.

Intérêt

Caroline Piquet montre comment les États du Golfe (*i.e.* Koweït, Bahreïn, Qatar, Émirats arabes unis et Oman), longtemps dominés, incarnent aujourd'hui le « *Gulf Dream* ».

Arguments

Comme Caroline Piquet le souligne, les États du Golfe cultivent eux-mêmes le goût de l'hyperbole en se vantant d'offrir les salaires les plus élevés, les hôtels les plus luxueux, les centres commerciaux les plus vastes. Par ailleurs, le marketing culturel et sportif déployé vise à forger l'image d'une région activement engagée dans la mondialisation, une intégration dans la mondialisation ancienne pour ce carrefour commercial convoité par les Européens dès le XVIe siècle. Si l'activité perlière permet un développement notamment au Qatar et à Abu Dhabi, le véritable tournant est la découverte du pétrole au début du XXe siècle.

À la fin des années 1970, le pari de l'indépendance politique et du développement économique semble en effet gagné : les populations voient leurs conditions de vie transformées et la rente pétrolière change également la place du Golfe dans le système international. L'auteure rappelle que la région s'inscrit dans un réseau de routes maritimes dont la sécurité est essentielle pour l'approvisionnement du Nord en hydrocarbures. Les guerres du Golfe ont contribué à intégrer la région dans le dispositif de défense occidentale, sans pour autant leur faire perdre « leur âme ». La hausse des revenus du pétrole de la décennie 2000 a assuré la stabilité sociale et a permis la reconversion de la rente vers la libéralisation de l'économie.

Les États du Golfe veulent désormais investir et se diversifier. L'auteure souligne que parler « d'après-pétrole » est abusif, puisque les hydrocarbures restent le socle de l'économie des pays du Golfe. Il s'agit plutôt d'une prise de conscience du danger du « tout pétrole » et de la volonté de réinvestir la rente dans des secteurs productifs innovants. Par exemple, Bahreïn a été le premier pays à débuter l'exploitation du pétrole dans les années 1930, par conséquent le premier à être confronté aux limites de sa production et à envisager une reconversion de la rente. Le pays est aujourd'hui la plus importante place financière du Golfe. Bahreïn ne peut plus être qualifié d'État pétrolier. Le Koweït a entrepris, et ce dès les années 1950, une reconversion via le *Koweït Investment Office* notamment dans l'immobilier de prestige. Le Qatar, quant à lui, présente une diversification plus tardive et plus offensive. Les revenus du pétrole ont servi la modernisation du secteur industriel (liquéfaction de gaz naturel) et le développement du secteur bancaire. L'Arabie saoudite a misé sur les hautes technologies de l'information et la recherche-développement. En adoptant le plan « Vision 2030 », le gouvernement associait croissance économique, développement social et gestion environnementale. Dubaï, où le pétrole n'a été qu'une parenthèse d'un demi-siècle, a investi dans le fret maritime et aérien avec la construction du port Jebel Ali et l'ouverture de l'aéroport al-Maktoum. Le pays peut s'appuyer sur un secteur immobilier porté par des projets audacieux qui favorisent le tourisme et les activités de service.

Depuis les années 2000, les pays du Golfe développent l'économie de la connaissance qui repose sur un capital humain très qualifié et des technologies innovantes. Des pôles dédiés à l'innovation et aux communications ont vu le jour. En 2001, Dubaï crée une zone franche réservée aux technologies de l'information et des médias avec *Dubaï Media City* ; suivra l'*Academic City* réservée à l'enseignement supérieur. Abu Dhabi crée en 2008 la zone médiatique *TwoFour54* ; de même l'île d'al-Reem est consacrée au savoir avec des universités et la *Masdar City* se veut un modèle écologique.

La diversification économique conduit enfin à s'interroger sur la reformulation du consensus social dans les pays du Golfe. Si ouverture libérale il y a, elle mérite d'être nuancée. L'auteur conclut ainsi : « Le défi à présent consiste à pousser la logique du libéralisme à son terme, afin que croissance rime avec pensée critique ».

Sujet

- Les pays du Golfe, les moyens d'une politique ambitieuse ?

Mise en perspective

Dans *La péninsule Arabique, cœur géopolitique du Moyen-Orient* (Armand Colin, 2017), Frank Tétart présente à une autre échelle les mêmes problématiques évoquées par Caroline Piquet. Un espace convoité, son attractivité économique et stratégique qui a fait émerger de nombreuses tensions entre les États de la zone. Une péninsule elle aussi confrontée au défi de la fin de la rente pétrolière, qui doit entreprendre une diversification rapide de son économie. Cet ouvrage propose une géographie complète, à la fois géoéconomique et géopolitique, pour saisir les spécificités de cet espace-clé du Moyen-Orient et de la mondialisation.

Caroline Delbecque

FICHE 66 Antoine-Louis de Prémonville et Thomas Flichy de La Neuville (dir.), *Géopolitique de l'Iran. De l'empire confiné au retour de la puissance*

« La politique étrangère de la République islamique d'Iran est fondée sur le rejet de toute forme de domination exercée ou acceptée, sur la protection de l'indépendance du pays envers tous et de l'intégrité de son territoire, sur la défense des droits de tous les musulmans, le non-alignement sur les puissances hégémoniques, ainsi que sur des relations de paix mutuelle avec les États non belligérants »

Article 152 de la constitution iranienne de 1979, révisée en 1989, cité dans Antoine-Louis de Prémonville et Thomas Flichy de La Neuville (dir.), *Géopolitique de l'Iran. De l'empire confiné au retour de la puissance*, PUF, 2015

Auteurs

Antoine-Louis de Prémonville est officier de l'Armée de terre, diplômé des facultés de droit, sciences politiques et langues de l'université Jean-Moulin-Lyon III et titulaire d'un doctorat. Thomas Flichy de La Neuville est, quant à lui, un ancien élève en persan de l'INALCO, agrégé d'histoire et docteur en droit. Spécialiste de l'histoire diplomatique de l'Iran, il est professeur à Saint-Cyr. Pour la rédaction de leur ouvrage, ils ont co-dirigé une équipe composée de Véronique Mézin-Bourgninaud, Jérôme Pâris, Ivan Birr, Ugo Feracci, Olivier Hanne, Pierre Thurau, Alexis Guegan et Roger Williams.

Intérêt

Quand paraissent *Les lettres persanes*, en 1721, Montesquieu, par la critique qu'il donne de la société française du XVIIIe siècle à travers les lettres d'Usbek et de Rica, révèle la fascination de l'Occident pour l'Orient, et, singulièrement, celle des Français pour l'Iran (l'usage du terme « Perse » est ancien, mais n'en demeure pas moins fautif), considéré comme le miroir oriental de la France de par l'ancienneté et le prestige de ses institutions.

Or, aujourd'hui, bien que la question du nucléaire iranien ait fini par faire écran à toute réflexion mesurée, on peut légitimement s'interroger sur les autres raisons qui placent l'Iran au centre de l'attention internationale. À cette question, trois grilles d'analyse se présentent pour y répondre : tout d'abord le fait que l'Iran dispose d'une situation carrefour idéalement située entre l'Occident et la Chine ; ensuite, parce qu'il détient les clefs de l'approvisionnement des pays occidentaux – mais aussi de la Chine et de l'Inde – en pétrole et en gaz ; enfin, parce qu'il apparaît comme la clef des paix afghane, irakienne, israélienne et syrienne.

Carrefour commercial, nœud énergétique convoité par les nouvelles usines du monde et puissance militaire, l'Iran bénéficie d'une situation géopolitique privilégiée. Mais, dans l'équilibre entre sa puissance créatrice et les limites qui s'imposent à lui, l'Iran fait figure « d'empire confiné ». En réalité, seule une alliance savante avec l'empire morcelé des États de civilisation turque lui permettrait d'échapper au pillage énergétique et de renouer *in fine* avec la puissance.

Arguments

Si la construction historique de l'État iranien est ancienne, la délimitation de ses frontières fut tardive car les invasions et les mouvements de population fragilisèrent l'assise territoriale de l'Iran jusqu'au XIXe siècle. Avec 1,6 million de km^2, les frontières actuelles de l'Iran correspondent assez bien avec ce qu'avait toujours été son cœur, l'Empire achéménide (550 av. J.-C., 330 av. J.-C.) étant considéré comme le premier empire « mondial » de l'histoire de l'humanité. Avec quinze États frontaliers maritimes et terrestres, l'Iran est également un des pays au monde ayant le plus grand nombre de voisins. Avoir autant de pays limitrophes et être un territoire de transit pour eux peut constituer à la fois un atout par la centralité de l'espace géographique iranien et une menace, l'Iran ayant été soumis pendant mille ans à des envahisseurs étrangers. Bernard Hourcade met également l'accent sur une dernière frontière : celle de l'espace médiatique et des aéroports, notamment depuis la mise en place, le 1er février 1979, de la République islamique d'Iran.

L'islam iranien, le chiisme duodécimain, propose une voie originale au sein d'un monde islamique qu'il a vocation à réformer. En effet, le chiisme duodécimain se veut fidèle à l'enseignement des douze Imams, descendants d'Ali, c'est-à-dire des premiers successeurs de Mahomet. Or, le XIIe Imam, le *Mahdi* (« le bien guidé ») entre en occultation – il disparaît sans pour autant être mort – en 874, à Samarra, en Irak. Depuis ce moment, les fidèles chiites vivent dans l'attente du retour du XIIe Imam, qui viendra restaurer la foi et la justice en attendant la fin de ce monde. L'avènement des Safavides (1501-1732) impulse le développement du chiisme duodécimain d'État, tandis que la Révolution islamique, proclamée le 1er avril 1979, se présente comme une solution politique concrète à l'attente eschatologique de l'Imam caché. En se proclamant Guide suprême des croyants, l'ayatollah (« signe de Dieu ») Khomeiny, remplacé après sa mort, le 3 juin 1989, par l'ayatollah Khamenei, devient la voix du dernier Imam, exerçant une véritable régence politique jusqu'à la venue du Résurrecteur. Le corps le plus emblématique des armées iraniennes est d'ailleurs celui des Gardiens de la Révolution, les *Pasdaran*, directement rattachés à l'ayatollah Khamenei depuis 1989.

Au cours des XXe et XXIe siècles, les enjeux stratégiques de la mer Caspienne et du golfe Persique orientent l'Iran vers la mer. La centralité du golfe Persique, conçu comme pivot inerte du basculement océanique et économique en cours, se révèle, en quelque sorte, dans l'intérêt que lui portent toutes les grandes puissances. Du fait de sa condition minoritaire au sein d'un islam dominé par le sunnisme, le chiisme est en contact permanent avec le centre majoritaire. Si les chiites constituent la majorité de la population du golfe Persique – près de 70 % – ils demeurent partout sous la domination d'élites sunnites, à l'exception de l'Iran. Ainsi, l'Iran et l'Arabie saoudite cherchent à asseoir leur hégémonie sur le Golfe et entretiennent des relations particulièrement conflictuelles.

Quant à l'histoire nucléaire iranienne, elle remonte à Mohammed Reza, qui voulut doter son pays d'un programme civil, avec le soutien des États-Unis. Riche en hydrocarbures et en possibilités solaires, le pays n'avait pourtant pas besoin d'électricité nucléaire, ce qui fit immédiatement soupçonner le Shah de chercher la bombe. Pendant la guerre contre l'Irak (1980-1988), l'armée régulière iranienne fut décimée et, dès 1988, l'Iran décida de relancer son programme nucléaire en lui donnant cette fois une dimension militaire, car, au-delà de l'aspect symbolique, l'urgence était de se doter de la bombe afin de constituer une dissuasion contre Israël et les États-Unis. À partir de l'élection à la présidence de la République de Hassan Rohani, le 14 juin 2013, les négociations sur le nucléaire reprirent jusqu'à autoriser et limiter l'accès de l'Iran à la technologie nucléaire civile. Mais, les sanctions prises, tout d'abord, par les États-Unis à partir de 1979, puis par les Nations unies à partir de 2006, ont rendu l'économie iranienne exsangue et ont précipité l'émigration des élites. Aujourd'hui, les principaux partenaires commerciaux de l'Iran sont les Émirats, la Chine, l'Inde, le Japon, la Corée du Sud et la Turquie.

Sujet

- L'Iran dans son contexte régional.

Mise en perspective

L'ouvrage, paru en juin 2015, laissait augurer qu'avec la normalisation partielle des relations entre l'Iran et la « communauté internationale » grâce à l'accord de Vienne sur le nucléaire iranien du 14 juillet 2015, l'Iran renouerait avec la croissance et l'ouverture, signes de rééquilibrage géopolitique. Force est de constater qu'aujourd'hui, depuis la remise en question de l'accord de Vienne par le président américain Donald Trump, le 8 mai 2018, et le retour du « plus haut niveau de sanctions économiques » annoncé par lui, la relative embellie qu'a connue le pays entre 2016 et 2017 : croissance un peu supérieure à 4 % et baisse de l'inflation de 30 % – chiffre de 2012 – à 7 %, due, en partie, à la levée des sanctions économiques, a été interrompue. L'économiste Djavad Salehi-Isfahani estimait que les efforts d'ouverture économique du gouvernement Rohani pourraient laisser place à une « économie de la résistance », tournée sur elle-même et étroitement pilotée par les autorités. Les mesures prises dernièrement – contrôle des changes, rationnement des devises étrangères, limitation de certaines importations – pointent d'ailleurs toutes dans cette direction, car il semble que la tentation d'un changement de régime à Téhéran, par la déstabilisation économique et sociale du pays, relie actuellement les États-Unis, Israël et l'Arabie saoudite. À cet égard, on assiste depuis peu à la multiplication des mouvements de contestation dans des dizaines de villes pour une population de 81 millions de personnes, dont 30 % de la jeunesse demeure au chômage.

Sophie Lemaitre

FICHE 67

Olivier Roy, *Le djihad et la mort*

« Le terrorisme ne provient pas de la radicalisation de l'islam, mais de l'islamisation de la radicalité »

Olivier Roy, *Le djihad et la mort*, Le Seuil, 2016

Auteur

Directeur de recherche au CNRS et directeur d'études à l'EHESS, Olivier Roy a publié de nombreux ouvrages sur l'islam contemporain et l'islamisme.

Intérêt

Dans cet ouvrage, Olivier Roy cherche à comprendre le parcours des terroristes islamistes qui ont commis des attentats en Europe et aux États-Unis depuis les années 1990. Sa réflexion porte prioritairement sur la notion de radicalité et la sociologie des djihadistes.

Arguments

Depuis les attentats de 1995 en France, la plupart des terroristes succombent à l'issue de leurs actions, en se suicidant ou en affrontant la police, confirmant la phrase attribuée à Oussama ben Laden : « Nous aimons la mort comme vous aimez la vie ». La radicalité islamiste est une nouvelle forme de nihilisme dénuée de toute espérance utopique, ce qui la différencie du terrorisme politique dominant jusqu'aux années 1980. Ce radicalisme meurtrier de jeunes nés et éduqués dans des pays occidentaux s'explique-t-il par son ancrage dans l'islam, ou bien est-il révélateur de fractures propres à ces sociétés sécularisées ?

Les terroristes islamistes s'inscrivent dans la continuité du djihadisme né dans les années 1950 au Moyen-Orient qui dénonce avant tout les *takfir*, les musulmans accusés d'impiété et considère que les sociétés musulmanes sont dans l'ignorance d'avant la révélation de Mahomet (la *jahiliyah*). Leur vision pessimiste découle de l'échec politique des islamistes à l'époque de Nasser : le salut ne peut plus être qu'individuel dans une mort sacrificielle. Ces sunnites radicalisés deviennent des révolutionnaires en quête d'un islam détaché de toute appartenance ethnique ou culturelle.

À partir des années 1990, ce profil est modifié par de nouveaux djihadistes issus des pays occidentaux : appartenant souvent à la deuxième génération de l'immigration ou bien convertis, ils ont souvent un passé de délinquance et de prison. Leur radicalisation est imprégnée de « culture jeune », que ce soient les techniques de communication, les jeux vidéo ou le rap. Dotés d'une connaissance sommaire de l'islam, ils se voient comme des héros vengeurs de la communauté musulmane (*oumma*) souffrant des atrocités que lui infligeraient les pays occidentaux. Leur *oumma* relève du fantasme : aucun de ces jeunes ne s'est jamais engagé en faveur de la Palestine ou d'une quelconque humanitaire en faveur d'une population dans un pays musulman.

Ainsi des jeunes radicalisés en rejoignant Daech se transforment en super héros sur Facebook. Ils prennent leur revanche contre une société qu'ils haïssent. Adoptant une vision millénariste, leur mort efface une vie de péchés et leur assure un rôle d'intercesseur pour leurs proches restés dans l'erreur. Ces jeunes s'opposent à leurs parents dont ils rejettent la religion empreinte de particularismes et adhèrent à un islam global et artificiel. Cette déculturation est propre à des milieux immigrés confrontés à une société sécularisée. Le rejet de la religion hors de la sphère publique, comme c'est le cas de la laïcité française, pousse les jeunes en quête de radicalité entre les mains d'extrémistes autodidactes. Ces rebelles sans cause rejoignent Daech qui a supplanté sur le marché de la contestation les mouvements révolutionnaires tiers-mondistes.

La trajectoire des jeunes radicalisés de l'Occident est pleine de contradictions : en quête d'un islam purifié et d'un djihad contre l'Occident, ils sont embrigadés dans des groupes sunnites qui combattent les chiites dans tout le Moyen-Orient. Le califat est voué à l'échec dans un monde musulman fragmenté et de plus en plus sécularisé. Daech a attiré des jeunes en proie à un nihilisme générationnel qui, en devenant djihadistes, se transforment en tueurs de masse comme les lycéens de Columbine aux États-Unis, le suédois Breivik ou le pilote de la Germanwings. Inutile d'imaginer un conflit planétaire entre l'islam et l'Occident et de craindre une hypothétique guerre civile en France, la base sociale de Daech est trop réduite dans les sociétés européennes, où les musulmans connaissent d'ailleurs une intégration réelle : il existe bien plus de musulmans français dans l'armée française que dans les rangs de Daech.

Sujet

- Le voisinage du Moyen-Orient est-il un défi insurmontable pour l'Europe ?

Mise en perspective

Dans cet ouvrage centré sur des jeunes radicalisés en France, Olivier Roy s'oppose aux analyses de Gilles Kepel qui privilégie les origines islamistes de leur parcours, et à celles de François Burgat qui met en avant leurs origines sociales défavorisées et leur engagement tiers-mondiste. Le Moyen-Orient est relégué à l'arrière-plan, au contraire de l'ouvrage *Le piège Daech. L'État islamique ou le retour de l'histoire*, de Pierre-Jean Luizard (La Découverte, 2015), qui livre une étude approfondie des origines historiques de Daech en Irak : le passé colonial et les particularités de la société irakienne fournissent un éclairage bien plus pertinent sur la naissance et le succès de cette organisation terroriste qui a prétendu donner naissance à un État ressuscitant le califat.

Yannick Le Gruiec

FICHE 68

Clément Therme, *Les relations entre Téhéran et Moscou depuis 1979*

« Dans le voisinage, Téhéran insiste le plus souvent sur les intérêts mutuels et relègue ses ambitions révolutionnaires au second plan. Sur la scène internationale, l'identité contestataire du régime vis-à-vis du système international qualifié d'ordre occidental étant engagée, les préoccupations idéologiques l'emportent sur les considérations pragmatiques »

Clément Therme, *Les relations entre Téhéran et Moscou depuis 1979*, PUF, 2012

Auteur

Clément Therme est chargé d'enseignement au Département Politics, Languages and International Studies de l'université de Bath. Il est également membre associé du Centre d'analyse et d'intervention sociologiques (CADIS) de l'EHESS et a notamment travaillé pour le programme Moyen-Orient de l'IFRI et au Graduate Institute (Genève).

Intérêt

Alors que l'Occident s'inquiète du rapprochement russo-iranien qui semble être incontournable pour tenter de régler la plupart des problématiques du Proche-Orient, cet ouvrage permet de mieux comprendre la nature de la relation entre ces deux puissances que l'auteur préfère qualifier d'« entente tactique » et de « communautés d'intérêts géopolitiques ». Un des apports de l'étude est son inscription dans le temps long. La nature asymétrique de la relation est évoquée aussi bien dans le domaine énergétique que militaire, comme la relation triangulaire entre Washington, Moscou et Téhéran.

Arguments

Clément Therme montre que les relations entre l'Iran et la Russie (et l'URSS) sont marquées par un mélange complexe de collaboration, fondée sur quelques intérêts communs, et de méfiance réciproque. Plus qu'une simple question de politique étrangère, les rapports avec la Russie sont une question de survie pour la théocratie iranienne, en raison de son hostilité à l'égard de l'Occident et pour assurer la pérennité économique du régime. L'auteur démontre qu'en dépit des bouleversements idéologiques et des changements de régime, les deux pays ont maintenu des relations diplomatiques ininterrompues depuis le XVIe siècle, même si, à plusieurs reprises, des tensions ont pu menacer la présence russe puis soviétique à Téhéran.

Dans le premier chapitre, Clément Therme étudie l'arrière-plan historique, « entre ententes ponctuelles et histoire conflictuelle » de 1502 à 1979. Le chapitre 3 s'intéresse à la capacité qu'ont eue Moscou et Téhéran à éventuellement surmonter leurs incompatibilités idéologiques. Le dernier chapitre s'intitule « l'Iran dans la politique étrangère russe de 1991 à 2012 », avec comme thématiques principales la perception de l'Iran par Moscou, Israël et la Turquie dans les relations irano-russes, les coopérations énergétiques militaires et spatiales bilatérales et enfin les perceptions croisées du système international qui évoluent entre affinités et divergences.

Le rapprochement entre l'Iran et la Russie s'est en effet construit à la fin de la Guerre froide sur une entente pragmatique : l'Iran s'engageait alors à ne pas exporter la Révolution islamique auprès des populations musulmanes d'Asie centrale et du Caucase et, en retour, Moscou acceptait de coopérer dans des domaines stratégiques sensibles, comme le nucléaire civil, l'armement ou le domaine spatial. La centrale nucléaire de Bouchehr a, par exemple, été officiellement inaugurée le 12 septembre 2011. La participation de la Russie a permis l'achèvement de la construction de cette centrale entamée en 1974 par un groupe allemand et suspendue lors de l'embargo américain suite à la révolution de 1979. Le 9 novembre 2015, le groupe public russe d'armement Rostec a annoncé la signature d'un contrat avec Téhéran pour la livraison de missiles de défense antiaérienne S-300. L'auteur souligne également que la faiblesse occasionnelle de ce partenariat réside souvent dans l'influence négative de la diplomatie américaine sur les coopérations irano-russes.

Doit-on aujourd'hui évoquer un axe irano-russe au Moyen-Orient ? Le rapprochement stratégique entre l'Iran et la Russie autour de la crise syrienne annonce-t-il la création d'un véritable axe stratégique Moscou-Téhéran sur la scène internationale ? En effet, cet axe stratégique semble avoir été renforcé par les « Printemps arabes », même s'il ne s'agit pas pour autant d'un « arc chiite » soutenu par Moscou, alors que les États sunnites demeureraient les alliés de l'Occident... Sinon comment expliquer l'alliance entre l'Égypte sunnite et la Russie ?

L'auteur affirme que la dimension sectaire de la politique étrangère de l'Arabie saoudite explique en grande partie les relations de plus en plus fortes entre l'Iran, les communautés chiites et les minorités au Moyen-Orient. L'objectif premier de l'Iran est l'accès à la communauté chiite libanaise et la préservation d'un corridor stratégique à travers le territoire syrien pour demeurer un acteur incontournable dans les conflits israélo-arabes. En Syrie, la Russie a fondé sa stratégie sur le maintien du régime en place, alors qu'en pariant sur une chute imminente de Bachar el-Assad, l'Occident a fait une erreur d'analyse.

L'actualité récente soulève une nouvelle problématique : la médiation russe dans la rivalité entre Téhéran et Ryad est-elle crédible ? Le 10 janvier 2016, les ministres des Affaires étrangères de la Ligue arabe se sont réunis au Caire pour tenter de trouver une solution à la crise diplomatique actuelle entre l'Arabie saoudite et l'Iran. Moscou s'est dite prête à servir d'intermédiaire entre les deux puissances et a invité l'Iran, l'Arabie saoudite et les autres pays du Golfe « à faire preuve de retenue et à éviter une escalade des tensions interconfessionnelles ». Si la Russie propose sa médiation, c'est qu'elle a l'avantage d'entretenir des relations diplomatiques avec l'ensemble des parties impliquées dans ce conflit. Mais, finalement, plus de vingt-cinq ans après la fin de la Guerre froide, l'opposition stratégique et idéologique à l'Occident reste le principal facteur de rapprochement entre Moscou et Téhéran au Moyen-Orient, mais aussi sur la scène internationale.

Sujet

- L'Iran, une capacité de nuisance ou de puissance ?

Mise en perspective

Pascal Marchand, dans *Géopolitique de la Russie* (PUF, 2014), souligne lui aussi le retour gagnant de la Russie en Iran. Avec l'action en Syrie, les relations entre Moscou et Téhéran, également en butte à l'hostilité du bloc euro-atlantique, se sont affermies. L'auteur souligne que Moscou participera à l'électrification des chemins de fer, à la mise en valeur de gisements de gaz et à la construction de 9 réacteurs nucléaires. L'armée iranienne va aussi s'équiper en matériel russe. Reste encore à la diplomatie russe à exercer ses talents en tentant de faire cohabiter harmonieusement son allié iranien et son nouvel ami turc.

Lionel Pourty

« Laissez-moi un peu regarder du côté de la plus haute Asie, vers le profond Orient. J'ai là mon immense poème »

Jules Michelet

FICHE 69

Isabelle Attané, *La Chine à bout de souffle*

« La Chine, premier pays en développement à entrer dans la danse du vieillissement, n'a pas l'atout d'un secteur des services suffisamment riche pour maintenir un État providence relativement performant (Weifu Xianlao). "Vieille avant d'être riche", elle devra mener le combat contre sa démographie sans avoir eu le temps de s'armer »

Isabelle Attané, *La Chine à bout de souffle*, Fayard, 2016

Auteure

Connue pour son ouvrage au titre coup de poing *Au pays des enfants rares*, au sous-titre sans nuance, « la Chine vers la catastrophe démographique » (Fayard, 2011), Isabelle Attané, directrice de recherches à l'Institut national d'études démographiques et sinologue, est une spécialiste de la démographie de la Chine. Elle ne cesse d'insister dans ses contributions sur l'impact à long terme de la politique de l'enfant unique en Chine, la baisse programmée de la population chinoise, son vieillissement, la raréfaction des femmes (Isabelle Attané, *En espérant un fils. La masculinisation de la population chinoise*, Les Éditions de l'INED, 2010), évolutions qui contribuent à pénaliser un des ressorts essentiels du miracle chinois : une population active abondante (« l'Homme y vaut si peu » disait déjà Fernand Braudel). Cette situation délicate fait de la Chine un pays vieux avant que d'être riche à la différence de l'Inde.

Intérêt

Au-delà du titre très tranché, l'ouvrage dépasse les seuls aspects démographiques pour décrire un modèle en panne, devant différer ses objectifs, l'accès au rang d'économie riche et développée (2049, centenaire de la République populaire ?) et urgemment mettre en place des réformes de fond. Les risques de voir d'ici 2050 son réservoir de main d'œuvre s'effondrer de 250 millions d'actifs, ses personnes âgées doubler et dépasser la population européenne lui interdisent toute adaptation à la contrainte externe, contrairement au Japon des années 1960-1995 et même à sa rivale plus jeune, l'Inde d'aujourd'hui.

Arguments

Vieillir ou croitre ? La Chine est entrée dans un vieillissement brutal et si vieillir n'est pas mourir encore faut-il vieillir dans de bonnes conditions. La Chine a oublié de redistribuer suffisamment la manne de sa croissance due à sa fenêtre démographique porteuse, contrairement au Japon qui est devenu « une société super âgée » mais a su, entre 1960 et 1995, conjuguer croissance soutenue (5,5 % en moyenne pendant 35 ans) et accumulation de richesse (PIB par hab. quadruplé) et ce avant que les croissances économique et démographique ne soient en en berne. En 2015, la Chine, au contraire débouche sur une impasse, car sa croissance s'essouffle, elle ne s'est pas érigée au rang des pays les plus riches (77ᵉ rang), certes devant l'Inde 145ᵉ, mais derrière le Brésil (63ᵉ) et la Russie (53ᵉ) avec un revenu par habitant dès 2013 trois fois moindre que celui du Japon. Dès lors, le marché intérieur ne joue pas un rôle suffisant (30 % du PIB contre 60 à 70 % dans les pays de l'OCDE), les exportations tirent le développement (plus du quart du PIB chinois) et la Chine n'est pas prête à assumer les conséquences du vieillissement comme a pu le faire le Japon (coût de la sécurité sociale passé de 5,8 % du revenu national en 1970 à 31 % en 2011 et endettement)... La Chine n'a pas encore découvert le *silver market*, ses innovations porteuses de croissance (robots télécommandés pour soulever des poids excessifs pour les personnes âgées). Elle ne peut recourir à l'immigration ou la main d'œuvre féminine, victimes désormais de discriminations (chômage élevé, plafond de verre et moindre salaire à poste égal), même si la Chine devance le Japon et la Corée du sud pour les avancées de la condition féminine. Les stéréotypes restent solidement ancrés : le rôle de l'époux comme soutien économique et celui de l'épouse centrée sur les tâches domestiques et la maternité. Ce n'est pas la politique de relance de la fécondité qui fournira à terme les bras dont la Chine a besoin, car moins de 10 % des couples éligibles pour un deuxième enfant ont déposé une demande. C'est peu dire que les catastrophes démographique et économique sont programmées.

Comme pour l'URSS, nombreux ont été ceux qui ont essayé de prédire la fin de la toute puissance de l'économie chinoise, sur fond de discrédit du PCC incapable de faire face à une double illégitimité : économique avec le recul des performances, et historique avec la dénaturation des idéaux initiaux. Pour Jean-Luc Domenach, le PCC et ses 80 millions de membres étaient bien déjà « la plus grande force et la pire fragilité du régime chinois »... et « l'amélioration du niveau de vie était la seule exigence, même si le regard se portait sur les gens d'en haut corrompus ». Mais tout tassement de la croissance ne pouvait qu'hypothéquer cet équilibre tacite. Toute l'originalité de l'ouvrage d'Isabelle Attané est de ne pas essayer de décrire plusieurs déficiences ; ni l'affaiblissement de la croissance pas la décomposition du système bancaire public, ni la contamination extérieure (droits de l'Homme) pas l'implosion intérieure (minorités), mais la simple « catastrophe démographique ». Pour elle, le modèle chinois combine marxisme-léninisme et libéralisme économique mâtiné de capitalisme autoritaire, appétit de consommation et inégalités accrues, extraversion rapide, et performances spectaculaires (PIB multiplié par 58 en quatre décennies, 15 % de la planète propulsés par une croissance de 10 % par an pendant quarante ans). Il va buter sur un déséquilibre central : la disparition de son exception démographique et la fin d'un réservoir de main d'œuvre siphonnée des campagnes, docile et souvent marginalisée par rapport au statut de résident permanent. Le coût du vieillissement sera d'autant plus déstabilisant que le système des retraites reste à réinventer. Un peu comme pour Emmanuel Todd pour l'URSS dans *La chute finale* (Robert Laffont, 1976), la démographie est l'axe du déclin programmé.

Sujet

- Y a-t-il encore une voie chinoise de développement ?

Mise en perspective

Après Jean-Luc Domenach (*La Chine m'inquiète*, Perrin, 2008), l'ouvrage d'Isabelle Attané jette sur le modèle chinois un regard sévère, du moins si on s'en tient aux arguments démographiques.

Son concurrent direct l'Inde paraît à cet égard mieux loti : un Indien sur deux a moins de 25 ans et l'Inde peut supplanter la Chine en termes de croissance, boostée de deux points selon le FMI pour une fenêtre démographique de 2010 à 2030. En 2050, les jeux seront faits avec pour l'Inde, avec une population active supérieure de 370 millions unités à celle de la Chine et si « l'Asie a toujours refusé depuis Alexandre de Macédoine deux soleils »... l'Inde triomphera. La Chine ne pourra longtemps encore se développer au risque de son environnement. Il lui faudra s'assurer d'un développement durable plus respectueux de la population et de son environnement et pas limité à des effets d'annonce.

C'est finalement peut-être trois mythes fondateurs de la croissance chinoise qui s'effondrent après cette lecture. D'abord, la croissance ne réduit pas les inégalités même si elle réduit la pauvreté (la part des 10 % les plus riches a progressé entre 1975 et 2015 de 27 à 41 %, alors que la part du revenu national revenant au 50 % les plus pauvres a baissé de 26 à 14 %).

La croissance mue par le libéralisme économique pose la question de l'État sans que nécessairement celui-ci adopte le catéchisme libéral au niveau politique. Sous couvert de lutte contre la corruption, le régime de Xi Jinping a tôt fait d'interner ses opposants. Sous couvert de rééquilibrer le territoire, une population, les Ouigours, est sous le joug de la minorité han et condamné à vivre dans un empire carcéral.

Enfin, la croissance économique peut certes être affectée aux crises écologiques mais, au-delà du discours, le problème peut rester entier voire s'aggraver : la Chine produit encore deux fois plus de gaz à effets de serre que les États-Unis et 92 % de la population chinoise respire durant plus de 120 heures par an un air insalubre selon les normes internationales et 17 % des décès sont encore dus à la pollution atmosphérique. Bref, sans pessimisme excessif et « en tenant compte des difficultés de prédire le sort des nations sur le long terme », la Chine s'essouffle est le premier chapitre d'un nouvel opus dont le titre est à compléter : le jour où la Chine s'endormira, le monde...

Alain Nonjon

FICHE 70

Sophie Boisseau du Rocher et Emmanuel Dubois de Prisque, *La Chine e(s)t le monde. Essai sur la sino-mondialisation*

« La restauration de la Chine, si elle doit se produire un jour, sera la restauration d'un système tout uniment politique, patriotique et religieux, au sein duquel elle jouera un rôle central et organisateur »

Sophie Boisseau du Rocher et Emmanuel Dubois de Prisque,
La Chine e(s)t le monde, Odile Jacob, 2019

Auteurs

Sophie Boisseau du Rocher est chercheuse associée au Centre Asie de l'IFRI et Emmanuel Dubois de Prisque chercheur associé à l'Institut Thomas More et corédacteur en chef de la revue *Monde chinois Nouvelle Asie*. L'ouvrage comprend onze chapitres : « Tout ce qui est sous le ciel », « La mondialisation au service du Parti », « Les nouvelles routes de l'entre-soi(e) », « La vérité avec des caractéristiques chinoises », « Un État-nation (pas) comme les autres », « Les normes au service de l'écosystème chinois », « Une armée surpuissante », « Classer les citoyens, chasser les démons », « La contagion autoritaire », « *Soft power*, aux sources sacrées de la puissance chinoise », « Face au Tianxia, précieuse Europe ».

Intérêt

Au-delà du constat usuel sur la montée en puissance d'une Chine qui semble promise à la première place mondiale et entend jouer un rôle de premier plan dans le monde, l'ouvrage s'interroge en quoi et comment elle transforme les règles du jeu du système international et surtout en quoi son ambition peut représenter un danger à la fois pour elle et pour le reste du monde.

Arguments

La montée en puissance de la Chine et son accès à la première place mondiale n'est pas un problème en soi dans la mesure où elle l'a déjà occupé dans le passé. Ce qui interpelle, « c'est que, pour la première fois, un pays non occidental et non démocratique parvienne à ce rang dans un étrange mélange d'assurance, de confiance en soi, de fierté nationaliste et simultanément d'insécurité et d'anxiété indicibles... Tout en utilisant des concepts qui nous sont familiers sans y mettre le même sens que nous ».

La Chine n'est pas en effet un État-nation comme les autres, même si c'est un pays parmi d'autres dont le parcours s'inscrit dans l'histoire mondiale. En fait, le Parti communiste chinois (PCC) travaille en réalité à la restauration ancienne de la *Tianxia* chinoise qui avait connu une éclipse entre les Guerres de l'opium et le retour récent du « rêve chinois » et de la renaissance de la « race chinoise ». Ces concepts s'inscrivent dans la volonté de mettre en place un modèle alternatif à la mondialisation, impulsée par l'Occident et en crise profonde, ainsi qu'au système international actuel, fondé sur une communauté des nations et hérité du système westphalien.

La permanence de cette volonté est un véritable fil rouge qui relie Mao Zedong à Deng Xiaoping et Xi Jinping, au gré de stratégies évolutives qui ont consisté à s'insérer et à se confronter au monde et ont débouché aujourd'hui sur un projet de puissance assumé. Ce dernier se concrétise visiblement par la mise en place de Routes de la soie qui sont devenues une véritable toile qui englobe, outre l'Asie, l'Afrique et l'Europe. Il se matérialise encore par l'utilisation de normes au service de l'écosystème chinois (programme *Made in China 2025*, présidence de l'ISO depuis 2015, mise en œuvre d'agendas sur les normes, contrôle de l'internet), et par la constitution d'une armée surpuissante assignée à la double fonction de défendre la Chine contre les agressions éventuelles et d'augmenter la perception de la puissance chinoise sur la scène internationale. Il se réalise enfin par la mise en place d'institutions spécifiques concurrentes du système international en place.

Cette attitude est porteuse de difficultés comme de risques. La Chine utilise les institutions internationales existantes pour les pervertir, l'entrée de la Chine à l'OMC reposant par exemple sur des malentendus et la soumission à contrecœur et dans l'ambiguïté au droit international, considéré comme occidental. Elle développe aussi une conception d'une vérité aux caractéristiques chinoises qui, forgée par le Parti dans un « discours public », relève de l'incantation (« quand tous auront admis que Taïwan est Chinois, Taïwan sera Chinois ») et fait fi des réalités (les statistiques chinoises sont systématiquement falsifiées, les archives manipulées). De même, l'influence, méconnue par l'Occident, du légisme est à l'origine d'un projet chinois aux antipodes de nos valeurs qui connaît actuellement un début de réalisation grâce à l'utilisation des nouvelles technologies pour évaluer et classer les citoyens en fonction de leur comportement. Des expérimentations à l'échelle régionale sont en cours, alors que le régime n'hésite plus à rechercher, enlever et punir ses citoyens (3 000 personnes en 2017) qui ont trouvé refuge à l'étranger. Ce modèle, véhiculé désormais par un véritable *soft power* sinisé, n'est déjà plus réservé à la seule Chine et trouve un écho favorable dans une Asie du Sud-Est qui, après les crises de 1997 et 2008, est plus rétive à écouter « les leçons de l'Occident ». Au total, la montée en puissance inévitable de la Chine a fait dire, récemment, à Jean-Yves Le Drian que la situation était grave, perturbante, incertaine et risquée… et que l'on pouvait craindre « le début d'un nouvel ordre mondial avec une tentation hégémonique ».

Pour répondre à ce défi, il convient de proposer une nouvelle architecture du monde qui corresponde à ses transformations. Mais toute la difficulté provient de la « communauté internationale » qui est d'accord aujourd'hui pour reconnaître que le système international hérité de 1945 est inopérant. La tâche s'avère donc difficile en raison des dissensions pour élaborer et mettre en place les nouvelles gouvernances ainsi que pour « gérer (les) interdépendances constitutives de nos performances économiques et de nos équilibres sociopolitiques ».

Face aux incertitudes de la politique de l'actuel président américain et alors qu'il y a peu de chances que les solutions proviennent d'une Chine prise dans ses contradictions du moment (entre ouverture économique et renforcement du contrôle sur la population), il y a ici un chemin pour l'Europe pourtant prise dans ses propres difficultés et à laquelle il appartient de tracer un portrait de ce que pourrait être encore demain « un ordre mondial organisé selon des idées, des principes et des valeurs européens ».

Sujet

- La Chine et la gouvernance de la mondialisation.

Mise en perspective

Le titre de l'ouvrage fait à la fois référence à la place de la Chine dans le monde d'aujourd'hui et à la place qu'elle entend y jouer par rapport à des visions anciennes selon lesquelles ce pays se voulait l'organisateur du monde civilisé. Faut-il avoir peur de la Chine ? Oui, répondent les auteurs, plutôt alarmistes. Non, répond Philippe Barret dans *N'ayez pas peur de la Chine* (Robert Laffont, 2018), qui défend *a contrario* l'idée que « les Chinois ne veulent ni n'ont jamais voulu dominer le monde. Les Chinois veulent être souverains en leur pays – et donc être entourés d'amis et non de puissances hostiles, comme s'y emploient les États-Unis pour leur propre compte. Ils veulent une bonne croissance de leur économie. Ils n'ont pas et n'ont jamais eu la prétention d'être les détenteurs d'une idéologie ou d'une religion universelle ». *The Economist*, en octobre 2018, choisit, quant à lui, une voie moyenne en préconisant face à la Chine « ni naïveté, ni hostilité mais prudence ».

Michel Nazet

Antoine Bondaz et Benjamin Décoin, *Corée du Nord : plongée au cœur d'un État totalitaire*

« L'idée d'aquarium-livre écrit par des rescapés des camps d'internement de Pyongyang ne m'a pas quitté. J'ai eu le sentiment d'être un poisson rouge enfermé dans un bocal à qui on montrait le monde à travers une glace déformante, qui ne voyait pas ce qu'on lui exposait sans jamais apercevoir ce qu'il y avait derrière. Un monde en deux dimensions, la scène d'un théâtre, la caverne de Platon, the Truman show. Mais dans cet aquarium on a installé tout un faux décor d'algues en plastique brillant et de coffres à bulles "made in china" et on y verse régulièrement à manger (et à boire de l'alcool de riz !) »

Benjamin Décoin, *Corée du Nord : plongée au cœur d'un État totalitaire*, Le Chêne, 2016

Auteurs

Antoine Bondaz, chercheur à la Fondation pour la recherche stratégique, dirige le FRS-KF Programme Corée sur la sécurité et la diplomatie. Enseignant à Sciences Po Paris, il intervient auprès de nombreux *think tanks* et institutions. Sa thèse (*De l'insécurité à la stabilité : la politique coréenne de la Chine de 2009 à 2014*, 2015) lui a permis de bâtir les notions de « complexe d'insécurité » pour la Corée et de « stratégie de stabilité périphérique » pour la Chine.

Benjamin Décoin, portraitiste reconnu, est apte à fixer de grandes traversées (Belem, Queen Mary 2). Il n'en fallait pas plus pour être capable de saisir les paradoxes et les instants de vie d'une société nord-coréenne en pleine mutation : la théâtralisation du culte de la personnalité des leaders, le grand écart entre la modernisation de Pyongyang, la pauvreté des campagnes et les paysages fossilisés d'une Corée totalitaire, « une orgie de couleurs de symétrie d'ubuesque mais aussi une tragédie de l'histoire, un aperçu sur une autre planète, une uchronie... ».

Intérêt

Un volume mixant photographies et textes, un peu iconoclaste mais qui s'impose par des photographies rares éclairant un peu la noirceur d'un État totalitaire. Ainsi le parc aquatique de Munsu avec boutiques de mode café où prendre des *ersatz* de « latte », des bars où regarder les matchs de basket dont Kim jong un est friand et des routes sans fin traversant des campagnes pauvres, des lettres géantes encourageant ces champs désertiques à produire plus et mieux ! En deux clichés, l'État totalitaire est dépeint, surtout si on y ajoute la DMZ à Pan mun jon, parcourue avec un officier qui encourage à immortaliser la grandeur de la Corée, la bassesse des États-Unis et de leur allié fantoche du Su.

Il était important de cerner un État au cœur des recompositions stratégiques dans la région : processus de paix chaotique amorcé avec Donald Trump et deux réunions théâtralisées mais sans contenu vraiment concret ; incartades du régime de la « ville calme » de Pyongyang vis-à-vis de l'armement nucléaire avec une évidente difficulté à penser le désarmement ; union improbable mais pourtant souhaitée par des familles déchirées des deux Corées, mais une Chine peu pressée de voir à ses frontières une Corée réunifiée ; et une interrogation permanente : comment continuer à affamer un peuple pour quelques parades militaires, ou démonstrations de force et un discours tonitruant sur la souveraineté nationale ?

Premier des temps forts de l'ouvrage : la singularité du seul régime totalitaire dynastique au monde depuis 1948, Kim Jong Un ayant succédé à son père Kim Jong il, lui-même successeur de Kim il Sung Totalitaire. Il s'appuie sur une idéologie, la « juche », à la recherche d'une indépendance passant par une économie autonome, une capacité d'autodéfense, une grandeur perdue. La société est structurée par un parti unique qui dirige le pays au travers d'un leader suprême : le Parti des travailleurs joue ce rôle. La chape policière est très forte, quitte à entrer en contradiction avec la Constitution en restreignant la liberté d'expression ou la liberté de déplacement. Avec 100 000 détenus, le système carcéral coréen fait de ce pays une prison du peuple et les purges font partie de l'exercice du pouvoir comme les assassinats. Le régime a instauré un culte de la personnalité : ainsi Kim cumule les titres de guide suprême, de commandant des forces armées, de premier secrétaire du parti, de président de la commission nationale de défense, de maréchal de l'armée populaire et de président du Parti des travailleurs. Il s'inscrit en plus dans la lignée de sang du mont Paektu, censé avoir été le berceau mythique de la famille Kim. Il acquiert aux forceps une légitimité populaire en multipliant les photos officielles avec les citoyens et mettant en scène une vie privée avec sa femme Ri Sol Ju. Le régime contrôle toute information (médias, internet, smartphones) ; la vulnérabilité aux cyberattaques du pays justifie aux yeux des dirigeants cette surveillance, quitte à utiliser le web contre Sony Pictures en 2014…

Par ailleurs, l'économie est hypercentralisée et planifiée, ce qui permet au pouvoir de contrôler le travail, le logement, l'éducation, l'accès aux soins et à la nourriture, avec, il est vrai, théoriquement, l'absence d'impôts. Le travail volontaire non rémunéré fait partie des leviers du pouvoir, de même que la collecte forcée de récoltes. Le tourisme n'est qu'une activité de propagande, visant des Japonais d'origine coréenne et des Sud-Coréens, dans la région du mont sacré Kumgang – site réhabilité par le Sud-coréen Hyundai – et des Chinois désormais à 80 %, un « tourisme de souvenir » mais aussi des touristes internationaux « séduits » par la reconversion d'installations militaires en hôtels à Wonsen, la perle de la mer de l'Est ou par les visites officielles dans la maison de naissance de Kim il Sung à Mangyongdae. De même, on parlera de simulacre d'ouverture, car la volonté de créer des zones économiques spéciales (complexe industriel intercoréen de Kaesong) est suivie de peu de résultats, surtout quand Kaesong est fermé arbitrairement par Pyongyang. Les IDE font défaut pour développer des infrastructures énergétiques diversifier le mix énergétique polarisé sur le charbon.

Enfin, le poids de l'armée est démesurée : 1,2 million de soldats, la quatrième armée du monde en termes d'effectifs, avec une fuite en avant dans le nucléaire et les engins balistiques. La politique du « songun », c'est-à-dire la priorité à l'armée et la ligne « Byungin » pour développer les capacités militaires et économiques du pays sont les chevilles ouvrières de ce totalitarisme correspondant en tous points aux caractéristiques définies par le politologue américain Carl Joachim Friedrich.

D'autre part, les menaces sont hystérisées tout au long de l'histoire du « royaume ermite ». Tout part de la filiation semi-divine des dirigeants actuels avec le roi Tangun, fondateur du royaume de Gojoseon, il y a plus de 4 000 ans. Divisé, le royaume est réunifié au VIIe siècle grâce à une alliance entre la Chine de Tang et le royaume de Silla. Cette période où confucianisme et bouddhisme se répandent sous la tutelle chinoise est pour les stratèges coréens une référence constante. Mais c'est en 1392 que le général Yi Seong fonde la dynastie coréenne Joseon qui dure jusqu'en 1910. La Chine exerce son droit de tribut laissant des marges de manœuvre en politique intérieure. Ainsi prend corps l'idée de menaces indirectes (les ponctions économiques chinoises) et directes (les invasions mongoles au XIIe, mandchoues au XVIIe et japonaises, en échec, au XVIe siècle).

La défaite de Pékin au cours de la première guerre sino-japonaise de 1895 déplace la menace : le Japon établit de fait un protectorat puis annexe le royaume coréen et s'en sert de base arrière pour la conquête de la Chine après l'invasion de la Mandchourie en 1931. C'est dans la résistance au Japon que se forge le mythe du libérateur Kim il Sung. Lorsque le Japon capitule, la péninsule est divisée en deux zones d'occupation russe et américaine, et la partition est consacrée cet écartèlement en 1948 quand sont proclamées la République de Corée et la République populaire et démocratique de Corée. La tentative de Kim il Sung de réunifier le territoire malgré l'appui chinois face aux Américains est un échec, mais c'est l'occasion de célébrer la victoire contre les « impérialistes américains » incapables de renverser le régime nord-coréen.

De là naît cette farouche volonté d'indépendance (*chaju*), d'autodéfense (*chawi*), le régime voulant se démarquer à la fois des Soviétiques et des Chinois. Le régime est imperméable aux critiques du « révisionniste » Khrouchtchev, quitte à mener des purges à grande échelle (70 % des membres du comité central éliminés en 1960). Le « tout État » économico-sociétal se met en place et fait de la Corée un des « modèles rebelles du monde communiste » selon Che Guevara. Des erreurs de pilotage économique (projets pharaoniques sans retour sur investissement, dépenses dévoyées dans un surarmement) vont creuser l'écart avec la Corée du Sud, NPIA qui émerge dans les années 1970 quand la Corée du Nord stagne, perd ses soutiens soviétiques et même chinois partiellement. Dès Kim Jong il, en 1980, la priorité est de renforcer les capacités de dissuasion face aux États-Unis mais aussi pour légitimer un régime, et justifier les retards agricoles et de l'État-providence, devenu une utopie. Le retrait du TNP en 2003 laisse la Corée du Nord mettre en place une force nucléaire (premier essai en 2006, 6e en septembre 2017, d'une puissance seize fois supérieure à celle d'Hiroshima) et à toujours différer ou faire capoter les négociations appelant à une dénucléarisation de la péninsule comme en 2005.

Précisément, le nucléaire avant toute chose car « on peut vivre sans bonbons… ». Malgré le flou des statistiques savamment orchestré, le budget militaire coréen avoisine le quart du PIB, chiffre exorbitant au regard de priorités sacrifiées, mais dérisoire comparativement au budget de la Corée du Sud (33 milliards de dollars) et des EU (600). La force de ce secteur tient à plusieurs facteurs : son caractère prioritaire, sa nature dissuasive et identitaire (il ne s'agit pas d'un outil de marchandage), sa dimension vitale pour l'État coréen, en prenant l'exemple de l'Irak envahi par les Américains en 2003 lorsque Saddam Hussein était dépourvu d'armes dissuasives.

Enfin, cette arme est entretenue comme menace par de nombreuses provocations qui permettent aux autorités de faire craindre des dérapages. Ainsi, tout l'arsenal des agressions a été utilisé pendant les quelque deux-cents violations du traité de Pan mun jon entre 1953 et 2011, avec vingt-et-une attaques directes de la Corée du Sud, le bombardement d'îles convoitées (Yéonpyeong, 2010) des tentatives d'assassinat (contre Park Cheung Hu, 1968), l'arraisonnement d'un navire américain (Pueblo, 1968), un terrorisme aérien (1987). Les négociations en échec (2007) et même les pressions chinoises sans retour contribuent à enfermer la Corée du Nord dans son impasse nucléaire. Elle peut glorifier son « Épée chérie », un arsenal estimé à environ 50 têtes véhiculées par des missiles intercontinentaux.

Sujet

- Le nucléaire civil et militaire en Asie : enjeux géoéconomiques et géopolitiques.

Mise en perspective

Trois interrogations. La fin du nucléaire est-elle une option réaliste ? En se retirant du TNP, la Corée du Nord a clairement manifesté son intention de fabriquer la bombe H (2015) et conduire des essais réguliers quitte à les espacer par des périodes de pseudo-négociations. Elle est légitimée par la ligne Byungjin, marcher sur les deux jambes, économie et militaire, sans jamais sacrifier le second. Autant dire qu'espérer un démantèlement complet des installations ou obtempérer dans les structures définies par la communauté internationales (Pourparlers à 6 [Chine, Corées, États-Unis, Japon et Russie] de 2003 à 2009) relèvent de l'illusion. La dénucléarisation progressive négociée par Donald Trump (Singapour, juin 2018 ; Hanoï, mars 2019) n'est donc pour l'instant qu'une entreprise de communication pour les gouvernements américain (justifier la nouvelle diplomatie du *deal*) et nord-coréen (rompre l'isolement en se normalisant).

La Chine se contentera-t-elle d'être observatrice ? Il n'est pas évident que la Chine soutienne de façon durable les incartades de Kim Jung un. Elle vote même à l'ONU des sanctions tout en les édulcorant et manifeste une impatience pour la normalisation d'un régime qui brouille sa légitimité dans le concert des nations. Pourtant, après soixante ans d'alliance et huit ans après la fin de la guerre de Corée, la proximité des deux régimes reste par opportunisme forte. Pour la RPC, l'effondrement du régime nord-coréen signifierait un afflux de réfugiés et une réunification de la péninsule sous l'égide américaine. La Chine s'oppose à tout développement – tel que le déploiement de la Terminal High Altitude Area Defense (THAAD), système de missiles antibalistiques américain en service depuis 2008 – qui contribuerait à consolider le système d'alliance américain, mais incite Pyongyang à « éviter toute action qui pourrait compliquer la situation ».

Le régime peut-il évoluer ? Il l'a déjà fait en rompant progressivement son isolement puisque 150 pays dans le monde entretiennent des relations avec la Corée du Nord à l'exception des États-Unis et du Japon dont vingt-six dans l'UE sauf la France et l'Estonie. Entrées à l'ONU en 1991, les 2 Corées redoublent d'efforts pour engranger des soutiens, mais il est légitime de se demander si ce n'est pas indirectement la Corée du Sud qui a œuvré avec la pression du dirigeant Kim Dae Jung dans le cadre de sa « politique du rayon de soleil » visant à intégrer son voisin du Nord dans la communauté internationale pour faciliter le dialogue. La grande alliée demeure la Chine, premier partenaire commercial et donc « auxiliaire de survie » du régime, ce qui n'empêche pas Pyongyang de regarder du côté de Moscou (frontière de 19 km) pour des projets de coopération, notamment dans le domaine agricole, la Russie y voyant l'opportunité de créer un corridor d'accès au marché de Séoul. La création de ZES est accélérée par Kim Jong un avec de rares investisseurs chinois.

Au niveau politique, le *statu quo* paraît à la mesure du renforcement des pouvoirs de Kim Jong un, qui offre du « pain et des jeux » en échange d'un blanc seing militaire. Outre des exterminations, des meurtres, des avortements forcés, des persécutions pour des motifs religieux, raciaux ou politiques, la Corée du Nord est un des pays où la liberté d'expression et l'opposition politique sont inexistantes. Plus encore, le système est rigidifié par un système de véritables castes avec le système des « songbun » qui donne à chacun un grade en fonction de sa naissance et de la fidélité de ses aïeux au régime pendant la colonisation japonaise et la guerre de Corée. Malgré des promotions possibles, le système est très discriminant. Que dire des travailleurs envoyés à l'étranger comme supplétifs de main d'œuvre qui n'ont que la possibilité de louer leur force de travail contrôlée par les Nord-Coréens en Chine, Russie ou au Moyen Orient, et dont les revenus sont siphonnés par le pouvoir. La CPI aurait dû être convoquée, mais la Corée du Nord a bénéficié de l'indulgence coupable de ses alliés russes et chinois… Jusqu'à quand ?

Alain Nonjon

FICHE 72

Jean-Marie Bouissou, *Géopolitique du Japon. Une île face au monde*

« Les choix qui se posent [au Japon] sont clairs. Sacrifier les multiples intérêts qui entravent la redynamisation de son économie, ou décliner. S'ouvrir à l'immigration et investir massivement pour relancer la natalité, ou décliner. Moderniser le système de gouvernance auquel ses dirigeants doivent leur place, ou décliner. Lutter pour maintenir son rang, ou accepter le retour de la Chine en position dominante en Asie. Forcer sa nature pour s'adapter à un monde qui le bouscule afin d'y prendre toute sa part, comme il l'a fait par deux fois, ou devenir une île des Vieillards vivant du revenu de ses (considérables) avoirs accumulés grâce au "miracle" d'après-guerre »

Jean-Marie Bouissou, *Géopolitique du Japon. Une île face au monde*, PUF, 2015

Auteur

Jean-Marie Bouissou, historien spécialiste du Japon où il a vécu une quinzaine d'années, a apporté de nombreuses contributions sur l'Archipel. Celles-ci s'interrogent aussi bien sur les mutations de la puissance nippone (*Japon : le déclin ?*, Complexe, 1999 ; *Quand les sumos apprennent à danser. La fin du modèle japonais*, Fayard, 2003) que sur les singularités d'un pays se maintenant sur l'échiquier mondial, en dépit de la crise économique et sociale qu'il traverse depuis trente ans (*Les leçons du Japon. Un pays très incorrect*, Fayard, 2019).

Intérêt

L'ouvrage permet de comprendre l'ensemble des défis que le Japon affronte aujourd'hui et de les nuancer au regard des situations encore plus dramatiques que le pays a connues par le passé.

Arguments

L'auteur voit dans la crise économique que traverse le Japon depuis les années 1990 la « troisième défaite » de l'histoire récente du pays. Si les deux premières ont été surmontées par deux « miracles » conduisant à chaque fois le Japon à devenir la première puissance asiatique, de nombreux défis existent pour qu'un troisième rebond survienne, et l'ouvrage interroge la capacité de l'Archipel à les surmonter.

À la première défaite (*i-san no hansei*), celle de 1853 consécutive à l'ouverture forcée du pays par la politique de la canonnière américaine menée par le commodore Perry, succède ainsi le premier miracle japonais, celui permis par l'ère Meiji à partir de 1868. Le pays met fin à la stratégie d'isolement de l'époque d'Edo (1603-1867) et acquiert à marche forcée une modernité rivalisant avec celle des grandes puissances occidentales tout en échappant à la colonisation. Le mot d'ordre *wakon yosai* (techniques occidentales, âme japonaise) illustre alors l'extraordinaire capacité d'adaptation du Japon. La tragédie de 1945 et la capitulation sans condition de l'Archipel à la suite de l'explosion des deux bombes nucléaires américaines à Hiroshima et Nagasaki marque la secondaire défaite du pays (*ni-san no hansei*), défaite à laquelle succède un nouveau miracle. Le redressement économique du Japon est tel que, dans les années 1980, la puissance économique et commerciale japonaise vient menacer l'hégémonie américaine. Ce « miracle » prend fin avec la troisième défaite, celle qui frappe le pays avec l'explosion de la bulle spéculative japonaise en 1989-1990, marquant le début de la « décennie perdue ». Elle illustre à la fois l'échec du pays à se faire reconnaître à sa juste valeur par ses partenaires occidentaux – la bulle étant largement provoquée par la politique monétaire américaine inquiète devant la croissance économique japonaise – et les difficultés du pays à transformer son modèle pour l'adapter à la mondialisation.

Depuis, le Japon apparaît confronté à une multitude de fragilités ou faiblesses. Économiques tout d'abord, incarnées par sa dette exorbitante – 250 % du PIB en 2017 – entravant ses capacités de relance et d'investissement ; démographiques ensuite, le vieillissement sans précédent de la population japonaise (taux de natalité de 1,4 en 2016) fragilisant la stabilité du modèle social, conduisant à un déclin démographique inéluctable, et démoralisant la jeunesse ; politiques également, tant le clientélisme, les scandales et la corruption illustrent la sclérose du régime politique et des élites nippones ; environnementales enfin, eu égard à la vulnérabilité japonaise aux tremblements de terre et aux tsunamis (catastrophe nucléaire de Fukushima en 2011), ce qui conduit l'auteur à se poser une question simple : « Le Japon survivra-t-il ? ». Ces fragilités prennent un relief nouveau dans le contexte de montée en puissance – en apparence inexorable – de son immense voisin chinois, avec lequel les tensions sont profondes, notamment pour des raisons historiques (crimes lors de l'occupation japonaise de la Chine pendant la Seconde Guerre mondiale et difficultés pour les principaux responsables japonais à les reconnaître, présence de troupes américaines sur l'Archipel, en particulier sur l'île d'Okinawa) et territoriales (autour de la question de la souveraineté disputée des îles Senkaku dans l'archipel des Ryükyü). Protégé par la puissance américaine depuis le traité de Sécurité de 1951, le Japon n'a depuis cessé d'adapter son interprétation de l'article 9 de sa Constitution de 1947 (supprimant les forces armées) afin de permettre un retour progressif du pays vers le *hard power*. Aujourd'hui, pour se protéger aussi bien de la Chine que de la Corée du Nord, Tokyo se demande s'il ne faudrait pas faire le choix du nucléaire militaire, quitte à perdre son image de nation « pacifique » (3e sur le *Global Peace Index* du SIPRI en 2011, 9e en 2018).

À l'opposé, le Japon dispose encore d'atouts conséquents : il demeure la troisième puissance économique mondiale, est situé à la meilleure place du « circuit de production asiatique », dispose de firmes puissantes (les grandes *keretsu*, héritières des *zaibatsu*), d'avoirs considérables, d'une main-d'œuvre parmi les plus éduquées du monde, et sa dette apparaît soutenable car détenue à près de 95 % par des acteurs japonais. Enfin, le Japon conserve une cohésion remarquable dont les racines se trouvent dans le mythe, certes quasi-tabou depuis 1945, du *kokutai* – idée que la nation forme une unité quasi biologique dont ne pourrait se prévaloir aucun autre pays du monde. Tout l'enjeu est désormais, grâce à ces atouts, de savoir si le Japon sera capable de mettre en place les conditions d'un nouveau miracle.

Sujet

- Le Japon peut-il conserver une place de leader en Asie ?

Mise en perspective

Cet ouvrage s'inscrit dans une série de travaux soulignant en général les profonds bouleversements que traverse l'Asie depuis une trentaine d'années, et en particulier les dynamiques opposées que connaissent d'un côté la Chine et de l'autre le Japon. Barthélémy Courmont, spécialiste des mondes asiatiques, sous-titrait ainsi sa *Géopolitique du Japon* (Éd. Artège, 2013) : « Une puissance inquiète ? ». Il insistait sur la croisée des chemins où se trouve située l'ancienne première puissance asiatique en ce début de XXIe siècle ; l'alternative est simple, « se réinventer ou décliner », tant les défis internes et externes paraissent immenses.

Benoît Joulia

FICHE 73

Jean-François Dufour, *China Corp. 2025. Dans les coulisses du capitalisme à la chinoise*

« Face (aux spécificités) du modèle économique chinois, les anathèmes ne sont pas d'une grande utilité. Les autorités chinoises développent leur stratégie économique sans vraiment se soucier des avis extérieurs, d'autres déterminants plus lourds, hérités de l'Histoire du pays, présidant à leur démarche »

Jean-François Dufour, *China Corp.2025. Dans les coulisses du capitalisme à la chinoise*, Maxima, 2019

Auteur

Jean-François Dufour est aujourd'hui directeur de DCA Chine-Analyse, société d'analyse de l'environnement économique chinois. Il est l'auteur de *Géopolitique de la Chine* (Complexe, 1999), *Made by China. Les secrets d'une conquête industrielle* (Dunod, 2012). Après avoir planté le décor des évolutions récentes, l'ouvrage décrit les acteurs de l'économie chinoise (le PCC, les gouvernements régionaux, les entreprises d'État centrales et régionales, les banques, les entreprises privées), ainsi que les moyens mis en œuvre (les financements, la mise en place de champions nationaux, le projet OBOR, la diplomatie économique).

Intérêt

À l'heure d'une lutte économique sino-américaine qui dépasse largement les rapports commerciaux et d'un dialogue avec l'Europe à la tonalité ambiguë (20e sommet UE-Chine de juillet 2018, affaire Huawei), la question se pose de savoir dans quelle mesure la Chine est en train de tricher dans la compétition économique mondiale et, au-delà, de lever le voile sur ses ambitions à travers le plan *Made in China 2025*.

Arguments

Depuis les années 1980, la Chine a joué la carte de l'industrialisation pour opérer son décollage économique. Elle est aujourd'hui hors norme sur la scène économique mondiale avec un PIB qui représente environ 15 % du PIB mondial et 26 % de l'industrie manufacturière. Devenue l'« usine du monde », elle entend le rester en devenant « l'usine du futur » à l'issue du plan *Made in China 2025*.

Si la Chine dispose de moyens spécifiques pour le faire, elle reste malgré tout soumise à un certain nombre de contraintes inhérentes à son modèle qui peuvent la fragiliser, et son projet pourrait se heurter à de nombreux aléas qui nécessiteront des adaptations de sa part, ainsi que d'importants efforts diplomatiques.

Pour les outils dont elle dispose, le rôle du PCC est essentiel. Il décide de la politique économique du pays, coordonnée par le gouvernement central au niveau national par les ministères (le ministère des Finances ou le MIIT), des commissions comme la NDRC ou la SASAC, de super-agences. Les relations avec les trente-trois entités du pays sont également facilitées par la discipline partisane, même si elles ne sont pas toujours exemptes de divergences stratégiques et de collusions locales.

La Chine dispose aussi de champions nationaux, généralement sous le contrôle de la SASAC (mais Tsinghua Unigroup, semi-conducteurs, ne l'est pas), ainsi que de 16 000 entreprises publiques de toutes tailles, qui dépendent du pouvoir central ou des autorités locales et sont aujourd'hui en première ligne dans la stratégie *Made in China 2025*.

Elle dispose encore, à côté des entreprises d'État, d'un système bancaire développé qui reste au cœur du modèle économique chinois avec les 4 premières banques mondiales (ICBC, CCB, ABC, BOC) qui fournissent à elles seules 40 % du total des prêts émis par des banques chinoises qui ont financé à 95 % l'économie chinoise entre 2005 et 2015.

Elle dispose enfin d'un véritable relai de croissance avec le projet OBOR (*One Belt, One Road*) des routes de la soie qui englobe désormais le continent eurasiatique en débordant sur l'Afrique... et sur l'Amérique. Ce projet intéresse de nombreux secteurs chinois : fournisseurs d'infrastructures énergétiques et de transport, constructeurs et fournisseurs de matériaux, équipementiers, secteurs de pointe (nucléaire, LGV, aéronautique)... Sans oublier les fonds d'investissement et banques qui fournissent des financements massifs sous forme de prêts, parfois par le biais d'institutions financières multilatérales (New Development Bank basée à Shanghai, Asia Infrastructure Investment Bank basée à Pékin).

Il n'en reste pas moins cependant que la démarche chinoise est plus fragile qu'il n'y paraît (la machine économique chinoise est d'une grande complexité en raison de l'existence de forces centripètes) et qu'elle pourrait se heurter à de nombreux obstacles internes comme extérieurs.

Son objectif de développement, croisé avec celui du maintien de la stabilité sociale, conduit en particulier la RPC à un véritable « jeu d'équilibre » entre la volonté de modernisation et la préservation d'« entreprises zombies » qui produisent à perte ou en surcapacité. Ce jeu explique en particulier le maintien du caractère dirigiste de la politique économique chinoise et son caractère pragmatique, illustré par les aléas des autorisations d'investissement dans les infrastructures énergétiques qui ont oscillé entre décentralisation et recentralisation, ou encore par ceux sur la question des mouvements de capitaux à destination de l'étranger (encouragés à partir de 2014 puis dissuadés depuis 2017), ou enfin récemment par l'ouverture du marché automobile à la concurrence étrangère depuis 2018 pour forcer une évolution qualitative d'un secteur désormais orienté vers l'électrique...

L'état du système financier chinois, miné par les créances douteuses de l'ordre de 7 à 20 % de leurs encours et par des montages (ceux des *Asset Management Companies* ou AMC) qui privilégient la titrisation des créances et se sont beaucoup développés depuis 2017, est également particulièrement préoccupant. De même, l'avenir des Partenariats public-privé (PPP) mobilisant des capitaux privés associés aux administrations commanditaires d'infrastructures (900 milliards de dollars en 2018), comme pour la ligne Hangzhou-Wenzhou qui associe Fosun et l'opérateur national China Railway ainsi que plusieurs entités régionales ou municipales, est soumis à leurs résultats « dans l'avenir très particulier de l'économie chinoise ».

À l'extérieur, les transferts de technologies, nécessaires à la montée en gamme de l'industrie chinoise, rencontrent des difficultés, en particulier avec les États-Unis (affaires ZTE et Huawei en 2018) mais aussi avec Taïwan et le Japon, le Canada ou l'Union européenne. Elles pourraient contribuer à ralentir l'ambition de son industrie nationale de rejoindre ses concurrents globaux.

À l'extérieur toujours, le projet OBOR connaît, depuis peu lui aussi, des contestations suite à la mainmise au Sri Lanka de China Marchants sur le port de Hambantota pour une durée de 99 ans. La Malaisie a ainsi suspendu en 2018 le projet de couloir ferroviaire à grande vitesse Kuala Lumpur-Singapour et le Pakistan a redimensionné à la baisse les projets ferroviaires du corridor sino-pakistanais (China Pakistan Economic Corridor...).

Sujet

- Le modèle économique chinois reste-t-il un modèle spécifique ?

Mise en perspective

La question centrale de l'ouvrage de Jean-François Dufour est de savoir si les entreprises chinoises « trichent ». Pour l'auteur, si l'on prend en compte les règles classiques de l'économie de marché, la réponse ne peut être que positive. Pékin ne fait, depuis des années, que « déployer une mise en scène pour faire accroire son alignement sur cette dernière ». Pour dépasser cette contradiction, il faut simplement intégrer qu'en fait les autorités chinoises déploient un autre modèle économique, celui « d'un système complexe, résultat de ses contradictions et des efforts pour inscrire cet ensemble hétéroclite dans un projet stratégique ». Il faut donc comprendre que Pékin ne s'alignera pas sur le modèle libéral classique pour satisfaire ses partenaires parce que le risque inhérent d'un effondrement économique et social que cela entraînerait est trop important. De fait, les évolutions récentes du modèle économique chinois, encore décrites par *Les Échos* en février 2018, vont en ce sens, dans un contexte où la croissance s'essouffle : les entreprises publiques sont valorisées par le régime (subventions et favoritisme dans les appels d'offre), alors que le secteur privé est remis au pas (forte restriction du crédit).

Michel Nazet

FICHE 74

Alice Ekman, *La Chine dans le monde*

« L'arrivée de Xi Jinping au pouvoir a contribué à une réévaluation rapide des objectifs de la politique étrangère chinoise » ; au XIXe congrès, en 2017, Xi Jinping fixant la feuille de route d'ici 2050 : « Prendre une place encore plus centrale sur la scène internationale »

Selon Alice Ekman, *La Chine dans le monde*, CNRS Éditions, 2018

Auteure

Alice Ekman est responsable des activités Chine au Centre Asie de l'Institut français des relations internationales (IFRI) et chargée d'enseignement à Sciences Po Paris.

Intérêt

Cet ouvrage collectif entend démontrer que la politique étrangère chinoise est désormais devenue entreprenante. L'empire du Milieu diversifie et multiplie les initiatives internationales et tourne définitivement la page de l'approche « profil bas » de la politique étrangère mise en place par Deng Xiaoping. En effet, si le développement économique reste une priorité constante pour Pékin, d'autres enjeux existent aujourd'hui comme l'approvisionnement en matières premières, la protection des ressortissants chinois à l'étranger ou la lutte contre le terrorisme. En ce début de XXIe siècle, la Chine se positionne comme leader dans la restructuration de la gouvernance mondiale, investit dans le multilatéralisme sous toutes ses formes tout en promouvant un modèle de développement et de gouvernance alternatif dans le monde. En effet, l'empire du Milieu semble souhaiter promouvoir de nouvelles règles et normes internationales afin de faciliter l'avènement d'un monde post-occidental. Ces ambitions sont, depuis l'arrivée au pouvoir de de Xi Jinping, soutenues par une volonté politique forte. La question est : la Chine a-t-elle les moyens de celles-ci ?

Arguments

Aujourd'hui, les initiatives internationales de la Chine se multiplient et se diversifient : elle investit dans les infrastructures de transport ou de télécommunication, maintient ses revendications territoriales et maritimes, ouvre de nouvelles bases militaires, crée de nouvelles institutions multilatérales, renforce son réseau de médias en langues étrangères. Xi Jinping veut dépasser l'objectif premier était de sortir le pays de la pauvreté. Si le développement économique demeure une priorité de la diplomatie chinoise face aux disparités territoriales et au ralentissement de la croissance, d'autres enjeux préoccupent également Pékin.

L'ouvrage se divise en trois parties. La première porte sur les facteurs domestiques, avec une étude approfondie du développement économique qui est un moteur de l'engagement international de la Chine. Une attention particulière est accordée au rôle de l'énergie et des matières premières. Cette première partie s'achève sur l'activisme diplomatique et l'extrême concentration des pouvoirs entre les mains de Xi Jinping.

La deuxième partie s'attarde sur les facteurs régionaux, sur la défense des intérêts fondamentaux chinois et sur le développement des rivalités entre la Chine et les États-Unis dans la région Asie-Pacifique. Le défi terroriste est commenté comme un enjeu de sécurité nationale et un déterminant considérable de la politique régionale chinoise. La troisième et dernière partie du livre opère un changement d'échelle et développe les facteurs internationaux, c'est-à-dire une modernisation militaire au service du parti et du pays tout entier, une gestion des investissements chinois à l'étranger prenant particulièrement en compte la gestion du risque-pays. L'ouvrage s'achève sur la nécessaire protection des ressortissants à l'étranger qui devient un enjeu crucial et un puissant vecteur de transformation de la politique extérieure chinoise.

L'apport principal de ce livre est bel et bien de décrypter les ambitions planétaires de la Chine et du président Xi Jinping. Il semble évident que l'empire du Milieu veut désormais exporter au monde entier son mode de gouvernance. Finalement, l'ouvrage collectif dirigé par Alice Ekman s'efforce de prouver que la volonté de la Chine est désormais de dépasser les États-Unis et de façonner un nouvel ordre mondial davantage polycentrique, moins occidentalo-centré, où l'hégémonie américaine serait définitivement remise en cause.

Sujet

- Y a-t-il une nouvelle voie chinoise ?

Mise en perspective

Philippe Delalande, dans *La Chine de Xi Jinping. Ambitions et résistances* (L'Harmattan, 2018), fait un point sur l'état de la Chine et les choix de son dirigeant. Il expose les grands défis (le parti, l'économie, les relations avec les États-Unis…) et les ambitions de Xi Jinping (reprendre en main le parti, accéder à une économie d'innovation, participer au règlement des grands problèmes du monde et favoriser l'avènement d'un monde post-occidental…).

Lionel Pourty

François Godement et Abigaël Vasselier, *La Chine à nos portes. Une stratégie pour l'Europe*

« La Chine mène la relation UE-Chine et en exclut ce qui ne l'intéresse pas directement »

François Godement et Abigaël Vasselier, *La Chine à nos portes. Une stratégie pour l'Europe*, Odile Jacob, 2018

Auteurs

François Godement est historien, professeur des universités à Sciences Po Paris. Il dirige le programme Chine de l'European Council on Foreign Relations, un influent *think tank* européen, et est membre associé du Carnegie Endowment for International Peace. Abigaël Vasselier est analyste pour le programme Asie de l'European Council on Foreign Relations.

Intérêt

L'Union européenne doit faire face à un certain nombre de défis internes – montée des populismes et Brexit –, et externes – pressions de la Russie, politique erratique de Donald Trump et ambitions chinoises. « La Chine n'a pas envahi la Crimée, elle ne jette pas de bombes, elle ne nous insulte pas » ; pour autant, « avec la promotion du rêve chinois et des routes de la soie », elle montre de grandes ambitions sur le marché européen. Quelle stratégie commune l'Union européenne doit-elle adopter pour établir des relations équilibrées avec la Chine ? C'est l'axe de réflexion de cet ouvrage.

Arguments

François Godement et Abigaël Vasselier constatent l'omniprésence de la Chine en Europe, que ce soit par ses investissements, ses produits et ses réseaux. Ils soulignent que l'Europe reste ouverte alors que la Chine est entrée dans un processus de fermeture politique et commerciale. Cette situation explique que l'Union européenne exige la réciprocité et ne reconnaisse pas à la Chine le statut d'économie de marché. La Chine de Xi Jinping veut imposer ses propres règles, elle n'a pas à ce jour accepté « les garanties et le principe de réciprocité dans le cadre d'un traité sur les investissements et la signature d'un traité de libre-échange ». Au contraire, la Chine considère comme acquis l'accès de ses produits au marché européen et la possibilité d'y investir aisément. La stratégie chinoise de « diviser pour régner » s'avère payante. La Chine privilégie les relations bilatérales, et s'impose dans les vingt-huit pays soit par des investissements, soit par des fusions-acquisitions, soit par la présence des Instituts Confucius.

Une étude par pays témoigne de cette « main mise » sur l'Europe. La Chine est le partenaire économique le plus important de l'Allemagne avec un commerce bilatéral s'élevant à 169,9 milliards d'euros en 2016. L'Allemagne fait partie des dix-huit pays européens à être membres de la Banque asiatique d'investissements pour les infrastructures. La Chine appartient aux dix plus grands investisseurs étrangers en Belgique. Le contrôle des entreprises chinoises sur les ports espagnols s'étend. Le Luxembourg est au centre des activités financières chinoises en Europe et constitue la première place financière pour le renminbi dans la zone euro. La Chine a par ailleurs renforcé sa diplomatie en direction des PECO, par le biais de l'initiative baptisée format 17+1, incluant douze pays membres de l'Union européenne ainsi que l'Albanie, la Serbie, le Kosovo, la Bosnie-Herzégovine et le Monténégro.

La Chine au cours des dix dernières années s'est donc fait une place en Europe par des moyens qui ne sont pas accessibles aux Européens en Chine. Elle a investi dans l'aéronautique, les infrastructures (port du Pirée), les jeux vidéo (acquisition de la société finlandaise Supercell par Tencent), le sport (rachat de clubs de foot européens), les TIC (présence de Huawei dans les vingt-huit pays membres de l'Union européenne). Elle est aussi la plus active dans le lobbying. Il faut donc mettre fin à l'asymétrie de la relation. Si des pays européens voient de nombreuses opportunités dans les investissements chinois, la méfiance est là. On s'inquiète de la recrudescence des cyberattaques, la Chine semblant adepte de la technique du « pied-dans-la porte » en piratant des institutions, notamment des pays du sud de l'Europe, les plus vulnérables. L'Union européenne doit donc opter pour une « stratégie unique ». Le premier remède d'urgence est d'achever la mise en place d'un mécanisme de filtrage des investissements. En effet, les Européens ne peuvent se permettre de tolérer un filtrage à sens unique, grâce auquel la Chine absorbe les technologies européennes. Pour autant, l'UE peine à s'accorder, le Portugal et la Suède, par exemple, s'opposent à la mise en place de ce mécanisme.

Sujet

- L'essor économique et la montée en puissance de la Chine : chance ou menace pour l'Europe ?

Mise en perspective

L'ouvrage de Claude Meyer, *L'Occident face à la renaissance de la Chine. Défis économiques, géopolitiques et culturels* (Odile Jacob, 2018), propose une analyse qui évite la diabolisation de la Chine, ce qui est rare et mérite donc d'être signalé. L'auteur souligne la montée en puissance de l'empire du Milieu dans les domaines économique et financier, mais aussi technologique. Il examine les ambitions stratégiques mondiales de la Chine au travers de ses projets « routes de la soie », de la modernisation de son armée et de la construction de son *soft power*. Claude Meyer part du discours officiel pour comprendre les objectifs de Xi Jinping et les défis à relever. Cette approche rend particulièrement intéressant le chapitre consacré à la confrontation des deux modèles : la démocratie occidentale contre la méritocratie à la chinoise. L'auteur milite enfin pour un discours fructueux entre les deux civilisations. Ce qui à ce jour n'est pas acquis.

Caroline Delbecque

FICHE 76

Pierre Grosser, *L'histoire du monde se fait en Asie. Une autre vision du XXe siècle*

« Aujourd'hui, c'est le passé des relations sino-japonaises ou sino-indiennes, les contentieux territoriaux en Asie, ou les origines de la question coréenne qu'il faut connaître pour comprendre l'Asie du XXIe siècle et anticiper notre avenir, qui dépend de ce qui se passe en Extrême-Orient »

Pierre Grosser, *L'histoire du monde se fait en Asie. Une autre vision du XXe siècle*, Odile Jacob, 2017

Auteur

Pierre Grosser est avant tout historien, spécialiste de l'histoire des relations internationales et des enjeux du monde post-Guerre froide. Il est membre du Centre d'histoire de Sciences Po et a dirigé l'Institut diplomatique du ministère des Affaires étrangères jusqu'en 2009. Il enseigne à Sciences Po Paris. Sa thèse portait sur la fin de la guerre d'Indochine (1953-56), l'accent étant mis sur ses dimensions internationales et les répercussions dans les recompositions bipolaires du monde. Son ouvrage *1989, l'année où le monde a basculé* (Perrin, 2009) fixe le point de départ d'une analyse des ruptures du siècle. *Traiter avec le diable ? Les vrais enjeux de la diplomatie au XXIe siècle* (Odile Jacob, 2013) est un titre sans ambiguïté sur une discipline inventée par la France : la diplomatie internationale. Peut-on parler avec les « diables », c'est-à-dire les despotes de la planète, « parler n'est pas forcément négocier, négocier n'est pas forcément parvenir à un accord, et parvenir à un accord avec le diable n'est pas forcément capituler ». Pour Pierre Grosser, et malgré l'utopie du tout sécuritaire et les exigences morales des opinions publiques et des médias, il est toujours préférable de construire un échange sans compromission que laisser faire la diabolisation et les tensions sans retour. Autant d'ouvrages qui le prédisposent à une relecture de l'histoire du monde au XXe siècle.

Intérêt

C'est paradoxalement la conjoncture qui définit l'intérêt de cet ouvrage qui pourtant inscrit son analyse dans le long XXe siècle :

- Se positionner par rapport à une propension constante à évoquer le basculement vers l'Asie, sorte de prophétie autoréalisatrice. Celle-ci est souvent explicitée par la seule émergence de la Chine, son passage progressif du statut de puissance modérément développée au grand renouveau de la nation chinoise débouchant sur un statut de grande puissance avec ses caractères propres en 2050 susceptible d'ordonner le monde.
- Réactualiser l'approche de la gouvernance mondiale et voir comment le multilatéralisme aujourd'hui menacé n'a pas toujours été l'alpha et l'oméga des relations internationales.
- Désoccidentaliser l'histoire des relations internationales à commencer par la vision trop européocentrique, ou mieux européo-américaine de la planète et de ses évolutions. L'ordre d'après guerre n'est pas qu'affaire européenne et particulièrement en Asie

où États-Unis, Japon, Chine créeront les conditions de la paix avec des frustrations et des leaderships qui expliqueront par la suite la montée des menaces conduisant à la Seconde Guerre mondiale. Bref, si les relations transatlantiques étaient moins importantes que celles avec l'Asie, où se déroulerait une sorte de grand jeu pour décrypter le monde contemporain ?

Arguments

Avant toute chose, il faut partir du sous-titre interpellant l'occidentalisme qui a toujours nourri l'historiographie contemporaine. Même s'il ne s'agit que d'un contexte pour accepter une immersion dans cet ouvrage, il faut prendre en compte la crise de l'Occident. N'est-elle pas en effet le résultat d'un Occident qui a « fait de sa modernité non plus une précieuse subversion mais une idéologie fossilisée » (Jean-Claude Guillebaud). L'Occident a institutionnalisé ses valeurs comme universelles et a fait preuve d'un aveuglement sur la « fin de l'histoire » (néoconservateurs), sur les transitions démocratiques artificiellement plaquées (essoufflement des « printemps arabes »), sur sa volonté impériale : « Une occidentalisation du monde » que Serge Latouche pourfend « comme un universalisme cannibale qui dévore l'autre sans tenir compte de sa différence ».

Il faut être animé d'une volonté de décaper tous les clichés accumulés depuis longtemps sur l'histoire des relations internationales. Il faut accepter l'érudition de l'auteur au service de la réécriture de quelques événements jalonnant les relations internationales au XXe siècle et ainsi on découvrira un siècle où l'Asie a été, sinon maîtresse du jeu, du moins caisse de résonnance des grandes mutations des rapports de force internationaux. Ce siècle s'étend de 1900 à 1989...

- 1900 au prisme de l'Asie orientale, terre d'affrontement des puissances coloniales, et terres d'affirmation d'un Japon vainqueur de la Russie en 1905. C'est ici que le concept d'Hervé Théry du « péril jaune » prend corps, façon de fantasmer le poids de l'Asie dans le destin du monde. C'est l'époque où le Japon, pays le plus investi dans la guerre civile russe en Extrême-Orient (amiral Koltchak) prend ses marques dans son environnement régional en Sibérie et prépare le Dai Nihon de l'entre deux guerres ;
- 1989, non pas tant la chute du mur de Berlin que le massacre de Tien'anmen qui, paradoxalement, va ancrer la Chine dans la voie des réformes non sans hypothéquer un nationalisme intransigeant et une répression sous bassement de la légitimité du PCC ;

Chaque chapitre est l'occasion de réviser des *a priori*, des préjugés des vérités prétendument closes. Ainsi...

La paix de Versailles n'est pas qu'une affaire européenne : l'Asie est omniprésente dans l'ordre de l'immédiat après-guerre, dans la volonté américaine de limiter les armements navals japonais en 1922 par le traité de Washington ou dans le refus de la restitution du Shandong aux Chinois, source future de contentieux sino-japonais. La paix de Versailles a donc dessiné d'autres frontières que celles de l'Europe, créé d'autres fractures qu'européennes. Les questions asiatiques sont d'ailleurs au cœur des nouvelles prétentions américaines à un *leadership*, et amorce un XXe siècle américain. Ainsi le Japon, par le jeu des alliances associé aux vainqueurs, a pu obtenir gain de cause (sur le Shandong), mais pas sur la clause d'égalité raciale, refus ressenti comme « une désillusion générale face à l'Occident », « qui en sera pas sans influencer le Japon qui prenait conscience par là que dans le concert des nations le club des puissants lui restait fermé ». La sortie de la SDN en 1933 fut la conséquence évidente de cette « discrimination » qui exaspéra les nationalistes radicaux et ouvrit la voie d'un panasiatisme militant. Malgré les espoirs suscités par le wilsonisme et le droit des peuples de disposer d'eux-mêmes, le Vietnam et la Corée n'eurent pas la légitimité réclamée, source de conflits ultérieurs.

La Seconde Guerre mondiale est née en Asie, en Mandchourie, mais bien avant 1931. Ce territoire est au cœur des confrontations (Japon, Russie, Chine) et, comme la Mongolie et la Corée, représente un espace de rivalités nippo-russes pour Pierre Grosser. Elle est le terrain de la guerre sino-soviétique de 1929, deuxième guerre après celle de 1901, et c'est en réaction que les Japonais, prenant conscience de l'inaction de la SDN, de la faiblesse de la Chine minée par des troubles intérieurs, décideront de mettre la main sur la Mandchourie, d'en faire un protectorat intégré à l'économie de l'archipel et une base d'appui contre l'expansionnisme russe. L'auteur va même jusqu'à parler d'une menace japonaise dans les années 1930, antérieure à la menace allemande, façon de réinscrire l'axe de fer dans une dynamique qui part de l'Asie.

Plus surprenant encore, la « guerre dite du Pacifique » ne doit pas occulter les emboîtements de rivalités. Si la guerre nippo-américaine fait partie depuis le début du siècle d'un scénario probable, la menace japonaise est surtout appréhendée par la Russie de Staline et l'Empire britannique avant même la menace destructrice nazie. C'est en partie l'inquiétude face au Japon qui détermine le jeu des alliances, le pacte germano-soviétique étant peut être lié à cette configuration des rapports de force. Quant à l'été 1939, loin des fronts européens, c'est l'année d'une victoire militaire soviétique sur le Japon et d'une grave crise anglo-japonaise. *In fine* d'ailleurs, si le Japon capitule en 1945, n'est ce pas pour partie à cause de l'entrée en guerre de l'URSS et bien sûr l'opération Manhattan. Xi Jinping n'oubliera pas de rappeler, dans un discours, le 3 septembre 2015, « la prépondérance de la Chine dans la victoire contre le fascisme global, la Chine étant le pays qui a combattu le plus longtemps et a eu à subir le plus de morts ». Pierre Grosser réhabilite, sans aller aussi loin que le dirigeant chinois, une Chine qui, avant l'Angleterre de Churchill et dans une abnégation totale, a refusé de capituler et il rappelle que Soviétiques, Américains et Britanniques ont aidé Tchang Kaï-chek dans son combat car, « en sortant son pays de la guerre, ce dernier aurait entraîné une attaque japonaise de l'URSS (ce qu'il aurait pu faire en 1941), ouvrant ainsi un boulevard à Hitler ».

Un pont entre la guerre de Corée et la construction européenne ? Pointu mais décisif, l'argument conforte la relecture asiatique des relations internationales. La Guerre froide s'est durcie et militarisée sur les fronts intérieurs, particulièrement pendant la guerre de Corée. Le système d'alliances asiatiques des États-Unis s'est maillé et il perdure en grande partie. Avant même de parler de pivot asiatique, ces derniers ont fait de leur présence militaire au contact de la Chine et de la Russie une priorité en termes de présence de budget et de stratégie. La guerre de Corée a donc été un facteur de prise de conscience pour l'Europe de redimensionner son système de défense. L'OTAN a été plus structuré et organisé, la Turquie a été admise et sa fidélité depuis n'a jamais été démentie. Craignant que les États-Unis ne se détournent vers l'Asie ou n'y soient contraints par une offensive du bloc soviétique en Corée, les Européens pensent jouer la carte d'une CED renforcée. La France y mettra son veto, craignant le réarmement indirect allemand et, par défaut, c'est l'OTAN qui va être le bouclier européen sous l'égide des États-Unis, préfiguration d'une dépendance de l'Europe et « de son atonie diplomatique, autant que militaire », disait déjà Pierre Grosser dans *Traiter avec le diable*... À la fin de la guerre d'Indochine et dans le contexte de la détente, la RFA intègrera l'OTAN, « le Transatlantique sera choisi en lieu et place de l'Européen, et on sait combien de décennies seront perdus pour une prise de conscience européenne ».

C'est par l'Asie que le tiers-monde s'invite dans les relations internationales et balise les grands enjeux Nord-Sud. C'est dans une conférence afrosiatique où l'Asie est surreprésentée que se définit la mobilisation de Bandoeng. C'est du côté de l'Asie que Khrouchtchev lorgne durant ses deux voyages en Chine en 1958 et en 1959, avant la rupture. Mais c'est en Asie que l'on peut le mieux prendre en compte. Les tensions « Sud-Sud », les rivalités ouvertes entre « petits » et « grands » pays, entre Africains et Asiatiques, entre anticommunistes et communistes. L'unanimisme de la prise de parole du tiers-monde est une fiction. « La Chine va jouer à fond la carte afro-asiatique, avec l'Indonésie, alors que l'Inde s'appuie sur le mouvement des non-alignés, bien plus modéré ». C'est dans le tiers-monde asiatique que la Guerre froide dépasse la confrontation bipolaire Est-Ouest avec les bras de fer Chine-États-Unis, Chine-URSS, Chine-Inde, un reflet, s'il en fallait un de plus, de l'ensemble composite que représente le Sud, hier comme aujourd'hui : il ne suffit pas de brandir l'étendard du tiers-monde pour avancer des revendications unanimes, ni d'ailleurs des sous-ensembles comme les BRICS, plus divisés qu'il n'y paraît.

Ainsi le tiers-monde a-t-il regardé vers l'Asie hier (Vietnam, Corée du Nord, Chine) et regarde aujourd'hui encore vers elle (NPIA, Chine, modèles installés) pour trouver un sens à son émancipation géoéconomique ou géopolitique. Si les grandes puissances pivotent vers l'Asie qui pivote elle-même vers le monde, c'est qu'elles ont été dans leur histoire des puissances asiatiques (Russie, Royaume-Uni, États-Unis). L'Asie est donc bien une caisse de résonnance, mais aussi un creuset des rapports de force internationaux.

Mise en perspective

Pierre Grosser essaie de repenser le continent asiatique comme un marqueur de la mondialisation contemporaine et un pulsateur de l'économie mondiale. Une prophétie hégélienne serait en cours de réalisation : après un monde centré sur la Méditerranée, puis sur l'Atlantique, on entrerait dans le « siècle du Pacifique », annoncé péremptoirement depuis les années 1980, voire dans le siècle du continent asiatique depuis les années 1990. L'Asie et surtout l'Asie-Pacifique, et plus encore l'Asie du Sud-Est, sont considérées comme le lieu d'un « basculement de l'économie mondiale ». Le rappel des performances, l'annonce d'une superpuissance chinoise dépassant son rôle de simple puissance régionale, sur fond de déclin psalmodié de l'Occident et de conflit civilisationnel semblent valider comme acquis ce glissement de la tectonique économique.

Un effet *magnet* reformate les circuits d'échanges traditionnels. La Chinafrique devient un ban d'essai pour la puissance chinoise. En Amérique latine, l'Alliance du Pacifique compte tisser des liens entre le Chili, la Colombie, le Pérou et le Mexique et dégager des convergences avec l'autre rive du Pacifique sans subir les contraintes de l'APEC où Chine et États-Unis se tiennent en respect. Au Venezuela, Chavez savait agonir d'injures le rival américain en s'appuyant sur une fidélité déclarée aux Chinois, pétrole à l'appui. Aux États-Unis, « le pivot asiatique » sous Barack Obama, doublé du partenariat transpacifique, voulait à la fois contenir la puissance chinoise et réévaluer la présence américaine dans cet ancien lac américain.

La Russie, dans son face à face avec les États-Unis, devant l'échec d'une Eurasie plus européenne qu'asiatique et la nécessité de trouver des débouchés énergétiques après les sanctions européennes, veut aller plus loin que l'OCS sans « toutefois apparaître comme un *junior partner* d'une Chine active en Asie centrale », statut oblige. La France se souvient de son rôle pionnier dans la reconnaissance de la Chine en 1966, et des firmes comme Peugeot y voient leur salut (Dongfeng actionnaire et marché chinois porteur). Emmanuel Macron veut fixer les axes européens de coopération aux routes de la soie. L'Allemagne, forte de son statut de pays excédentaire vis-à-vis de la Chine, courtise aussi de dirigeants chinois associés au mot d'ordre *Go global*. L'UE rêve de partenariat avec Pékin qui « achète le monde », comme en d'autres temps le Japon... Cette polarisation est d'autant plus naturelle que la crise de l'Occident et l'érosion de ses positions, à défaut de parler de déclin, sont d'actualité.

Mais à bien y regarder, le basculement asiatique est en réalité un effet d'optique ou tout au plus un rééquilibrage, et la Chine en est le principal acteur. Dans la rebipolarisation, la Chine a pris la place laissée vacante par la Russie : elle cherche une suprématie géoéconomique là où la Russie tentait le leadership géopolitique. Mais prenons garde aux *success stories* trop rapidement scénarisées, aux projections iréniques et pensons toujours au « piège du revenu intermédiaire » qui menace une partie de l'Asie Pacifique : passée une phase de rattrapage, ces pays voient leur croissance stagner ou se tasser dans des proportions qui les empêchent de converger vers le niveau de vie des économies avancées, ou alors de façon très inégalitaire.

Si basculement il y a, encore faut-il lui donner sens, être capable de le défendre. Il n'échappe à personne le fait que le système géostratégique étatsunien est de loin le plus performant. Faut-il rappeler que la Chine ne possède que deux porte-avions contre douze pour les États-Unis, et qu'elle n'a ouvert que récemment sa première base à l'étranger, à Djibouti ?

On retiendra plutôt la notion de poudrière asiatique que d'océan de paix pour le Pacifique. Jean Heffer parle de « lac agité » pour désigner la mer de Chine, et c'est de plus en plus un euphémisme au large des Senkaku ; difficile de ne pas en faire un élément limitatif du grand basculement car les pays développés ont beau avoir des contentieux, ils n'en sont pas à des gesticulations militaires mais plutôt à des partages de valeurs. L'Asie-Pacifique n'est pas pour rien la première zone de remilitarisation du monde et si personne n'envisage un conflit majeur en Asie, on ne peut exclure une guerre éclair à la suite d'incidents mineurs dans un contexte de fortes tensions. Au dire même de Shinzo Abe, « l'Asie est dans une situation comparable à celle de l'Europe en 1914 ». Il ne faut donc pas se laisser bercer d'illusions par l'intégration régionale par le bas, invalide avec l'absence d'institutions denses. L'histoire donne à réfléchir sur cette Asie-Pacifique comparée à une Europe qui allait se suicider en 1914-1918 (Stefan Zweig).

Alain Nonjon

FICHE 77

Jacques Gravereau, *La Chine conquérante. Enquête sur une étrange superpuissance*

« On ne peut pas mettre de côté le marxisme-léninisme et la pensée de Mao Zedong, ce serait perdre nos racines »

Xi Jinping lors d'une réunion secrète du Parti communiste chinois (PCC), le 5 janvier 2013, cité dans Jacques Gravereau, *La Chine conquérante. Enquête sur une étrange superpuissance*, Eyrolles, 2017

Auteur

Président d'honneur et fondateur de l'Institut HEC Eurasia, Jacques Gravereau est spécialiste de l'Asie contemporaine.

Intérêt

L'ouvrage brosse un portrait de la puissance chinoise en remontant à ses origines puis en pointant ses limites. Cette analyse des forces et des faiblesses de la Chine actuelle est illustrée par de nombreux exemples concrets.

Arguments

Au sortir de la période maoïste, la Chine est devenue en trois décennies la deuxième puissance mondiale. La Chine a-t-elle les atouts pour poursuivre cette ascension et devenir la nouvelle hyperpuissance du XXIe siècle ?

Après l'humiliante domination des puissantes occidentales et du Japon, Mao Zedong restaure l'unité de la Chine à partir de 1949. Mais ses politiques laissent le pays exsangue. Le bilan humain de l'ère maoïste s'élève entre 45 et 70 millions de victimes. En 1978, Deng Xiaoping entame une profonde réforme de l'économie tout en maintenant le monopole politique du PCC. Le secteur agricole est libéralisé en premier, mais « l'économie socialiste de marché » est avant tout fondée sur l'industrialisation et l'appel aux investisseurs étrangers. La croissance économique décolle : 10 % de moyenne annuelle au cours des décennies 1990-2000. Les réserves de change gonflées par les exportations des industries légères sont réinvesties dans l'acquisition de machines-outils et la construction d'infrastructures. En 2010, la Chine a dépassé le Japon et devient la deuxième puissance économique mondiale.

Ce fulgurant rattrapage s'est fait au prix d'un coût exorbitant. Les pollutions de l'air et de l'eau alarment la population. L'industrialisation à marche forcée est coûteuse en vies humaines, que ce soient les accidents de l'industrie chimique, les catastrophes minières et les scandales de l'industrie agro-alimentaire. Pour alimenter la croissance, la Chine s'embarrasse peu de la légalité internationale : elle est le premier utilisateur de bois illégal et est à l'origine des deux tiers des contrefaçons dans le monde. La misère n'a pas disparu : la population flottante des *mingong* estimée à 150 millions de personnes s'entasse dans des bidonvilles et ne bénéficie d'aucun droit pour accéder aux services publics. En devenant plus inégalitaire que le Brésil, la Chine communiste est confrontée à une redoutable contradiction.

Hantés par la chute de l'URSS, les dirigeants du parti s'opposent à toute démocratisation. Après les « printemps arabes », ils ont accru leur contrôle sur Internet. Une « grande muraille électronique » assure le contrôle politique à l'intérieur et alimente les manipulations dans le cyberespace à l'extérieur. Les « fils des princes rouges » restent fidèles au léninisme tout en connaissant parfaitement les mécanismes de l'évasion fiscale. Il est d'ailleurs indispensable d'être membre du parti pour faire carrière dans une société minée par la corruption. En accédant au pouvoir en 2013, Xi Jinping a lancé une grande campagne anti-corruption qui lui a surtout permis de renforcer son pouvoir personnel. Pour les dirigeants chinois, les droits de l'Homme ne sont pas compatibles avec la tradition confucéenne selon laquelle le respect de l'autorité et l'appartenance à la collectivité priment sur la liberté de l'individu.

Les autorités chinoises s'appuient de plus en plus sur le nationalisme et la prétendue supériorité de la civilisation chinoise pour justifier leur ambition d'accéder au rang de première puissance mondiale. Pour y parvenir, l'économie chinoise va devoir cependant surmonter son déficit d'innovations car sa compétitivité est médiocre. Elle perd progressivement les atouts qui ont assuré sa croissance : les salaires augmentent, l'endettement privé et public est préoccupant et la population vieillit. La consommation intérieure n'a pas relayé les exportations comme moteur de la croissance et les exportations de haute technologie sont largement des produits assemblés pour des sociétés étrangères.

Pour devenir une grande puissance mondiale, la Chine augmente ses dépenses militaires afin de moderniser son armée. Elle mène une politique agressive en mer de Chine du Sud. Depuis 2013, les « nouvelles routes de la soie » doivent à terme relier la Chine à l'Europe en plaçant sous la dépendance chinoise les pays d'Asie centrale. Mais la Chine se heurte à la méfiance de ses voisins, en priorité le Japon et l'Inde. Surtout, la Chine n'a pas d'alliés, au contraire des États-Unis qui disposent de nombreux relais dans toute l'Asie de l'Est et du Sud-Est. La Chine cherche aussi à se doter des atouts du *soft power* en multipliant les Instituts Confucius (plus de cinq cents en 2015). Mais les « valeurs asiatiques » ne sont pas comparables au « rêve américain ». Un million d'étrangers apprennent le chinois, 200 millions de Chinois apprennent l'anglais ! La Chine sera une grande puissance au XXIe siècle, pas une hyperpuissance.

Sujet

- Faut-il avoir peur de la puissance chinoise ?

Mise en perspective

Jacques Gravereau présente les ambitions chinoises en soulignant leurs fragilités, au contraire de Sophie Boisseau du Rocher et d'Emmanuel Dubois de Prisque qui sont beaucoup plus alarmistes dans *La Chine e(s)t le monde. Essai sur la sino-mondialisation* (Odile Jacob, 2019). Pour eux, la Chine menace non seulement les États-Unis au niveau stratégique mais est aussi un risque pour les valeurs démocratiques occidentales.

Yannick Le Gruiec

FICHE 78

Olivier Guillard, *Géopolitique de l'Inde : ambitions nouvelles*

« *Il est un fait irréfragable que le plus indosceptique des observateurs étrangers ne s'aviserait pas de remettre en question : depuis l'indépendance de l'Inde* [...], *cet État perclus de différences, d'obstacles, de contraintes et de carences n'a jamais cessé de progresser dans la voie du développement économique* »

Olivier Guillard, *Géopolitique de l'Inde : ambitions nouvelles*, PUF, 2016

Auteur

Docteur en droit international, Olivier Guillard est directeur de recherches Asie à l'Institut des relations internationales et stratégiques (IRIS). Il est considéré comme un spécialiste des questions de sécurité en Asie.

Intérêt

L'ouvrage est utile pour tout sujet régional centré sur l'Inde elle-même ou la géopolitique asiatique dans son ensemble. L'ouvrage peut également être précieux pour toute réflexion portant sur les notions d'émergence et de développement.

Arguments

Ainsi que le souligne d'emblée le sous-titre de l'ouvrage, l'auteur s'attache à présenter les « ambitions nouvelles » d'un pays qui connaît une émergence géopolitique et économique depuis son ouverture au libéralisme au début des années 1990. L'Inde, géant démographique de plus d'1,3 milliards d'habitants – en passe de supplanter la Chine –, septième pays le plus vaste du monde, est désormais la cinquième puissance économique mondiale (2018), devant la France. Elle a ainsi connu des taux de croissance du PIB sans précédent (+ 7 % de moyenne depuis 2003), portés par le dynamisme de son secteur tertiaire (aujourd'hui 55 % du PIB indien) notamment autour de l'informatique. L'Inde accueille de plus en plus d'investissements directs à l'étranger (IDE, 45 milliards en 2017, dixième rang mondial, cependant encore loin derrière les États-Unis et la Chine, respectivement premier et deuxième avec 311 milliards et 144 milliards), a considérablement accru ses réserves de change (neuvième rang mondial avec environ 400 milliards en 2019) et a multiplié par treize ses exportations depuis 1990. La croissance indienne se concentre en particulier dans les métropoles : si New Delhi est la capitale administrative, Mumbai fait figure de capitale économique et financière ; Hyderabad et Bangalore sont des pôles technologiques de premier plan ; et Calcutta se transforme en capitale des arts et de la culture. L'Inde dispose de firmes au rayonnement mondial, dans l'énergie (Indian Oil, Reliance Industries), dans l'industrie (Tata, ArcelorMittal), la finance et les services bancaires (State Bank of India), les *software* (Infosys), et apparaît comme un acteur majeur de l'industrie spatiale avec l'*Indian Space Research Organisation* (ISRO). L'Inde déploie en outre un *soft power* inédit, véhiculé autant par son cinéma (Bollywood) que par l'influence de sa diaspora : trente millions d'Indiens sont répartis à travers le monde, et envoient plus de 70 milliards de remises annuelles (premier rang mondial). On trouve notamment trois millions d'Indiens aux États-Unis, à l'origine de 15 % des *start-up* de la *Silicon Valley*, et comptabilisant 200 000 millionnaires en dollars.

Cependant, ces ambitions nouvelles ne sauraient masquer le fait que « l'Inde est LA puissance... du sous-continent indien ». L'auteur insiste par là sur les multiples facteurs qui entravent la puissance nouvelle d'un pays dont l'émergence ne peut être comparée à celle de son puissant voisin chinois. Terre de contrastes, l'Inde fait face à de très nombreuses fractures et fragilités. Celles-ci sont d'abord internes. Le pays est ainsi parcouru par de profondes inégalités de richesse et de développement, aussi bien à l'échelle locale (pensons au gigantesque bidonville de Darhavi au cœur de la prospère Mumbai) qu'à celle des États fédérés. Les efforts nécessaires à la disparition de la pauvreté (investissements dans la santé, l'éducation, etc.) sont à la hauteur du phénomène : démesurés. Les infrastructures du pays sont dans un état préoccupant (ports, routes, aéroports, ponts, réseaux de distribution électrique et d'eau) et sont un frein à la compétitivité du pays, seulement en 40e position du *Global Competitiveness Index* de 2017 (GCI). Par ailleurs, la mosaïque des communautés religieuses, linguistiques et ethniques ainsi que le maintien du poids des castes en dépit de son caractère contraire à la constitution n'est pas sans susciter de nombreuses tensions sociales. Il faut cependant remarquer que l'Inde, souvent surnommée la « plus grande démocratie du monde », a joui depuis son indépendance en 1947 d'une remarquable stabilité de son régime politique, jamais véritablement ébranlé par les menaces endogènes : attentats terroristes islamistes par des commandos souvent soutenus par le Pakistan (notamment à Mumbai en 2006 et 2008), mouvements sikhs, mouvements séparatistes (au Cachemire et dans le nord-est du pays), rébellions armées (en particulier la révolte naxaliste/maoïste à l'origine de plus de 10 000 morts depuis 1997), fréquence de la corruption et des scandales politiques.

Enfin, l'émergence indienne s'effectue dans un environnement externe contraignant. D'une part, aucun de ses voisins (à l'exception de la Chine) ne connaît de véritable dynamisme économique, ce qui empêche la constitution d'un espace économique compétitif comparable à l'Union européenne ou l'ASEAN et freine les échanges commerciaux. D'autre part, l'Inde est tiraillée entre son désir de déployer sa puissance sur la mer (pour contrôler notamment ses approvisionnements en hydrocarbures dans l'océan Indien et la nécessité pour elle d'être une puissance continentale (pour faire face à ses voisins chinois et pakistanais, tous deux puissances nucléaires). En effet, les tensions avec son voisinage proche sont nombreuses : celles avec le Pakistan sont au cœur de son attention, autour de la région du Cachemire, dont l'Inde revendique la souveraineté et pour laquelle elle a déjà livré quatre guerres (1947-1948, 1965, 1971 et 1999). L'incroyable essor chinois suscite également la méfiance indienne, ce d'autant plus que certains conflits frontaliers ne sont pas réglés : au nord-ouest dans l'Aksaï Chin (les Indiens conservant un souvenir amer de l'humiliation subie dans la guerre de 1962) et au nord-est, dans l'Arunachal Pradesh. L'Inde perçoit le projet chinois OBOR (celui des nouvelles routes de la soie, terrestre et maritime) comme une stratégie d'encerclement à son encontre. Pour y faire face, l'Inde multiplie les partenariats stratégiques, notamment avec les États-Unis et l'Asie sino-sceptique (Japon, Indonésie, Vietnam, ASEAN) dans le cadre de son *Act East Policy*.

Sujet

- L'Inde, puissance mondiale ?

Mise en perspective

La majorité des réflexions portant sur l'Inde souligne la tension entre les aspirations du pays à devenir une – sinon la – grande puissance de ce XXIe siècle, et les multiples obstacles internes et externes qui se dressent sur sa route. Le journaliste Olivier Da Lage évoque ainsi le « désir de puissance » indien (*L'Inde. Désir de puissance ?*, Armand Colin, 2017), soulignant par là à la fois les aspirations indiennes à la puissance mais également leur caractère inabouti. À cet égard, l'émergence de Delhi ne peut être considérée qu'à l'aune de celle, nettement plus avancée, de la Chine : à l'heure actuelle, force est de constater que le rapport de force économique et militaire est clairement en faveur de Pékin.

Benoît Joulia

FICHE 79

Christophe Jaffrelot, *L'Inde de Modi. National-populisme et démocratie ethnique*

« *Trump, aux États-Unis, a montré que ce ne sont pas les noirs et les hispaniques qui décideraient de qui deviendrait président des États-Unis. Ce sont les blancs. Ici aussi, ce ne sont pas les musulmans qui vont décider de qui gouverne l'Uttar Pradesh. Ce sont les hindous. Nous pouvons les battre, eux et leurs partis. C'est un combat.* »

Propos d'un nationaliste hindou pendant la campagne électorale de 2017 en Uttar Pradesh, cité dans Prashant Jha, *How the BJP wins, in* Christophe Jaffrelot, *L'Inde de Modi. National-populisme et démocratie ethnique*, Fayard, 2019

Auteur

Directeur de recherche au CNRS et enseignant à Sciences Po Paris, Christophe Jaffrelot est un spécialiste de l'Asie du Sud.

Intérêt

Cet ouvrage fournit une étude documentée sur l'arrivée au pouvoir de Narendra Modi et l'évolution de la démocratie indienne remise en question par un mouvement national-populiste qui a étendu ses ramifications à travers toute la société indienne.

Arguments

Dirigeant d'un parti ethno-religieux, Narendra Modi est devenu en 2014 premier ministre de l'Inde. En contrôlant les institutions politiques, la mouvance hindouiste renforce alors son action pour transformer durablement la société. Comment ce leader populiste impose-t-il une conception ethnique de la citoyenneté indienne ?

Le Parti du Congrès de Gandhi et Nehru, favorable à une Inde sécularisée et socialisante, a été confronté à un mouvement traditionnaliste valorisant l'identité hindoue. En 1925, le *Rhashtriya Swayamsevak Sangh* (RSS, Association des volontaires nationaux) est ainsi créé pour assurer aux hindous le contrôle sur la nation indienne. Il constitue une nébuleuse d'associations que ses partisans appellent le « *Sangh parivar* » (la famille de l'association). Le projet du RSS est d'établir une nation définie par l'identité hindoue (*Hindutva*). La religion hindouiste, la langue hindie et le passé hindou doivent s'imposer à toute la population, y compris les minorités non hindoues.

Assimilé à une version indienne du fascisme, le RSS a donné naissance à un parti politique au discours plus modéré, le *Bharatiya Janata Party* (BJP – Parti du peuple indien) en 1980. Rassemblant des élites hostiles aux politiques de discrimination positive destinées aux castes inférieures, le BJP peut difficilement rallier une majorité de suffrages. Le RSS tente alors d'attirer les castes inférieures en les mobilisant contre les chrétiens et surtout les musulmans. La mouvance hindouiste attise les peurs en accusant les musulmans de voler et convertir les femmes hindoues et d'être des ennemis de l'intérieur acquis à la cause du Pakistan. Les groupes extrémistes multiplient les actions violentes contre les bouchers musulmans qui vendent de la viande de vache, les couples mixtes ou les intellectuels libéraux.

Cette stratégie permet au dirigeant du BJP, Atal Bihari Vajpayee, de devenir premier ministre en 1998. Mais la mouvance nationaliste est tenaillée entre une pratique gouvernementale faite de compromis et l'activisme de groupes militants de plus en plus virulents. Le BJP perd le pouvoir dès 2004. Un nouveau dirigeant du BJP, Narendra Modi expérimente une ligne national-populiste dans le Gujarat qu'il gouverne à partir de 2002 : en prétendant défendre le peuple contre les élites, Modi transcende les barrières de caste autour de sa personnalité. Profitant de la bienveillance des autorités régionales, des extrémistes hindous multiplient les provocations et les violences. En 2002, des émeutes antimusulmanes font officiellement 1 169 morts. Modi joue sur la peur des musulmans qu'une vague d'attentats islamistes ravive tout au long des années 2000. C'est dans ce contexte qu'il conquiert le pouvoir en 2014.

Son gouvernement modifie peu la législation, mais il laisse agir des groupes vigilantistes qui prétendent assurer l'autodéfense des hindous et fonctionnent comme des tribunaux populaires contre les personnes accusées de ne pas respecter les symboles de l'hindouisme. De plus en plus, au niveau local, la police et la justice cautionnent les dérives les plus graves. En 2017, Yogi Aditanyanath du BJP est élu à la tête de l'Uttar Pradesh, la région la plus peuplée d'Inde. Grand prêtre d'une secte hindouiste et leader d'une armée privée, il impose l'identité hindoue dans son État et supprime toute présence publique de l'islam. Dans les brochures touristiques, le palais du Taj Mahal est éliminé et l'histoire des princes moghols disparaît des manuels scolaires. Au niveau national, les musulmans sont de plus en plus marginalisés. Le RSS agit comme un « État profond » en exerçant une pression sur le gouvernement pour qu'il infléchisse les orientations politiques en faveur d'une démocratie réservée aux seuls hindous.

En mobilisant sans cesse les hindous contre les musulmans, le *Sangh parivar* a réussi à séduire des castes inférieures qui privilégient désormais leur identité hindoue au détriment de leur statut. Le BJP est cependant fragilisé par son échec économique et enchaîne les revers électoraux. Ce mouvement national-populiste acceptera-t-il de renoncer pacifiquement au pouvoir ?

Sujet

- Des sociétés asiatiques sous tension à l'heure de l'économie mondialisée.

Mise en perspective

L'*Histoire des Indes* de Michel Angot (Les Belles Lettres, 2017) démontre que l'Inde et l'hindouisme ont été « inventés » à la fin du XIXe siècle par des intellectuels hindous occidentalisés qui avaient pour ambition de créer une identité nationale historique indienne. Ils ont ainsi forgé une « Inde éternelle » qui est aujourd'hui instrumentalisée par les partis nationalistes hindous pour conquérir le pouvoir et donner naissance à une démocratie ethnique.

Yannick Le Gruiec

Valérie Niquet, *La puissance chinoise en 100 questions. Un géant fragile*

« *Nous devons faire de notre pays une superpuissance culturelle, accroître le* soft power *de la Chine, formuler un récit national attrayant, mieux communiquer les messages de la Chine au reste du monde* »

Xi Jinping cité par Valérie Niquet, *La puissance chinoise en 100 questions. Un géant fragile*, Taillandier, 2017

Auteure

Valérie Niquet est maîtresse de recherche à la Fondation pour la recherche stratégique. Sa thèse, *Les relations sino-soviétiques pendant la Seconde Guerre mondiale, 1937-1945*, soutenue en 1985, est une introduction magistrale à deux modèles convergents devenus antagoniques avec, à l'arrière-plan des réflexions, le thème du leadership régional comme dans *Chine-Japon : l'affrontement* (Perrin, 2006) d'ailleurs. Également directrice de recherche à l'Institut des Relations internationales et Stratégiques et directrice du Centre Asie de l'Institut Français des Relations Internationales, Valérie Niquet est donc une spécialiste incontournable de la Chine. Elle a traduit des œuvres centrales de la stratégie chinoise. Elle ne se contente pas de cumuler des contributions spécialisées mais partage dans des instituts ses recherches (Sciences Po Lille, Collège interarmées de Défense, université de Keio de Tokyo) et participe à des revues, *Politique étrangère*, *Revue stratégique* ou *Monde chinois Nouvelle Asie*.

Intérêt

Voilà un ouvrage dont le titre est plus catégorique que le déjà ancien Jean-Luc Domenach *La Chine m'inquiète* (Perrin, 2008) et ne conviendrait pas à XI Jinping souhaitant « un récit national attrayant »... Certes, la Chine cumule les superlatifs dans les attributs de sa puissance : deuxième puissance économique mondiale, deuxième budget militaire (loin) derrière les États-Unis, rôle majeur à l'ONU et premier contributeur en effectifs aux opérations de maintien de la paix. Mais le regard porté sur l'émergence de la Chine, sur le discours martelé par Xi Jinping sur le retour de la Chine sur la scène internationale et le « rêve chinois » doit être sans concession et sans fascination.

Ainsi la Chine est-elle désormais confrontée au principe de réalité : la période de la croissance facile, fondée sur une main-d'œuvre bon marché, des exportations massives, les investissements et le crédit, est terminée ; le rééquilibrage s'impose. Encore faut-il que des réformes en profondeur s'opèrent et que le pouvoir chinois donne son aval dans les domaines de l'environnement (lutte efficace contre la pollution) et de la protection sociale qui desserrerait la contrainte d'épargne pour pallier le retard de l'État-providence, et libérerait la consommation. Les « idées ne tombent pas du ciel » (Mao), l'avenir se prépare et le retard est inquiétant. Enfin, rien ne dit que la reprise en main idéologique, la sacralisation de Xi Jinping et l'élimination des adversaires sous couvert de lutte contre la corruption soient consensuelles. Un rejet ou *a minima* des blocages de ces chantiers partagés par les élites comme la base pourraient retarder le retour à la puissance de la Chine (revanche par rapport au siècle de l'humiliation) et ouvrir des appétits d'autres puissances (Inde ? Japon ?). Et pas plus qu'il n'y a deux soleils dans le ciel, il n'y a place pour deux rois en Asie (Alexandre de Macédoine). Le ralentissement de l'économie chinoise, installé depuis 2015, fait de la Chine non plus la solution aux problèmes mondiaux (le fameux basculement asiatique salvateur) mais, par ses problèmes, une source de problèmes.

Arguments

Le format peut faire penser à un aide-mémoire, mais qu'on ne s'y trompe pas, il s'agit d'une véritable synthèse sur l'empire du Milieu. On y trouvera six entrées possibles :

Un contenu historique étoffé qui insiste avec pertinence sur la question centrale : quel retour sur le passé aujourd'hui pour cet État mais aussi ce concept, cet empire sans frontières, inspirateur d'un monde sinisé expansif ? Quelle trajectoire nationaliste depuis 1919, dans ce pays longtemps en difficulté pour concilier des minorités nationales et une ethnie Han dominatrice ? Des exégèses simples mais nuancées sur les massacres de Nankin (1937) facilitent la compréhension du nationalisme antijaponais, comme les agissements de la Chine pendant la guerre de Corée permettent de donner sens à l'intervention de 250 000 volontaires chinois dont le fils de Mao dans la guerre défensive menée contre « l'ennemi américain », le tigre de papier.

Une approche politique fine qui permet de décrypter la réalité des pouvoirs et contre-pouvoirs et de démystifier le triangle de pouvoir parti, État, Armée.

Ainsi le PCC est radiographié et la question « qui dirige la Chine ? » montre bien que les 89 millions de membres l'emportent sur les institutions de l'État. Les micro-partis maintenus sont un leurre et l'Armée populaire de 1,7 million de soldats n'est qu'un bras armé du Parti. L'interrogation « les réformes politiques sont-elles impossibles ? » est logique, mais il est trop tôt pour en juger.

L'approche sociétale donne un spectre large des mutations depuis les choix d'ouverture. La classe moyenne chinoise, dont 75 % des effectifs se situent de 10 à 20 dollars, est décrite dans sa croissance (400 millions de personnes aujourd'hui), ses modes de vie (56 % d'urbains), ses inégales répartitions (87 % dans les provinces côtières les plus riches et les grandes villes où les salaires ont augmenté de 11 % en moyenne entre 2001 et 2015). Les « mingongs » ou migrants de l'intérieur, soumis aux certificats de résidence, sont décrits dans la ségrégation qui les frappe – Xi Jinping voudrait la supprimer. La seule évocation du marché du luxe donne à réfléchir sur les bouleversements en cours, puisque la Chine est devenue le premier pays consommateur de luxe mondial en 2014 (20 % du marché mondial). Elle illustre le siphonage de la richesse par une minorité la population aux revenus de plus de 50 000 dollars par an, qui représente plus de 70 % des achats de ce type de produits. Un bilan des religions étrangères, des religions traditionnelles et du confucianisme éclairé montre les métissages d'influences et le concept d'harmonie central dans la propagande du PCC vient de l'idéologie féodale hier condamnée aujourd'hui réhabilitée… le confucianisme !

L'approche géographique donne à voir l'essor des nouveaux espaces maritimes dans la puissance chinoise et la question du devenir des trois Chines est abordée. Moins catégorique que Thierry Sanjun (*Atlas de la Chine. Une puissance sous tension*, Autrement, 2015), la lecture des questions périphériques à ce sujet laisse à penser que la distinction de trois Chines s'estompe inéluctablement, sous l'effet des mécaniques des évolutions et de choix d'une « société plus harmonieuse » et d'aménagement du territoire. Mais ces clivages régionaux n'ont de sens qu'à l'aune des régionalismes militants : les questions ouïghours, tibétaines, mongoles et même la dissidence de Hong Kong sont évaluées.

L'approche géopolitique est de loin la plus étoffée, avec de quoi évaluer la puissance chinoise et sa capacité à faire sens face aux États-Unis comme « grande puissance avec ses caractères propres ». L'Amérique latine qui apprend le mandarin, le pont terrestre OBOR et les routes de la soie maritimes (Afrique, Europe) ou terrestres (Asie, Europe) permettent de baliser les voies d'un impérialisme chinois orignal qui veut être propriétaire du monde sans le gérer. Aucune illusion sur les nouvelles routes de la soie au regard de l'instabilité des pays impliqués, des difficultés de financement et de la coordination des projets. Au niveau militaire, la Chine se donne les moyens d'asseoir une domination régionale sans attendre de pouvoir s'imposer face à la puissance militaire américaine. Elle peut compter sur les trois guerres, c'est-à-dire la « guerre de propagande, la guerre psychologique et la guerre juridique »... accompagnées bien sûr de la mobilisation de moyens.

Enfin, pour ceux qui craignent la lecture d'Isabelle Attané (*La Chine à bout de souffle*, Fayard, 2016), en soupçonnant une approche démographique trop valorisée, cet ouvrage donne toutes les clés d'une analyse d'une crise systématique potentielle : la dette (si on prend en compte son ensemble, soit 250 % du PIB en 2016, quadruplée depuis 2008), la fuite des capitaux (chiffres vertigineux de 941 milliards de dollars en 2015-2016), des faillites symboliques (le fonds d'investissements Wuhan Wealth), l'illusion de l'attractivité au regard de la masse des capitaux de la diaspora, la faiblesse relative de l'invention (75 % des brevets dans l'automobile ne viennent-ils pas des firmes étrangères), la captation par les entreprises publiques des financements bancaires (dette globale des entreprises soit 165 % du PIB) et des Chinois qui consomment peu (7 dollars par jour dont la moitié à la nourriture et l'habillement, et un taux d'épargne dépassant 40 % du PIB).

Aussi, lorsque la stratégie extérieure de la Chine est abordée au dernier chapitre, le lecteur possède tous les moyens de décoder les ambitions de la Chine, son *soft power* important en moyens (500 instituts Confucius dans 125 pays), mais une 28e place sur trente pays étudiés, et ce ne sont pas les évocations caricaturales de la Chine éternelle par le département de propagande extérieure du Parti qui changeront les choses... L'activisme chinois dans le monde multipolaire est cerné avec une claire hiérarchisation des priorités : le bras de fer avec le Japon, les agacements face à la Corée du Nord, le partenariat à relativiser avec la Russie, la participation active au grand jeu d'Asie centrale, la nouvelle frontière africaine et les partenariats stratégiques avec des pays européens avec l'Italie (port de Trieste) ou la France qui a fêté en 2016 le 50e anniversaire de la reconnaissance de la Chine. Mais si l'on pose l'ultime question : la Chine est-elle une superpuissance ? On pourra citer la conclusion de la sinologue : « Tant qu'elle n'aura pas surmonté ses handicaps au prix d'une évolution, accepté un changement de régime, la Chine ne pourra s'imposer comme la superpuissance du XXIe siècle et encore moins dans sa région où le retour à un passé sino-centré ne constitue en rien une option acceptable ».

Mise en perspective

Une question subsidiaire est ouverte désormais et scandée par les entretiens de mars 2019 de Xi Jinping avec les dirigeants italiens sur l'ouverture du port de Trieste comme hub d'accès au marché européen, ou l'affirmation d'un multilatéralisme confiant par Xi Jinping en lieu et place de l'isolationnisme militant de Donald Trump, ou encore la convocation des valeurs confucéennes comme remparts aux valeurs occidentales : la Chine peut-elle organiser un nouvel ordre international et « guider la mondialisation », comme l'affirmait Xi Jinping en juillet 2017 ?

Il est temps de réagir aux indicateurs de base de la Chine.

La richesse nationale par habitant en Chine se situe encore au 74e rang dans le monde, derrière la Russie, le Venezuela et le Mexique… « Le revenu annuel moyen est passé de 400 dollars en 1990 à 13 000 dollars en 2016. Mais 82 millions de Chinois vivent encore en dessous du seuil de pauvreté qui est de 1,25 dollar par jour. La dépense journalière en Chine ne dépasse pas 7 dollars et plus de la moitié de ce montant est consacrée à la nourriture et à l'habillement. 80 % des 334 villes contrôlées ont des taux de pollution supérieurs aux normes. Le taux de suicide est l'un des plus élevés du monde avec 22 suicides pour 100 000 habitants ».

On est loin de la notion de modèle chinois, notion qui requiert exemplarité, exceptionnalité et exportabilité. La « grande renaissance de la nation chinoise », clé du « rêve chinois », est encore un chantier statistique ! Il est temps de relire le projet OBOR, la prolongation du rêve chinois à l'international et ses ambitions.

Quelle que soit son attractivité, la méfiance des partenaires de Pékin vis à vis du projet est réelle et de nombreux pays ne sont pas loin de penser que la RPC veut avant toute aide à un développement, renforcer son poids géopolitique, « exporter les surplus massifs de ses capacités de production, au service des intérêts de ses entreprises ». En Europe, si la banque asiatique d'investissement pour les infrastructures (AIIB) a suscité un réel intérêt, la méfiance à l'égard des stratégies chinoises de « division » de l'ensemble européen, en utilisant l'attractivité des projets OBOR, se fait également sentir. C'est ce qu'il faut retenir du sommet à 4 organisé par Emmanuel Macron avec Angela Merkel, Jean-Claude Juncker et Xi Jinping au-delà d'un accord pour un « sursaut sur la biodiversité mondiale » et la conférence de Pékin de 2020. Qui peut nier les risques que prend la Chine, malgré sa structure économique centralisée et ses intérêts stratégiques, en cofinançant des projets avec des pays dont la situation politique et financière est des plus précaires ? Qui croira que relayer des puissances occidentales moins impliquées dans certaines régions et combler le vide laissé par les Américains peuvent définir une stratégie confortable pour accéder en 2049 au stade convoité d'économie développée ? Enfin, comment hiérarchiser les images retenues de la Chine : le face à face avec les États-Unis au nom d'un multilatéralisme revendiqué ou la chaise vide de Liu Xiabo à la remise du prix Nobel de la Paix ? L'alunissage sur la face cachée de la lune ou les plaintes sourdes du Xinjiang, véritable prison à ciel ouvert pour les Ouigours ?

Il est temps de repenser les rapports de la Chine et du tiers-monde. Certes, la référence doctrinale de la Chine au tiers-monde est quasi omniprésente, lorsque la Chine évoque la colonisation prédatrice et le siècle de l'humiliation des trois guerres de l'opium. Quand la Chine se construit sur la base d'un modèle soviétique plaqué, elle le fait comme pays du tiers-monde qui croit que le « socialisme permettra de réaliser en quelques décennies ce que les sociétés capitalistes ont réussi en matière de développement en un siècle ». À Bandoeng (1955), la Chine brandit l'étendard de l'anti-impérialisme en soutien direct aux mouvements de libération nationale dans les pays du tiers-monde. Certes, les années de réforme et d'ouverture après 1979 ont relégué au second plan les relations de la Chine avec les PED et on peut se demander si la Chine n'était pas plus dans le projet de rejoindre le G8 que le G77. Seule continuité : isoler Taïwan et nouer de partenariats avec des PED qui n'auraient reconnu que la Chine continentale (un seul pays en Afrique en l'a pas encore fait, le Swaziland en 2019) mais, depuis les années 2000, on observe un grand retour aux fondamentaux de « grand pays… en développement ». Les besoins en matières premières et énergie, les discours de coopération Sud-Sud après Alger en 1979) ont maquillé les besoins chinois en idéologie du « *win-win* » entre pays du tiers-monde en Afrique comme en Amérique latine. La Chine ne peut se résoudre à ne pas assumer un leadership au sein du tiers-monde, ne serait-ce que par son rôle au sein du Conseil de sécurité ou son aide aux PMA hors CAD. De fait, la Chine veut constamment se prévaloir d'une image de grand pays en développement. Elle adopte un profil bas sur sa propre émergence et on est loin des injonctions maoïstes : rattraper les États-Unis en quinze ans ! Mais certains de ces thuriféraires comme Lee Kuan Yew, l'ex-patriarche de Singapour, la situe déjà au début du XXIe siècle comme « le plus grand acteur mondial dans l'histoire de l'humanité ». Elle peut se prévaloir de quelque 700 millions de Chinois arrachés à la pauvreté sur son territoire, et face au capitalisme libéral, elle met en avant un État fort efficace, réactif, promouvant des droits socio-économiques supérieurs aux droits civils et politiques, ouvert au travers de ZES. Elle n'affiche pas de modèle mais des solutions, et pour convaincre s'en donne les moyens, par la masse des capitaux susceptibles d'être investis (1 000 milliards de dollars semés sur les routes de la soie) et par sa volonté de marteler son influence (100 instituts Confucius d'ici à 2020 en Afrique), fût-ce avec cynisme (impasse sur les exigences démocratiques et refus de la conditionnalité des aides comme pour le Soudan). Membre des BRICS qui, exsangue pendant la Révolution culturelle, est devenue la deuxième économie mondiale, la Chine n'oublie pas le tiers-monde, même si elle édulcore son tiers-mondisme. Pas étonnant dès lors que tous les sondages (PEW research center ou Gallup) convergent vers une image de la Chine négative en Europe et en Amérique du Nord, et positive en Afrique et Amérique latine. « Promesses, faiblesses, failles inéluctables, la Chine est bien une puissance fragile ».

Alain Nonjon

désenclaves ce que les sociétés capitalistes ont réussi en matière de développement en un siècle. À Bandoeng (1955), la Chine brandit l'étendard de l'anti-impérialisme et soutien direct aux mouvements de libération nationale dans les pays du tiers-monde. Certes, les années de réforme et d'ouverture après 1979 ont relégué au second plan les [illegible] … en 1994 [illegible], le Swaziland en 2018 [illegible] … observé un [illegible] retour … [illegible] … du Conseil de sécurité [illegible] … [illegible]

« Oui, nous le pouvons. Amérique ! Nous avons tant fait jusqu'à présent. Nous avons vu tant de choses. Mais il y a encore tellement à faire »

Barack Obama

FICHE 81

Juliette Bourdin, *Entre porte ouverte et « porte fermée » : la politique chinoise des États-Unis du XIXᵉ au XXIᵉ siècle*

« Concrètement, comment s'articule cette interdépendance sino-américaine ? Cette "symbiose" de la Chinamérique est-elle synonyme de duel ou de duo ? »

Juliette Bourdin, *Entre porte ouverte et "porte fermée" : la politique chinoise des États-Unis du XIXᵉ au XXIᵉ siècle*, Presses de la Sorbonne nouvelle, 2013

Auteure

Juliette Bourdin est maîtresse de conférences en civilisation américaine à l'université Paris 8.

Intérêt

En ce début du XXIᵉ siècle, les relations entre les États-Unis et la Chine sont devenues un enjeu majeur des relations internationales. Depuis la fin de la Guerre froide, les États-Unis ont pu observer, non sans une certaine appréhension, la montée en puissance de la Chine qui aurait vocation, selon certains commentateurs, à remplacer l'Amérique comme puissance dominante des relations internationales. Or, cet ouvrage offre une perspective historique sur l'alternance des cycles d'ouverture et de fermeture dans les relations entre les deux pays. L'auteure démontre bien que la stratégie américaine est victime de son manque de connaissance et de compréhension de la situation chinoise et de son regard biaisé sur les communistes chinois. Même sous Barak Obama, alors que « la diplomatie intelligente » (*smart power*) et le recours au dialogue sont les voies privilégiées, les relations entre les deux pays demeurent ambivalentes, les deux pays continuant de s'affronter économiquement, par exemple en Amérique latine.

Arguments

L'ouvrage, qui est divisé en sept parties, analyse la nature ambivalente et souvent versatile des échanges et l'oscillation des deux pays entre coopération et hostilité, amitié et inimitié. La première partie, plus historique, débute avec le premier voyage commercial du navire américain *Empress of China* en 1784 et dissèque les fondements de la politique chinoise des États-Unis. La deuxième évoque la propension des relations sino-américaines à se laisser infléchir et influencer par leurs rapports respectifs avec un pays tiers. L'exemple japonais est ici particulièrement éclairant. L'impact de la Guerre froide sur l'évolution des relations est également souligné : la priorité de la menace soviétique favorise le rapprochement entre les deux pays (c'est effectivement un point commun des administrations Truman et Johnson).

L'auteure s'attarde ensuite sur les circonstances qui ont favorisé la normalisation des relations sino-américaines dans les années 1970 jusqu'aux événements de la place Tian'anmen en 1989 qui entraînent une véritable rupture entre les deux pays. L'ouvrage insiste sur la « diplomatie triangulaire » formulée par Nixon et Henry Kissinger visant à rééquilibrer le rapport de force américano-soviétique grâce à l'élaboration d'un dialogue constructif entre la Chine et les États-Unis. Il s'agit, pour les États-Unis, de favoriser le rapprochement avec la Chine pour lutter contre le prosélytisme du bloc communiste. La politique de normalisation des relations est également favorisée par la politique d'ouverture économique initiée par Deng Xiaoping à partir de 1978 (qui facilite le développement des échanges sino-américains).

La sixième partie commente la politique à l'égard de la Chine des administrations Bush et Clinton à la charnière des années 1990. La menace soviétique ayant disparu, l'alliance de raison entre les deux pays n'apparaît plus comme une priorité. Les événements de 1989 et l'affrontement autour de la question des droits de l'Homme viendront confirmer ce constat. Cependant, les considérations économiques vont rapidement s'imposer à nouveau et le président Clinton s'éloignera d'une politique étrangère fondée sur le principe du « *containment* », afin de souscrire à une politique d'« *enlargement* » et d'engagement avec la Chine.

La septième et dernière partie s'attache à la politique chinoise de George Walker Bush et surtout sur les événements du 11 septembre 2001, qui vont constituer un facteur essentiel de rapprochement et permettre ainsi aux deux pays de coopérer dans la « guerre contre le terrorisme ». Pourtant, les rapports restent ambivalents et les tensions entre les deux pays perdurent lorsqu'il s'agit par exemple d'évoquer la question épineuse de Taïwan. Les relations sino-américaines sont donc complexes, entre, par exemple, interdépendance économique et financière et rivalités en Asie-Pacifique, entre « duo » et « duel », et il semble donc légitime de s'interroger sur la pertinence de ce que Niall Ferguson et Morick Schularick nomment la « Chinamérique ». En ce début de XXIe siècle, la croyance dans la réalité d'une menace chinoise perdure dans l'opinion publique américaine. Les États-Unis continuent de nourrir l'espérance d'une démocratisation de la Chine, d'un alignement de celle-ci sur les valeurs occidentales. L'auteure estime que les craintes américaines sont davantage suscitées par le potentiel chinois que par une réelle supériorité économique et militaire de la Chine car, à bien des égards, « la perception de la puissance chinoise est supérieure à sa puissance ».

Sujet

- Une « chimérique Chinamérique » ?

Mise en perspective

Le collectif dirigé par François Godement, *Chine-États-Unis, entre méfiance et pragmatisme* (La Documentation française, 2001), démontre que depuis la disparition de l'URSS et la fin de la Guerre froide, les relations entre la Chine et les États-Unis sont devenues un axe essentiel des relations internationales. La Chine développe des ambitions politiques en Asie orientale et dispose de moyens militaires accrus, quoique nettement inférieurs à ceux des États-Unis. Son économie dépend de plus en plus de ses exportations vers les grands marchés mondiaux – et d'abord américains –, ainsi que des investissements industriels étrangers effectués sur son territoire. Pour les États-

Unis, la Chine représente à la fois la fascination d'un marché potentiel et le défi d'un concurrent en Asie-Pacifique. L'ouvrage permet de mesurer concrètement à la fois les terrains d'entente et les divergences qui caractérisent la relation sino-américaine. Il s'attarde tout particulièrement sur les enjeux économiques de la politique chinoise des États-Unis, mais également stratégiques, et enfin sur les systèmes d'armes et les politiques de désarmement.

Lionel Pourty

Pierre Conesa, *Hollywar. Hollywood, arme de propagande massive*

« *La société américaine fonctionne comme ses films d'action : il leur faut un ennemi désigné* »
Constantin Costa-Gavras, citation extraite de *Nova Magazine*, avril 2002, cité dans Pierre Conesa, *Hollywar. Hollywood, arme de propagande massive*, Robert Laffont, 2018

Auteur

Ancien haut fonctionnaire et enseignant à Sciences Po Paris, Pierre Conesa est l'auteur d'essais géopolitiques, comme *Dr. Saoud et Mr. Djihad. La diplomatie religieuse de l'Arabie saoudite* (Robert Laffont, 2016).

Intérêt

Le cinéma américain a rencontré une telle réussite qu'il ne relève pas seulement d'une activité de loisir ou du domaine artistique. Il a contribué à construire l'identité américaine et a rendu légitime et presque naturelle la puissance américaine par sa diffusion planétaire.

Arguments

Le sentiment d'appartenir à une société idéale, qui est le fondement de l'identité américaine, est omniprésent dans le cinéma américain. Mais cette société est menacée, à l'intérieur par des catégories qui ne peuvent pas être intégrées, et à l'extérieur par des ennemis envieux de la réussite américaine. Comment Hollywood a-t-il diffusé l'idéologie américaine en-dehors des États-Unis ?

Le cinéma américain a véhiculé les stéréotypes racistes en cantonnant les noirs à des rôles de domestiques, de sauvages dans la jungle africaine, ou d'individus malfaisants et violents. Le noir incarne l'Autre absolu, qui vit en Amérique mais ne peut pas être un citoyen américain. Ce n'est qu'à partir des années 1960 que des films osent aborder la question noire et donner des rôles positifs à des acteurs noirs. L'autre figure inassimilable est le Peau-Rouge. Du début du cinéma jusqu'aux années 1960, des milliers de westerns ont mis en scène de courageux cowboys affrontant des Peaux-Rouges de pacotille mais très agressifs. Le cinéma a ainsi fait de la « destinée manifeste » une épopée mythique qui a légitimé l'extermination des populations amérindiennes. Le Mexicain incarne aussi une altérité proche, un rival à qui il a fallu disputer le territoire. Il est représenté à l'aide de stéréotypes : le Mexicain est un bandit (aujourd'hui, un narco) ou bien un paysan veule, et sa femme est sensuelle. Quand un rôle de Mexicain est positif, il est joué par un acteur blanc.

Le cinéma a utilisé d'autres « méchants » destinés à valoriser l'Américain blanc. Les « Jaunes », chinois ou japonais, reflètent la peur d'une invasion migratoire ou de l'agression militaire après Pearl Harbor. La guerre du Vietnam a eu un destin cinématographique particulier : il était difficile de présenter l'échec de l'armée américaine sous un jour favorable, de nombreux films ont donc privilégié le thème de la souffrance du jeune américain confronté à un paroxysme de violence. La contre-révolution reaganienne a favorisé le retour de héros patriotes terrassant des dizaines de « Viets ». Hollywood s'est adapté à l'évolution de la géopolitique : après avoir tardé à introduire des nazis dans ses scénarios pour conserver l'accès au marché allemand, le cinéma américain s'engage et dénonce les cruels nazis, avant de se retourner très vite, guerre froide oblige, contre les Russes et les communistes. La fin de la Guerre froide a multiplié les méchants potentiels : mafieux du monde entier (russes, sud-américains), terroristes basanés, « petit Français » souvent lâche et pervers...

La puissance de frappe d'Hollywood et son savoir-faire ont imposé la vision du monde des élites américaines. Les ennemis des Américains sont devenus des figures du « Mal » pour les populations du monde entier, alors que l'armée américaine avait toujours le beau rôle. Les valeurs morales américaines, surveillées par une censure vigilante, ont été les vectrices du modèle américain, imposées par un *soft power* qui a eu l'habileté d'être un brillant divertissement, devenant ainsi un efficace instrument de propagande.

Sujet

- La mondialisation du *soft power* : sommes-nous tous Américains ?

Mise en perspective

Cet ouvrage instruit un dossier à charge, mais il n'explique pas pourquoi Hollywood a eu un tel succès. L'essai de Frédéric Martel, *Mainstream. Enquête sur la guerre globale de la culture et des médias* (Flammarion, 2011), présente l'originalité de la culture « *mainstream* » propre aux États-Unis et capable de créer des œuvres d'art à destination d'un large public. Avec la mondialisation, cette culture est désormais concurrencée par d'autres industries culturelles qui sont produites en Chine, en Inde ou en Amérique latine.

Yannick Le Gruiec

Maya Kandel, *Les États-Unis et le monde. De George Washington à Donald Trump*

« Comme souvent dans l'histoire américaine, les évolutions de la politique étrangère sont directement liées aux interrogations sur l'identité du pays et aux évolutions de sa politique intérieure »

Maya Kandel, *Les États-Unis et le monde. De George Washington à Donald Trump*, Perrin, 2018

Auteure

Maya Kandel est une spécialiste de la politique étrangère des États-Unis, chargée de recherche à l'IRSEM (Institut de recherche stratégique de l'École militaire) et chercheuse associée à l'université Paris 3/Sorbonne Nouvelle. L'ouvrage, chronologique, comprend sept parties : les trois premières s'intéressent à la période 1776-1898, les quatre suivantes à la période qui va du rejet du traité de Versailles par le Congrès américain à Barack Obama, la conclusion, « Résilience américaine, contestation russe, ascension chinoise », traite des débuts de la présidence de Donald Trump.

Intérêt

L'auteure se propose de montrer comment la politique étrangère des États-Unis a suivi les évolutions et les transformations d'un pays, qui était initialement un nain diplomatique à la fin du XIXe siècle avant de devenir une « hyperpuissance » à la fin du XXe siècle. Au passage, elle se livre à l'analyse d'un « certain nombre de mythes » comme le « prétendu isolationnisme » américain ou encore la « rupture » impérialiste de 1898 et le « début du siècle américain ». Le propos du livre consiste pour l'essentiel à montrer que « la politique étrangère des États-Unis (qui ont été des précurseurs en ce domaine) est aussi, et toujours, de la politique intérieure », en mettant notamment en exergue le rôle du Congrès ou de points de retournements comme la fin de l'esclavage, à l'issue de la guerre de Sécession.

Arguments

Dès leur fondation, les États-Unis (« une terre sacrée », la « cité sur la colline », un « nouveau commencement pour le monde ») ont eu le sentiment que leur destin était de devenir une grande nation, alors que leur politique étrangère de neutralité (dans laquelle, dès les origines, le Congrès joue un rôle majeur) était conçue comme une « armure » pour protéger le pays contre toute influence extérieure néfaste et préserver sa liberté d'action. L'unilatéralisme, le neutralisme et la non-ingérence sont ainsi des principes fondateurs qui remontent aux premières décennies du XIXe siècle américain. Dans cette conception, l'objet de la politique étrangère consiste à empêcher que d'autres puissances influent sur le destin d'un pays dont la construction est en cours.

Ce qui n'exclut pas à l'époque, au nom de la préservation des intérêts commerciaux, la conduite des « guerres barbaresques » de 1801-1805 et 1815, les interventions aux îles Marquises, en Chine ou au Japon (1853).

Même si le concept de « destinée manifeste » date de 1845, c'est la fin de la guerre civile en 1865, une fois la question de l'esclavage réglée, qui marque un véritable tournant dans la politique étrangère américaine. Celle-ci devient impérialiste à l'occasion de la guerre avec l'Espagne (1898), suite à la fin des guerres indiennes. Dans un contexte de compétition coloniale entretenue par les Européens, Frederick Jackson Turner proclame la fin de « la frontière » et Alfred T. Mahan peut s'écrier : « Je suis un impérialiste, parce que je ne suis pas isolationniste ». Les efforts portent cependant vers le Pacifique et vers l'Asie au nom de la politique dite de la « porte ouverte » (John Hay, 1899) aux marchandises américaines, alors que les États-Unis conduisent *a contrario* une politique protectionniste pour protéger leur marché intérieur. À la même époque, l'océan Atlantique n'est plus considéré comme une barrière mais un « vaste espace commun » et, dès 1895, le secrétaire d'État Richard Olney propose de réinterpréter le discours d'adieu de George Washington en préconisant une lecture beaucoup plus activiste de la doctrine de Monroe et un net rapprochement avec le Royaume-Uni.

Si les États-Unis sont au début du xxe siècle tout à fait conscients qu'ils sont en train de redéfinir leur place au sein du système international et leur rôle dans le monde, c'est au président Wilson qu'il revient d'inventer une nouvelle tradition qui marque une vraie révolution dans la politique étrangère américaine avec la présentation publique des « Quatorze points » et de la Société des nations dans son discours de mai 1916. Désormais, « les intérêts de toutes les nations sont aussi celles des États-Unis », marquant ainsi le passage, avec l'introduction d'une dimension morale, d'un « exceptionnalisme exemplaire » à un « exceptionnalisme missionnaire » que l'on retrouvera partiellement chez Franklin Roosevelt et ensuite chez les présidents de l'après-Guerre froide. Le rejet de la ratification du traité de Versailles s'expliquerait surtout, selon l'auteur, par « l'intransigeance d'un président malade et par l'opposition acharnée du sénateur Henry Cabot Lodge, ennemi personnel de Wilson ».

La période d'isolationnisme qui suit (une « période de retenue stratégique ») s'achève avec Pearl Harbor le 7 décembre 1941 qui marque une incontestable inflexion : après Henry Luce qui militait pour un leadership global américain, Roosevelt signe la Charte de l'Atlantique qui jette les bases du futur ordre international. Après-guerre, le tournant, plus que la politique d'*endiguement*, est surtout pris avec le développement de la puissance militaire américaine qui marque une authentique rupture avec le passé. Cette militarisation de la politique étrangère américaine inaugure réellement, à partir du début des années 1950, dans un contexte de « présidence impériale », le « siècle américain ». Sur fond d'effacement de la puissance britannique et de la compétition avec l'URSS, les États-Unis expriment désormais la volonté de faire profiter le reste du monde de l'expérience politique et économique américaine, en promouvant un modèle américain libéral et capitaliste qui devient la base de l'internationalisme de la seconde moitié du xxe siècle. Parallèlement, ils mènent une grande stratégie qui repose sur l'action coordonnée entre la diplomatie, la politique économique, la propagande, la posture et les capacités militaires et les actions clandestines.

Pour l'auteure, le début du déclin américain date des années 1960, lorsque la simultanéité des crises internes (« le Watergate et le choc pétrolier de 1973 ») et externes (le Vietnam) ouvre une ère de doutes (« les guerres culturelles ») dans « certains secteurs de la société et de la politique américaine » : après 1969, Henry Kissinger serait ainsi le premier à considérer comme un fait la baisse de la puissance relative américaine et à préparer le pays à l'avènement d'un monde multipolaire.

La fin de la Guerre froide en 1991 scelle véritablement celle du « siècle américain » avec l'ouverture d'une période de désarroi stratégique, marquée aux États-Unis par une interrogation récurrente sur l'objectif de leur politique étrangère et l'utilisation de leur outil militaire. Ainsi, suite à la parenthèse du reaganisme et de l'interventionnisme humanitaire des années 1990 qui prend fin le 11 septembre 2001, le fiasco de l'invasion de l'Irak en 2003, l'enlisement en Afghanistan et la crise économique de 2007-2008 sonnent le glas du siècle américain. *In fine*, la politique étrangère des États-Unis aurait été touchée au cours de la période par une triple crise : crise de légitimité, crise de crédibilité, crise de moyens...

Récemment, c'est pour répondre à cette triple crise que Barak Obama a voulu effectuer un retour aux sources des pères fondateurs, en revenant à l'exceptionnalisme américain, d'abord sur le plan intérieur en le réformant (lutte contre les inégalités, réforme de la santé, régulation des systèmes bancaire et financier) afin de restaurer les bases de la puissance américaine. Il a tenu compte de l'ascension de nouvelles puissances et du déclin relatif des États-Unis (leadership américain « en retrait », refus d'engager les États-Unis dans de nouvelles guerres comme en Syrie, demande aux Européens d'être « fournisseurs de leur propre sécurité »...), même si ses deux mandats ont au contraire conduit à une extension géographique de l'implication américaine.

Par suite, la présidence de Donald Trump ne constitue pas un véritable tournant : les États-Unis, qui restent malgré tout une « superpuissance », doivent se comporter comme les autres nations sous peine de se faire « arnaquer » par le reste du monde. Toute la question est de savoir s'ils le peuvent face à l'affirmation de la Chine, aux remises en cause du libre-échange, de la « communauté internationale » et du multilatéralisme. Bref, d'un certain ordre occidental dont ils restent malgré tout les chefs de file.

Sujet

- Les États-Unis et le monde depuis 1945.

Mise en perspective

Les ouvrages qui traitent de la politique étrangère américaine sont nombreux et souvent de qualité comme ceux de Pierre Mélandri, *Le siècle américain. Une histoire* (Perrin, 2016) ou, plus récemment, celui de Maxime Lefebvre, *La politique étrangère américaine* (PUF, 2018).

Dans une interview au *Monde* du 19 février 2019, Robert Malley, directeur de l'International Crisis Group, vient à l'appui des thèses développées par Maya Kandel : l'ordre international libéral a été remis en question avant une présidence Trump qui prolonge plus ou moins la présidence Obama. De même, si le déclin relatif des États-Unis est déjà ancien, la présidence Trump l'accélère, avec toutefois pour conséquence de réveiller un certain « internationalisme progressiste » chez les démocrates qui pourraient pour l'avenir tracer une voie médiane entre interventionnisme musclé et repli sur soi, en renouant avec nouvel internationalisme – à la fois humble, généreux, et moralement exigeant.

Michel Nazet

Hervé Théry, *Le Brésil*

« Le Brésil est-il l'une des grandes puissances de demain ? À cette question simple, on ne peut donner qu'une réponse ambiguë : sur le plan diplomatique et politique, le Brésil adopte de plus en plus les comportements d'une grande puissance – au point que certains de ses voisins sont parfois tentés de parler d'un "impérialisme brésilien" – alors que sur les plans économique et financier, il reste partiellement dépendant »

Hervé Théry, *Le Brésil*, Armand Colin, 2016

Auteur

Hervé Théry est un géographe français spécialiste du Brésil. Il est directeur de recherches émérite au CNRS-Creda, professeur invité à l'université de São Paulo et codirecteur de la revue *Confins*.

Intérêt

Ouvrage utile pour tout sujet global – notamment ceux consacrés aux concepts d'émergence ou de développement – et régional – consacré aussi bien à l'Amérique latine ou au Brésil lui-même.

Arguments

À rebours des classifications usuelles désignant le Brésil comme pays émergent, Hervé Théry présente – et ce, dès le sous-titre de son ouvrage – le Brésil comme un pays émergé. Jamais sans doute depuis sa création en 1822 et la fin de l'Empire en 1889, la voix du Brésil n'avait autant compté sur la scène internationale. Cette place nouvelle a été récemment illustrée par l'accueil de la Coupe du Monde de football en 2014 et l'organisation des Jeux olympiques en 2016.

Territoire immense de quelque 8,5 millions de km^2 (environ 15 fois la France, soit une superficie supérieure à celle de l'Union européenne !), de plus de 200 millions d'habitants, le Brésil est un pays dont la mentalité a été, et est encore, profondément marquée par la conquête de son territoire, ce qui n'est pas sans rappeler le mythe de la *frontier* aux États-Unis. Aujourd'hui, les fronts pionniers intérieurs d'Amazonie et du Paraná ont pris le relais des *bandeirantes*, ces expéditions d'aventuriers en quête d'esclaves et de métaux précieux lancées à partir du XVIIe siècle jusqu'à la fin du XIXe siècle vers l'intérieur du pays. À l'inverse de nombreux pays en développement, le Brésil a largement dompté un territoire aux richesses et aux ressources gigantesques : il a ainsi atteint aussi bien l'autosuffisance alimentaire qu'énergétique. L'exploitation des matières premières et du territoire a été au cœur des différents cycles de croissance économique du pays : le sucre au XVIIe siècle, l'or au XVIIIe, le café au XIXe, aujourd'hui à leur côté les hydrocarbures, la culture du soja, l'hydroélectricité, le caoutchouc, le tabac, le coton, le cacao, etc. Cette maîtrise du territoire est à la source de la constitution de grandes multinationales, telles Petrobras (une des rares entreprises pétrolières à maîtriser les forages en eaux très profondes) ou Vale (une des plus grandes sociétés minières du monde).

Aujourd'hui, le pays dispose d'une puissance économique indéniable (8e PIB mondial en 2017), la croissance économique ayant ainsi contribué à l'émergence de classes moyennes non négligeables (environ 100 millions de personnes) et d'une jeunesse éduquée, concentrées en particulier dans le *Sudeste*, véritable poumon économique du Brésil. Au cours des mandats présidentiels de Lula (2003-2011) et de Dilma Rousseff (2011-2016), le Brésil a tiré profit de son dynamisme pour lancer de grands programmes sociaux : lutte contre la faim (*Fome Zero*) puis *Bolsa Familia* (« Bourses familiales ») de Lula, *Brasilia Sem Miseria* ou « Brésil sans misère » de Dilma Rousseff. Le Brésil dispose également d'un *soft power* indéniable, grâce à sa langue (portugais, 191 millions de locuteurs dans le monde), à des succès inattendus comme celui de sa musique (*bossa nova* en particulier), de ses feuilletons télévisés (les *telenovelas*), à son rayonnement dans certains sports et notamment le *futebol*, voire au succès de certaines modes vestimentaires (succès de la marque Havaianas). Dans ce registre toujours, le Brésil a largement bénéficié de l'aura que lui a procurée la figure charismatique de Lula, particulièrement dans ses rapports avec le continent africain. Autant d'atouts qui confèrent au Brésil une place géopolitique majeure et qui expliquent son inclusion dans le cercle très fermé des BRICS (Brésil, Russie, Inde, Chine et Afrique du Sud) ou ses liens particuliers avec l'Inde et l'Afrique du Sud (dans le cadre du forum IBAS). Cette puissance n'est pas sans susciter la méfiance de ses voisins sud-américains, la crainte – partiellement justifiée par l'histoire – d'un impérialisme brésilien et d'une satellisation n'étant jamais loin, notamment en Argentine, en Bolivie ou encore au Paraguay.

Cependant, l'auteur prend souvent le contrepied du sous-titre du livre et rappelle les profonds contrastes qui traversent le Brésil. L'importance de ceux-ci le conduit à maintenir la distinction en trois Brésil qu'il mettait en avant dans la première édition du même ouvrage en 2012 : un cœur développé centré autour de la capitale économique du pays, Sao Paulo, surnommé la « Suisse », des périphéries – notamment dans le Nordeste – qui le sont moins (le « Pakistan ») et des marches pionnières principalement en Amazonie (le « Far West »). Le Brésil est confronté à de profondes difficultés qu'Hervé Théry appellent le « côté obscur de la force » : inégalités criantes (importance de la pauvreté, existence de *favelas*, etc.) que ne sont pas parvenues à enrayer les divers programmes mis en place par les derniers gouvernements de gauche (voir ci-dessus), exclusion encore importante des minorités et surtout des populations indiennes, maintien de rapports sociaux violents (40 000 homicides par an en moyenne), notamment en raison d'activités crapuleuses, telles que le trafic de drogue, ou archaïques (persistance de l'esclavage). Par ailleurs, la dépendance du pays aux cours des matières premières le rend vulnérable : en 2015, la chute des cours a interrompu brutalement la croissance du pays et même entrainé une récession économique. Autant de défis qui tempèrent le caractère émergé du Brésil.

Sujet

- Quand le Brésil se réveillera...

Mise en perspective

Hervé Théry dresse un état des lieux large, profond et complet du Brésil, état des lieux dont on peut regretter – faute imputable au temps et non à l'auteur – qu'il ne prenne pas en compte les très récents événements de la politique brésilienne, à savoir ce qui a pu être considéré comme un « coup d'État parlementaire » contre Dilma Rousseff en 2016, et l'élection de Jair Bolsonaro qui s'en est suivie en 2018. Ces événements, bien qu'ils ne contredisent en rien l'ouvrage, sont à même de redéfinir en profondeur la situation économique et la place du Brésil. Si l'ouvrage laisse entrevoir en filigrane nombre de facteurs politiques, économiques et sociaux expliquant ce tournant droitier, d'autres ont joué un rôle décisif : rôle des réseaux sociaux (WhatsApp) dans la campagne brésilienne, poids et dynamisme des protestants pentecôtistes (notamment dans la lutte contre l'hégémonie culturelle de la gauche, accusée de promouvoir ostensiblement l'homosexualité, la théorie du genre, etc.), diffusion d'un discours hostile aux politiques de lutte contre la pauvreté suspectées de promouvoir l'assistanat, volatilité traditionnelle de l'électorat brésilien, etc.

Benoît Joulia

FICHE 85

Justin Vaïsse, *Barack Obama et sa politique étrangère (2008-2012)*

« Le leadership américain que je cherche à incarner reconnaît l'émergence de pays comme la Chine, l'Inde, le Brésil. C'est un leadership qui reconnaît aussi nos limites en termes de ressources et de capacités. Et, malgré cela, je crois que nous avons réussi à établir dans l'esprit de chacun une reconnaissance claire du fait que les États-Unis continuent à être la nation indispensable pour traiter les grands problèmes internationaux »

Barack Obama cité par Fareed Zakaria,
« The Foreign Policy President », *Time*, 30 janvier 2012, et repris *in* Justin Vaïsse,
Barack Obama et sa politique étrangère (2008-2012), Odile Jacob, 2012

Auteur

Directeur de recherche à la Brookings Institution de Washington, il enseigne à l'université John Hopkins. Il est un auteur spécialiste de l'histoire des États-Unis et des relations internationales.

Intérêt

La politique étrangère des États-Unis est analysée sous la présidence de Barack Obama qui marque une rupture à double titre : d'abord parce qu'elle abandonne l'unilatéralisme de G. W. Bush, ensuite parce qu'elle est confrontée à la Chine, le premier concurrent planétaire qui cumule la puissance stratégique et économique.

Arguments

Barack Obama cherche à conserver le statut de première puissance mondiale alors que les États-Unis sont menacés par le déclin. Sa politique étrangère vise à se désengager du Moyen-Orient pour se consacrer à l'Asie et dégager des ressources afin de redresser l'économie américaine. Sa politique a-t-elle atteint ses objectifs à la fin de son premier mandat ?

Barack Obama a voulu extraire les États-Unis des guerres en Afghanistan et en Irak, tout en restaurant leur image ternie par ces deux revers militaires et des pratiques contraires aux droits de l'Homme. Le discours du Caire en 2009 adresse au monde musulman un message de conciliation. La lutte contre le terrorisme perdant son caractère exclusif, la politique étrangère de Barack Obama est celle du pivot, en priorité vers l'Asie où se concentrent les enjeux stratégiques majeurs du XXIe siècle. Cette politique vise à impliquer les puissances émergentes dans la gouvernance mondiale et à renforcer l'économie américaine. L'Europe n'est plus prioritaire, car il s'agit de construire des partenariats avec les émergents en vue de régler les problèmes globaux : les déséquilibres commerciaux, le réchauffement climatique et les défis stratégiques (en Corée du Nord ou en Iran).

La première année de la présidence est marquée par des offres de coopération à la Chine et par un *reset* avec la Russie qui a vocation à mettre en place un partenariat sur de nouvelles bases. Dans les deux cas, les résultats sont décevants. La Chine perçoit les ouvertures de Barack Obama comme un signe de faiblesse et la Russie cherche prioritairement à rétablir les bases de sa puissance perdue. Dès 2010, Barack Obama revient à une politique plus traditionnelle et se rapproche de ses alliés jusque-là négligés. L'OTAN retrouve son utilité face aux initiatives de Poutine. En Asie de l'Est, les États-Unis s'efforcent de rassurer des alliés inquiets face à une Chine de plus en plus sûre de sa puissance.

En 2011, les « printemps arabes » ébranlent de nombreux régimes autoritaires. Cela contraint Barack Obama à s'impliquer à nouveau au Moyen-Orient. Il prend la décision d'abandonner Hosni Moubarak, qui comptait pourtant sur sa fidélité à l'alliance américaine. En Libye, les États-Unis appuient l'intervention franco-britannique dans la configuration inédite du « *leading from behind* » qui assure la chute du colonel Kadhafi sans engager de troupes au sol. La *realpolitik* conserve ses droits au Bahreïn où l'Arabie saoudite est laissée libre d'écraser le mouvement démocratique, et en Syrie où le régime de Bachar El-Assad parvient à conserver le pouvoir.

Malgré des annonces ambitieuses, Barack Obama n'a pas su imposer un règlement du conflit israélo-palestinien face à l'intransigeance de Netanyahou sur la question des territoires occupés. Contre le terrorisme, Barack Obama a généralisé les assassinats ciblés par des drones et des forces spéciales, dont une opération a éliminé Ben Laden, caché au Pakistan. Si ce choix évite les pertes américaines, il contribue à dégrader l'image des États-Unis, pas seulement à cause des victimes collatérales, mais aussi par l'assassinat d'individus en-dehors d'un cadre légal.

Pourtant, Barack Obama a reçu le Prix Nobel de la paix en 2009. Sa politique étrangère ne justifie cependant pas cette consécration. Elle a certes fait preuve de prudence, après les initiatives désastreuses de son prédécesseur, mais elle a échoué à mettre en place les cadres d'une gouvernance à la mesure des défis du XXIe siècle.

Sujet

- Le XXIe siècle sera-t-il encore américain ?

Mise en perspective

Les États-Unis dans le monde, sous la direction de Célia Belin et Frédéric Charillon (CNRS Éditions, 2016), présente la continuité de la politique de Barack Obama sur ses deux mandats. La politique extérieure américaine reste marquée par une logique d'exceptionnalisme qui transcende les clivages politiques, mais elle est taraudée par la question d'un éventuel déclin. Si des concurrents sérieux défient les États-Unis, ceux-ci restent dotés d'atouts indéniables que Barack Obama a tentés de renforcer en menant une politique à la fois réaliste et marquée par l'idéalisme propre à la culture politique américaine.

Yannick Le Gruiec

Table des matières

À PROPOS DE THÉMATIQUES ESSENTIELLES

« Le plus grand obstacle à la vie est l'attente,
qui espère demain et néglige aujourd'hui »

Sénèque

TECTONIQUE DES ÉTATS, DÉRIVE DES CONTINENTS ET LIGNES DE FAILLE RELIGIEUSES

« *Une certaine idée de la France* »

Charles de Gaulle

« La géopolitique de l'Europe a grand besoin [...]
d'une théorie des ensembles. Le temps des empires s'éloigne.
Commence celui des contrats. »

François Mitterrand

« C'est du Nord aujourd'hui que nous vient la lumière »

Voltaire

« Un bon capitaine transforme l'Atlantique en Méditerranée ;
un mauvais capitaine transforme la Méditerranée en Atlantique »

Amin Maalouf

« Je refuse de désespérer de l'Afrique.
Ce serait refuser d'espérer, tout simplement »

Aimé Césaire

« On affirme, en Orient, que le meilleur moyen
pour traverser un carré est d'en parcourir trois côtés »

Lawrence d'Arabie

« Laissez-moi un peu regarder du côté de la plus haute Asie,
vers le profond Orient. J'ai là mon immense poème »

Jules Michelet

« Oui, nous le pouvons. Amérique ! Nous avons
tant fait jusqu'à présent. Nous avons vu tant de choses.
Mais il y a encore tellement à faire »

Barack Obama

Imprimé en France par CPI
en novembre 2019

Dépôt légal : décembre 2019
N° d'impression : 155919

ATOUT CONCOURS

COLLECTION DIRIGÉE PAR PIERRE DALLENNE

Emmanuel **Naquet** (coord.)

Professeur en classes préparatoires
économiques et commerciales
au Lycée Saint-Jean (Douai)

PRÉPAS
COMMERCIALES
SCIENCES PO/
IEP

La géopolitique en 85 ouvrages

CONCOURS D'ENTRÉE AUX
GRANDES ÉCOLES

ellipses

Dans la même collection

- Biat Régine, Camphyn Carole, Rautenbach Pascale, *Anglais, concours d'entrée des Écoles de commerce et de management, LV1 et LV2.*
- Billiaud Gilardi Marie-José, *L'Entretien, concours d'entrée des Écoles de commerce.*
- Bouton Pascale, Bouton Gilles, *Mathématiques, cours et sujets, classes préparatoires ECE 1 et ECE 2.*
- Caillarec Laurence, *Allemand, concours d'entrée des Écoles de commerce.*
- Dallenne Pierre, Degans Axelle, Pourty Lionel, *Histoire, Géographie et Géopolitique, prépas ECS, les 2 années en 1 volume.*
- Dallenne Pierre, Buchy Frédéric, Degans Axelle, *Les 50 cartes des concours d'entrée aux écoles de commerce, ECS1 et ECS2, atlas en couleur et fiches de géopolitique.*
- Masquelier Jean-René, *Culture Générale, concours d'entrée des écoles de commerce, ECS-ECE.*
- Préteseille Stéphane, *Mathématiques, concours d'entrée aux Grandes Écoles, prépas ECS.*
- Préteseille Stéphane, *Oral de mathématiques aux concours ECS – ESCP – HEC.*
- Préteseille Stéphane, *Mathématiques aux concours d'entrée des écoles de commerce (EM Lyon, EDHEC, Ecricome, ESC), prépas ECS et ECE.*
- Rouget Quentin, *Dissertations d'ESH – prépas ECE1 et ECE2 – inclus les sujets 2018.*
- Vandewalle-Puch Catherine, *Microéconomie et Macroéconomie – prépas ECE et BL.*
- Vandewalle-Puch Catherine, *Sciences économiques et sociales – Concours d'entrée Sciences Po – 100 fiches.*
- Wawrzyniak Béatrice, *Espagnol, concours d'entrée des Écoles de commerce.*

ISBN 9782340-034969

32, rue Bargue 75740 Paris cedex 15

www.editions-ellipses.fr